高职高专教学改革系列规划教材

统计学基础与应用

张文法　孔建华　主编

王雅平　刘旭　耿万里　闫克信　副主编

化学工业出版社

·北京·

《统计学基础与应用》内容简单实用，充分考虑到统计工作的作业流程，并考虑到企业管理对于统计职能的要求。本书由两部分内容组成，上篇为统计学基础，主要介绍统计学认知、统计设计与调查、统计整理和统计分析方法等。下篇为统计应用，主要介绍企业经营环境统计分析、企业经营投入统计、企业经营产出统计和企业经营综合统计分析等。

本书体例设计充分考虑到学习者的需求。每一项目开篇部分设有知识目标、能力目标和项目导入，使学习者在短时间内对后续学习的内容有初步宏观的认识，帮助其合理安排学习计划。每一项目结尾部分设有思考题和课内实训，促使学习者对前面学习的知识进行巩固和提高。在理论介绍部分还穿插动脑筋和扩展阅读等栏目，促使做中学，拓展学生的视野。

本书不仅可以作为高职高专院校经管类学生使用的教材，也可以作为成人教育、电大、函授大学的教材及企业管理人员、统计工作者的自学参考书。

图书在版编目（CIP）数据

统计学基础与应用/张文法，孔建华主编. —北京：化学工业出版社，2015.7
ISBN 978-7-122-23548-0

Ⅰ.①统…　Ⅱ.①张…②孔…　Ⅲ.①统计学　Ⅳ.①C8

中国版本图书馆 CIP 数据核字（2015）第 067866 号

责任编辑：蔡洪伟　于　卉　王　可　　　装帧设计：王晓宇
责任校对：王素芹

出版发行：化学工业出版社（北京市东城区青年湖南街 13 号　邮政编码 100011）
印　　装：三河市延风印装有限公司
787mm×1092mm　1/16　印张 12　字数 323 千字　　2015 年 6 月北京第 1 版第 1 次印刷

购书咨询：010-64518888（传真：010-64519680）　　售后服务：010-64519661
网　　址：http://www.cip.com.cn
凡购买本书，如有缺损质量问题，本社销售中心负责调换。

定　　价：26.00 元

FOREWORD

前　言

企业管理工作就是要从繁杂的数据中探究规律，从错综交织的现象中发现问题。管理者在实现这个目标的过程中应用最多的工具就是统计，所以，学习统计学的基本理论，掌握统计应用的方法，具备收集、整理和分析统计数据的能力已成为人们职业素养的重要组成部分。现在大多数院校经管类专业都把统计能力的培养列入人才培养的计划中。本书编写就是基于这样的现实，努力为读者提供一本实用的参考书籍。

本书的编写充分考虑到统计工作的作业流程，并考虑到企业管理对于统计职能的要求，在新的高职高专人才培养的要求下，本着理论“必须、够用”、注重实践的原则，我们组织和编写了教材的内容。本教材由两部分组成。上篇为统计学基础，主要介绍统计学认知、统计设计与调查、统计整理和统计分析方法等。下篇为统计应用，主要介绍企业经营环境统计分析、企业经营投入统计、企业经营产出统计和企业经营综合统计分析等。

本书在体例设计上充分考虑到学习者的需求。每一项目开篇部分设有知识目标、能力目标和项目导入，使学习者在短时间内对后续学习的内容有初步宏观的认识，帮助其合理安排学习计划。每一项目结尾部分设有思考题和课内小实训，促使学习者对前面学习的知识进行巩固和提高。

本书由长期在高校从事统计工作的骨干教师和具有企业统计实践经验的专家共同编写。具体分工如下：山东华宇工学院的张文法、孔建华担任主编，中国人民财产保险股份有限公司的耿万里和山东华宇工学院的王雅平、刘旭和闫克信担任副主编。张文法负责全书编写大纲和体例的设计，并编写项目三、项目四、项目七和项目八；孔建华负责全书的统稿，并编写项目一；王雅平编写项目六和项目十；刘旭编写项目二和项目五；耿万里编写项目九；闫克信编写项目十一；此外，王钢、赵玉娥、孙强参加了本书部分内容的编写和资料整理工作。

由于编者水平有限，书中难免有不当之处，敬请广大读者和专家批评指正，以期不断改进和完善。

编者

2015 年 2 月

CONTENTS

目　录

项目1 统计的认知

名人小传

威廉·配第（William Petty，1623～1687）是英国古典政治经济学创始人，统计学家。一生著作颇丰，主要有《赋税论》（写于1662年，全名《关于税收与捐献的论文》），《献给英明人士》（1664），《政治算术》（1672），《爱尔兰政治剖析》（1674），《货币略论》等。

威廉·配第

威廉·配第似乎被统计学遗忘了。由他所著《政治算术》，首先由于其诞生于亚里士多德之后，在当时，通过严格的统计调查得出的数据少，而根据经验得出的数据多。其次在人们对于统计学的认识中，人们往往只重视统计调查所得的数据，而忽视了收集数据和分析数据对于统计学的影响。虽说亚里士多德开创了统计学，但也只是单纯的统计调查，而威廉·配第则将统计学领入了收集数据和分析数据的新时代。

《政治算术》的问世，标志着统计学的诞生。《政治算术》是一部用数量方法（即“算数”）研究社会问题（即“政治”）的著作。在书中，威廉·配第以劳动价值论为基础，对英、法、荷三国进行了国情、国力（主要是经济实力）的数量对比分析，以此为依据，为当时英国社会经济的发展出谋划策。

知识目标

1. 了解统计学的产生、发展。
2. 理解统计学的分类。
3. 掌握统计学研究的对象和方法。
4. 理解和掌握统计学的基本概念。

技能目标

1. 培养应用统计基本理论思想在实际工作中的能力。
2. 认知并能有意识地培养自己具备统计分析的方法。

项目导入

平时的学习过程中，班长经常说：我们统计一下今天出勤的人数；我们统计一下咱们班学生的生源地。我们看新闻的时候经常听到这样的一句话：据统计，今年 3 月的 CPI 增长 4.2%……“统计”这个词经常出现在我们的生活当中，那么统计到底是什么意思呢？

1.1 统计学的产生与发展

1.1.1 统计活动的产生和发展

统计是适应社会政治经济的发展和国家管理的需要而产生和发展起来的。统计实践活动先于统计学的产生，早在四五千年前，为适应当时社会经济发展的需要，就开始了各种各样的统计实践活动。

早在奴隶社会时期，当时的统治阶级为了征兵和收税，需要了解土地、人口、粮食和牲畜的数量，就有了人口、土地等政府记录。我国在公元前 22 世纪已有人口、土地的记载。

封建社会统计有了进一步发展。在中国，历代封建王朝都十分重视统计，战国时期商鞅提出强国应了解 13 个方面的数字资料，其中包括粮食、各类人口、农业生产资料及自然资源等。

统计的广泛发展开始于资本主义社会。从 18 世纪起，许多国家先后设立了专门的统计机构，搜集各个方面的统计资料，出版统计刊物，倡议建立国际统计组织，积极推动召开国际统计会议。

1.1.2 统计学的产生和发展

一般来说，统计学的产生和发展可分为三个时期。不同时期各学派之间的相互争论，相互渗透，使统计理论最后发展成为统一的现代统计学。

1.1.2.1 古典统计学时期

从 17 世纪中叶到 18 世纪中叶是古典统计学时期，当时主要有政治算术学派和国势学派。

（1）政治算术学派。该学派产生于 17 世纪中叶的英国，主要代表人物是威廉·配第。英国古典政治经济学的创始人威廉·配第的代表作《政治算术》一书，是经济学和统计学史上的重要著作。书中用“数字、重量、尺度”等定量的分析工具，对英国和当时的主要发达国家的经济实力进行了比较分析。该书的出版标志着统计学的产生，为此威廉·配第被推举为统计学的创始人，并将其所代表的学派命名为政治算术学派。

（2）国势学派。该学派产生于德国国势派又称记述学派，创始人是德国的海尔曼·康令，国势学派搜集大量实际资料，分门别类系统地记述了有关国情国力的重要事项，如人口、领土、政治、军事、经济、宗教、地理、风俗、货币等。使用了“统计学”这个名称。但几乎不用数字而只用文字形式对国情国力进行系统地描述，所以人们也把它叫做记述学派，并认为国势学派有统计学之名，而无统计学之实。

1.1.2.2 近代统计学时期

统计学的近代时期是 18 世纪末到 19 世纪末。该时期的主要贡献是建立和完善了统计学的理论体系，并逐步形成了以随机现象的推断统计为主要内容的数理统计学和传统的政治经济现象描述为主要内容的社会统计两大学派。

（1）数理统计学派。产生于19世纪中叶，创始人是比利时的阿道夫·凯特勒，在统计学发展中的最大贡献是把概率论引入了统计学，从而使统计学产生了质的飞跃。凯特勒的研究成果在自然科学、经济学、生物学等科学中得到不断的应用，逐渐形成一门独立的学科。因此，被称为数理统计学的奠基人，"近代统计学之父"。

（2）社会统计学派。产生于19世纪后半叶，创始人是德国的尼克斯，尼克斯在《独立科学的统计学》中，提出了把"国势论"作为"国势学"的科学命名，把"统计学"作为"政治算术"的科学命名，从而结束了对统计学研究对象长达200年之久的争论。

1.1.2.3 现代统计学的发展时期

从19世纪末开始，统计学进入了现代统计学时期。在这个时期，数理统计学与社会统计学逐步融合成为统一的现代统计学。

扩展阅读

一首统计学的赞歌

在1985年，研究莎士比亚的学者泰勒（G. Taylor），从保存在保德联（Bodelian）图书馆里的收藏品中，发现保存了两百多年的一张纸片，其上记有九节新诗，此诗只有429个字，没有记载诗的作者。于是提出疑问，这首诗是莎士比亚的吗？统计学家瑟思梯德（R. Thisted）和埃福伦（B. Efron），对于莎士比亚，以及同时代的几位著名诗人的作品进行了研究，用纯粹的统计学方法，对他们在诗中用词规律作了比较分析，发现那首无名诗与莎士比亚的作品非常一致，这表明它的作者很可能是莎士比亚。获美国总统奖（2002年）的统计学家C.R.劳（Rao），称这一结果为"一曲统计学的赞歌"。

两位统计学家考查了莎士比亚在其著作中用词总数量为：884 647个，其中包括重复使用的；所有不相同的用词总数量为31 534个。可见，每个词平均被使用了28次（≈884 647/31 534）。但是，每个词被使用的次数并不相等。两位统计学家把被使用了1次，2次，3次…的用词个数逐一记录下来，这就是他们获得的数据。对其他的诗人也可获得同样数据，对上述的429个字的诗也记录同样数据。他们使用了费歇（Fisher，A.R.）1943年提出的判别法则，将此诗与诸位诗人的作品进行比较后，得出了前述结果。

不难理解，他们的数据记录了作者的风格特征，与诗作内容联系不大。因此，可用来解答判断作者是谁的问题。不无遗憾地说，此方法不能简单地用于中文著作的同类判别问题，因为中文与西文有本质性的组词差异。

虽然也有不少学者用数据的统计分析方法，讨论《红楼梦》的前80回与后40回是否属于同一作者的问题，但是他们获取数据的指标多与内容密切相关。其中使用某些虚词数量作为指标，看起来好像与内容无关，仔细想来并非如此。如此说来，他们所判断的结果，只是关于《红楼梦》前80回与后40回在这些指标上有无差别，而不是作者是否有别的问题。如何寻找更能表现中文作者风格的指标，还是有待探讨的问题。

1.1.3 我国的统计和统计学

我国的统计学界，在新中国成立前也存在着数理统计学派和社会统计学派，两派的观点都是从外国传来的。新中国成立初期，认为只有社会经济统计学才是唯一的统计学，从而在根本上否定了数理统计学是统计学的组成部分，严重妨碍了整个统计学的发展。改革开放以来，人们被禁锢的思想终于获得解放，经过长期、广泛的认识和探讨，我国统计学学科建设取得了重大突破和质的飞跃。

1996年10月，中国统计学会、中国数理统计学会、中国现场统计学会联合举办全国统计科学研讨会，这次会议达成了中国各统计学科，各统计学派之间相互借鉴、相互融合、共同发展的思想并确立了统计学科体系的基本框架，肯定了统计学是包括社会经济统计学和数理统计学在内的一般方法论性质的科学，这为今后我国统计学的发展奠定了坚实的基础。

1.1.4 统计学的分类

统计方法已被应用到自然科学和社会科学的众多领域，统计学也发展成为由若干分支学科组成的学科体系。

1.1.4.1 从统计方法角度分

从统计方法的构成来看，统计学可以分为描述统计学和推断统计学。

从统计方法研究和统计方法的应用角度来看，统计学可以分为理论统计学和应用统计学。

描述统计学研究如何取得反映客观现象的数据，并通过图表形式对所收集的数据进行加工处理和显示，进而通过综合概括与分析得出反映客观现象的规律性数量特征。内容包括统计数据的收集方法、数据的加工处理方法、数据的显示方法、数据分布特征的概括与分析方法等。

推断统计学则是研究如何根据样本数据去推断总体数量特征的方法，它是在对样本数据进行描述的基础上，对统计总体的未知数量特征做出以概率形式表述的推断。

描述统计学和推断统计学的划分，一方面反映了统计方法发展的前后两个阶段，同时也反映了应用统计方法探索客观事物数量规律性的不同过程。统计研究过程的起点是统计数据，终点是探索出客观现象内在的数量规律性。在这一过程中，如果搜集到的是总体数据（如普查数据），则经过描述统计之后就可以达到认识总体数量规律性的目的了；如果所获得的只是研究总体的一部分数据（样本数据），要找到总体的数量规律性，则必须应用概率论的理论并根据样本信息对总体进行科学的推断。

显然，描述统计和推断统计是统计方法的两个组成部分。描述统计是整个统计学的基础，推断统计则是现代统计学的主要内容。由于在对现实问题的研究中，所获得的数据主要是样本数据，因此，推断统计在现代统计学中地位和作用越来越重要，已成为统计学的核心内容。当然，这并不等于说描述统计不重要，如果没有描述统计收集可靠的统计数据并提供有效的样本信息，即使再科学的统计推断方法也难以得出切合实际的结论。从描述统计学发展到推断统计学，既反映了统计学发展的巨大成就，也是统计学发展成熟的重要标志。

1.1.4.2 从统计方法研究和统计方法的应用角度分

从统计方法研究和统计方法的应用角度来看，统计学可以分为理论统计学和应用统计学。

理论统计学是指统计学的数学原理，它主要研究统计学的一般理论和统计方法的数学理论。由于现代统计学用到了几乎所有方面的数学知识，从事统计理论和方法研究的人员需要有坚实的数学基础。此外，由于概率论是统计推断的数学和理论基础，因而广义地讲统计学也是应该包括概率论在内的。理论统计学是统计方法的理论基础，没有理论统计学的发展，统计学也不可能发展成为像今天这样一个完善的科学知识体系。

在统计研究领域，从事理论统计学研究的人相对是很少的一部分，而大部分则是从事应用统计学研究的。应用统计学是研究如何应用统计方法去解决实际问题的。统计学是一门收集和分析数据的科学。由于在自然科学及社会科学研究领域中，都需要通过数据分析来解决实际问题，因而，统计方法的应用几乎扩展到了所有的科学研究领域。例如，统计方法在生物学中的应用形成了生物统计学，在医学中的应用形成了医疗卫生统计学，在农业试验、育种等方面的应用形成了农业统计学。统计方法在经济和社会科学研究领域的应用也形成了若干分支学科。例如，统计方法在经济领域的应用形成了经济统计学及其若干分支，在管理领域的应用形成了管理统计学，在社会学研究和社会管理中的应用形成了社会统计学，在人口学中的应用形成了人口统计学，等等。以上这些应用统计学的不同分支所应用的基本统计方法都是一样的，即都是描述统计和推断统计的主要方法。但由于各应用领域都有其特殊性，统计方法在应用中又形成了一些不同的特点。

1.2 统计学的研究对象和方法

1.2.1 统计学的研究对象

世间所存在的客观事物是多维的，表现为错综复杂和千头万绪，统计学正是要从复杂多变的客观事物中，挖掘出其蕴涵的客观规律，为人们的各种行为活动提供有力的参考，避免行为的盲目性。由于客观事物往往可以用其数量表现，因此，要找出客观事物的内在规律，首先要认识客观事物，那么就必须通过试验或调查来搜集有关数据，并且加以整理、归纳和分析，以便对客观事物规律性的数量表现作出合理的描述。

由此可见，统计学的研究对象是客观事物的数量特征和数量关系。统计学也就是关于数据搜集、整理、归纳、分析的方法论科学，其目的是探索数据的内在数量规律性。

统计学的研究对象具有以下特点。

1.2.1.1 数量性

统计学的研究对象是自然、社会经济领域中现象的数量方面，这一特点是统计学（定量分析学科）与其他定性分析学科的分界线。数量性是统计学研究对象的基本特点，因为，数字是统计的语言，数据资料是统计的原料。一切客观事物都有质和量两个方面，事物的质与量总是密切联系、共同规定着事物的性质。没有无量的质，也没有无质的量。一定的质规定着一定的量，一定的量也表现为一定的质。但在认识的角度上，质和量是可以区分的，可以在一定的质的情况下，单独地研究数量方面，通过认识事物的量进而认识事物的质。因此，事物的数量是我们认识客观现实的重要方面，通过分析研究统计数据资料，研究和掌握统计规律性，就可以达到我们统计分析研究的目的。例如，要分析和研究国民生产总值，就要对其数量、构成及数量变化趋势等进行认识，这样才能正确地分析和研究国民生产总值的规律性。

1.2.1.2 总体性

统计学的研究对象是自然、社会经济领域中现象总体的数量方面，即统计的数量研究是对总体普遍存在着的事实进行大量观察和综合分析，得出反映现象总体的数量特征和资料规律性。自然、社会经济现象的数据资料和数量对比关系等一般是在一系列复杂因素的影响下形成的。在这些因素当中，有起着决定和普遍作用的主要因素，也有起着偶然和局部作用的次要因素。由于种种原因，在不同的个体中，它们相互结合的方式和实际发生的作用都不可能完全相同。所以，对于每个个体来说，就具有一定的随机性质，而对于有足够多数个体的总体来说又具有相对稳定的共同趋势，显示出一定的规律性。例如，对工资的统计分析，我们并不是要分析和研究个别人的工资，而是要反映、分析和研究一个地区、一个部门、一个企业事业单位的总体的工资情况和显示出来的规律性。统计研究对象的总体性，是从个体的实际表现的研究过渡到对总体的数量表现的研究的。例如，工资统计分析，要反映、分析和研究一个地区的工资情况，先要从每个职工的工资开始统计，然后再综合汇总得到该地区的工资情况，只有从个体开始，才能对总体进行分析研究。研究总体的统计数据资料，不排除对个别事物的深入调查研究，但它是为了更好地分析研究现象总体的统计规律性。

动脑筋：研究对象的总体性特征是否就意味着在统计研究中放弃对典型个体的研究？

1.2.1.3 具体性

统计研究对象是自然、社会经济领域中具体现象的数量方面。即它不是纯数量的研究，是具有明确的现实意义的，这一特点是统计学与数学的分水岭。数学是研究事物的抽象空间和抽象数量的科学，而统计学研究的数量是客观存在的、具体实在的数量表现。统计研究对象的这一特点，也正是统计工作必须遵循的基本原则。正因为统计的数量是客观存在的、具体实在的数量表现，它才能独立于客观世界，不以人们的主观意志为转移。统计资料作为主观对客观的反映，必然是存在第一性，意识第二性，存在决定意识，只有如实地反映具体的已经发生的客观事实，才能为我们进行统计分析研究提供可靠的基础，才能分析、探索和掌握事物的统计规律性。否则，虚假的统计数据资料是不能成为统计数据资料的，因为它违背了统计研究对象的这一特点。

1.2.1.4 变异性

统计研究对象的变异性是指构成统计研究对象的总体各单位，除了在某一方面必须是同质的以外，在其他方面又要有差异，而且这些差异并不是由某种特定的原因事先给定的。就是说，总体各单位除了必须有某一共同标志表现作为它们形成统计总体的客观依据以外，还必须要在所要研究的标志上存在变异的表现。否则，就没有必要进行统计分析研究了。例如，高等院校这个统计对象，除了都是从事高等教育的教学活动这一共同性质之外，各高等院校在隶属主管部门、院校性质、招生规模、专业设置等各方面又有差异。人作为统计数据资料对象，每个人在性别、年龄、工龄、工作性质、工资等方面是会有不同表现的。这样，统计分析研究才能对其表现出来的差异探索统计规律性。

1.2.2 统计学的研究方法

统计学根据研究对象的性质和特点，形成了它自己专门的研究方法，这些基本方法是：实验设计法、大量观察法、统计描述法和统计推断法。

1.2.2.1 实验设计法

统计是要分析数据的，但首先需要考察的是，数据的来源是否合适，实验采集的数据是否符合分析的目的要求。由于安排不科学，使实验数据不能反映现象的真实情况，或不能用以估计总体的数量特征，那么接着的一系列分析工作也就白费工夫了。例如要比较某农作物甲品种和乙品种的收获率高低，分别在两地段播种甲品种和乙品种，结果获得甲品种单位面积产量高于乙品种的数据。如果根据这个数据判断甲品种优于乙品种，这个结论就太不可靠了。原因是影响收获率高低的因素不但有种籽品种的差异，还有土地区位、肥沃程度等差异，所以我们需要事先做出安排，使实验结果数据的差异中排除可控因素（土地）的差异，而显示不可控因素（品种）的差异。所谓实验的统计设计就是指设计实验的合理程序，使得收集得到的数据符合统计分析方法的要求，以便得出有效的客观的结论。它主要适用于自然科学研究和工程技术领域的统计数据搜集。

实验的统计设计要遵循以下三个基本原则。

（1）重复性原则。即允许在相同条件下重复多次实验。如果只用一次实验所得的数据作为总体的估计量精度就很差，这时实验的误差等于观察的误差，观察误差可能是实验误差的结果，很难用观察的数据来代表总体情况。多次重复实验的好处是显然的，其一，可以获得更加精确的效应估计量，其二，可以获得实验误差的估计量。这些都是提高估计精度或缩小误差范围所需要的。

（2）随机性原则。随机性是指在实验设计中，对实验对象的分配和实验次序都是按随机安排的。这种安排可以使可控的影响因素作用均匀化，突出不可控影响因素的作用。例如在种子品种的实验中如果不是将A品种固定在甲地段、B品种固定在乙地段，而是两地段随机地选择不同品种多次重复实验，可以断定这种安排在不同品种收获率的差异中，由于土地因素的影响大大减少了，而品种因素的影响大大提高了。所以随机化原则是实验设计的重要原则。

（3）区组化原则。即利用类型分组技术，对实验对象按有关标志顺序排队，然后依次将各单位随机地分配到各处理组，使各处理组组内标志值的差异相对扩大，而处理组组间的差异相对缩小，这种实验设计安排称为随机区组设计。这样就可以提高处理组的估计精度。

1.2.2.2 大量观察法

所谓大量观察法，是指对所研究的事物的全部或足够数量进行观察的方法。社会现象或自然现象都受各种社会规律或自然规律相互交错作用的影响。在现象总体中，个别单位往往受偶然因素的影响，如果任选其中之一进行观察，其结果不足以代表总体的一般特征；只有观察全部或足够的单位并加以综合，影响个别单位的偶然因素才会相互抵消，现象的一般特征才能显示出来。大量观察的意义在于可使个体与总体之间在数量上的偏误相互抵消。

大量观察法的数学依据是大数定律。大数定律是随机现象的基本规律。大数定律的一般概念是：在观察过程中，每次取得的结果不同，这是由偶然性所致的，但大量、重复观察结果的平均值却几乎接近确定的数值。狭义的大数定律就是指概率论中反映上述规律性的一些定理，表述平均数的规律性与随机现象的概率关系。

大数定律的本质意义在于经过大量观察，把个别的、偶然的差异性相互抵消，而必然的、集体的规律性便显示出来。例如，当我们观察个别家庭或少数家庭的婴儿出生时，生男生女的比例极为参差不齐，有的是生男不生女，有的是生女不生男，有的是女多男少，有的是男多女少，然而经过大量观察，男婴、女婴的出生数则趋向均衡。也就是说，观察的次数越多，离差的差距就越小，或者说频率出现了稳定性。这就表明，同质的大量现象是有规律的，尽管个别现象受偶然性因素的影响出现偏差，但观察数量达到一定程度就呈现出规律性，这就是大数定律的作用。

扩展阅读

大数定律的发展历史

1733年，德莫佛·拉普拉斯在分布的极限定理方面走出了根本性的一步，证明了二项分布的极限分布是正态分布。拉普拉斯改进了他的证明并把二项分布推广为更一般的分布。1900年，李雅普诺夫进一步推广了他们的结论，并创立了特征函数法。这类分布极限问题是当时概率论研究的中心问题，卜里耶为之命名“中心极限定理”。20世纪初，主要探讨使中心极限定理成立的最广泛的条件，二三十年代的林德贝尔格条件和费勒条件是独立随机变量序列情形下的显著进展。伯努利是第一个研究这一问题的数学家，他于1713年首先提出后人称之为“大数定律”的极限定理。

1.2.2.3 统计描述法

统计描述法是指对由实验或调查而得到的数据进行登记、审核、整理、归类、计算出各种能反映总体数量特征的综合指标，并加以分析从中抽出有用的信息，用表格或图像把它表示出来。统计描述是统计研究的基础，它为统计推断、统计咨询、统计决策提供必要的事实依据。统计描述也是对客观事物认识的不断深化过程。它通过对分散无序的原始资料的整理归纳，运用分组法、综合指标法和统计模型法得到现象总体的数量特征，揭露客观事物内在数量规律性，达到认识的目的。

分组法是研究总体内部差异的重要方法，通过分组可以研究总体中不同类型的性质以及它们的分布情况，如产业的经济类型及其行业分布情况。可以研究总体中的构成和比例关系，如三次产业的构成，生产要素的比例等。可以研究总体中现象之间的相关依存关系，如企业经营规模和利润率之间的关系等。

综合指标法是指运用各种统计指标来反映和研究客观总体现象的一般数量特征和数量关系的方法。通过综合指标的计算可以显示出现象在具体时间、地点条件下的总量规模、相对水平、集中趋势、变异程度，并进一步从动态上研究现象的发展趋势和变化规律。

统计模型法则是综合指标法的扩展。它是根据一定的理论和假定条件，用数学方程去模拟客观现象相互关系的一种研究方法，利用这种方法，可以对客观现象和过程中存在的数量关系进行比较完整和全面的描述，凸显所研究的综合指标之间的关系，从而简化了客观存在的复杂的其他关系，以便利用模型对所关心的现象变化进行评估和预测。

1.2.2.4 统计推断法

统计在研究现象的总体数量关系时，需要了解的总体对象的范围往往是很大的，有时甚至是无限的，而由于经费、时间和精力等各种原因，以致有时在客观上只能从中观察部分单位或有限单位进行计算和分析，根据局部观察结果来推断总体。例如，要说明一批灯泡的平均使用寿命，只能从该批灯泡中抽取一小部分进行检验，推断这一批灯泡的平均使用寿命，并给出这种推断的置信程度。这种在一定置信程度下，根据样本资料的特征，对总体的特征做出估计和预测的方法称为统计推断法。统计推断是现代统计学的基本方法，在统计研究中得到了极为广泛的应用，它既可以用于对总体参数的估计，也可以用作对总体某些分布特征的假设检验。从这种意义上来说，统计学是在不确定条件下做出决策或推断的一种方法。

动脑筋：大量观察法和统计推断相比较各自有哪些优势？

1.3 统计学的基本概念

统计科学和其他科学一样，在论述本门科学的理论与方法时，要运用一些专门的概念，有些是基本的、常用的，有些是属于局部的，在论述专门问题时使用属于局部的，局部的概念在以后章节讲解。本节只就几个基本的、常用的概念加以阐述。

1.3.1 统计总体与总体单位

统计总体简称总体，是指客观存在的、在同一性质基础上结合起来的许多个别单位的整体。构成总体的这些个别单位称为总体单位。例如，所有的工业企业就是一个总体，这是因为在性质上每个工业企业的经济职能是相同的，即都是从事工业生产活动的基本单位，这就是说，它们是同性质的。这些工业企业的集合就构成了统计总体。对于该总体来说，每一个工业企业就是一个总体单位。

总体可以分为有限总体和无限总体。总体所包含的单位数是有限的，称为有限总体，如人口数、企业数、商店数等。总体所包含的单位数是无限的，称为无限总体，如连续生产的某种产品的生产数量、大海里的鱼资源数等。对有限总体可以进行全面调查，也可以进行非全面调查。但对无限总体只能抽取一部分单位进行非全面调查，据以推断总体。

确定总体与总体单位，必须注意两个方面：

（1）构成总体的单位必须是同质的，不能把不同质的单位混在总体之中。例如，研究工人的工资水平，就只能将靠工资收入的职工列入统计总体的范围。同时，也只能对职工的工资收入进行考察，对职工由其他方面取得的收入就要加以排除，这样才能正确反映职工的工资水平。

（2）总体与总体单位具有相对性，随着研究任务的改变而改变。同一单位可以是总体也可以是总体单位。例如，要了解全国工业企业职工的工资收入情况，那么全部工厂是总体，各个工厂是总体单位。如果旨在了解某个企业职工的工资收入情况，则该企业就成了总体，每位职工的工资就是总体单位了。

动脑筋：要研究一下某学院大一学生的日常消费情况，其统计总体是什么？

1.3.2 样本

从总体中抽取的部分单位组成的集合称为样本。抽取样本的目的，就在于要用样本的数量特征来估计或推断总体的数量特征。对于无限总体我们不可能对每一单位进行观察，即使是有限总体，由于其大量性的特点，要对所有单位进行观察，要花费大量的人力、物力、财力和时间，是十分不经济的事情。因此，一般情况下，我们都是通过样本来推断总体的特征的。

既然抽样的目的是推断总体的特征，因而从总体中抽取样本时必须遵循随机原则，这样才能保证样本的代表性。例如，我们研究某大学学生课余时间的利用情况，随机抽取 100 名学生进行调查，则这 100 名学生就是一个样本。总体是统计研究的对象，样本作为总体的代表，也是统计研究的对象，因此样本也符合总体的概念，为了加以区别，通常将所要研究的事物全体构成的总体称为全及总体，而将样本单位组成的总体称为抽样总体。

抽取样本时要注意以下问题：

（1）从一个总体中可以抽取许多个不同的样本。根据研究目的确定的统计总体是唯一确定的，而样本却是随机的，从一个总体中抽取不同样本的数目的多少与样本单位数和抽样方式有关。例如，某校有 $N=10000$ 名学生，从该校学生中抽取 $n=100$ 名构成样本，按重置抽样方式其可能的样本数目为：$N^n=(10000)^{100}=10^{400}$，按不重置抽样时的情形请读者推算。由此可见，从一个总体中抽样一定样本容量，不同的样本是非常多的。

（2）样本的代表性。抽样的目的是用样本的数量特征去推断总体的数量特征，因此，就要求样本的指标与总体的指标的误差要小，即抽样误差小。抽样误差越小则样本的代表性就越强。样本的代表性的高低与样本单位数、抽样方式和抽样的组织形式有关。提高样本的代表性，降低抽样误差，是抽取样本时要高度关注的问题。

（3）样本的客观性。在抽取样本时，要遵循随机原则，排除主观因素的影响，保持取样的客观性，从而提高样本的代表性。

动脑筋：抽取样本时，样本容量设定为多少比较合适？

1.3.3 统计标志

1.3.3.1 标志和标志表现

统计标志简称标志，是指统计总体各单位所具有的共同特征的名称。从不同角度考察，每个总体单位可以有许多特征。如每个学生可以有性别、年龄、民族等特征。这些都是学生的标志。

标志表现是标志特征在各单位的具体体现。学生的性别是“女”，年龄为 19 岁，民族为汉族等，这里“女”、“19 岁”、“汉族”就是性别、年龄、民族的具体体现，即标志表现。

1.3.3.2 标志的分类

（1）标志按变异情况可分为不变标志和变异标志。当一个标志在各个单位的具体表现都相同时，这个标志称为不变标志；当一个标志在各个单位的具体表现有可能不同时，这个标志称为可变标志或变异标志。如中国第五次人口普查规定："人口普查的对象是具有中华人民共和国国籍并在中华人民共和国国境内常住的人。"按照这一规定，在作为调查对象的人口总体中，国籍和在国境内居住是不变标志，而性别、年龄、民族、职业等则是变异标志。不变标志是构成统计总体的基础，因为至少必须有一个不变标志将各总体单位联结在一起，才能使它具有"同质性"，从而构成一个总体。变异标志是统计研究的主要内容，因为如果标志在各总体单位之间的表现都相同，那就没有进行统计分析研究的必要了。

（2）标志按其性质可以分为品质标志和数量标志。品质标志表示事物的质的特性，是不能用数值表示的，如学生的性别、民族、专业等。数量标志表示事物的量的特性，是可以用数值表示的，如学生的身高、体重、年龄等。品质标志主要用于分组，将性质不相同的总体单位划分开来，便于计算各组的总体单位数，计算结构和比例指标。数量标志既可用于分组，也可用于计算标志总量以及其他各种质量指标。

1.3.4 统计指标

1.3.4.1 统计指标及其构成要素

对统计指标的含义，一般有两种理解和两种使用方法。

（1）统计指标是指反映总体现象数量特征的概念。如人口数、商品销售额、劳动生产率等。它包括三个构成要素：指标名称，计量单位，计算方法。这是统计理论与统计设计上所使用的统计指标含义。

（2）统计指标是反映总体现象数量特征的概念和具体数值。例如，2013 年我国国内生产总值为 568 845 亿元。这个概念含义中包括了指标数值。按照这种理解，统计指标除了包括上述三个构成要素外，还包括时间限制、空间限制、指标数值。这是统计实际工作中经常使用的统计指标的含义。因此，统计指标包括六个具体的构成因素。

一般认为，对统计指标的这两种理解都是成立的。在做一般性统计设计时，只能设计统计指标的名称、内容、口径、计量单位和方法，这是不包括数值的统计指标。然后经过搜集资料、汇总整理、加工计算可以得到统计指标的具体数值，用来说明总体现象的实际数量状况及其发展变化的情况。从不包括数值的统计指标到包括数值的统计指标，在一定意义上反映了统计工作的过程。

1.3.4.2 统计指标的特点

（1）数量性。即所有的统计指标都是可以用数值来表现的。这是统计指标最基本的特点。统计指标所反映的就是客观现象的数量特征，这种数量特征，是统计指标存在的形式，没有数量特征的统计指标是不存在的。正因为统计指标具有数量性的特点，它才能对客观总体进行量的描述，才使统计研究运用数学方法和现代计算技术成为可能。

（2）综合性。这是指统计指标既是同质总体大量个别单位的总计，又是大量个别单位标志差异的综合，是许多个体现象数量综合的结果。例如，某人的年龄，某人的存款额不能叫做统计指标，一些人的平均年龄，一些人的储蓄总额，人均储蓄才叫做统计指标。统计指标的形成都必须经过从个体到总体的过程，它是通过个别单位数量差异的抽象化来体现总体综合数量的特点的。

（3）具体性。统计指标的具体性有两方面的含义：一是统计指标不是抽象的概念和数字，而是一定的具体的社会经济现象的量的反映，是在质的基础上的量的集合。这一点使社会经济统计和数理统计、数学相区别。二是统计指标说明的是客观存在的，已经发生的事实，它反映了社会经济现象在具体地点、时间和条件下的数量变化。这一点又和计划指标相区别。统计指标反映的是过去的事实和根据这些事实综合计算出来的实际数量，而计划指标则说明未来所要达到的具体目标。

1.3.4.3　标志与指标的区别和联系

它们的主要区别如表 1-1 所示。

表 1-1　标志与指标的区别

名　称	标　志	指　标
说明的对象	总体单位	统计总体
说明的内容	总体单位的属性特征	总体单位的数量特征
表现的形式	文字表示	数值表示

它们的主要联系是：①总量指标的数值是由总体单位标志表现或标志值汇总而来。例如，按“性别”某企业职工经过汇总可以得到该企业“男职工人数”、“女职工人数”和“职工总数”——单位总量；按“工资”将全体职工的工资额汇总就可得到该企业的“工资总额”——标志总量。②随着研究目的的不同，当统计总体转化为总体单位时，与之相应的统计指标就转化为数量标志，反之亦然。例如，某企业 2007 年销售额 100 万元，将该企业看作总体，它是统计指标，就该企业所属的行业或地区看成总体，它就是标志了。

1.3.4.4　统计计指标的种类

(1) 统计指标按其说明总体内容的不同分类。数量指标是说明总体外延规模的统计指标。例如，人口数、企业数、工资总额、商品销售额等。数量指示所反映的是总体的绝对数量，具有实物的或货币的计量单位，其数值的大小，随着总体范围的变化而变化，它是认识总体现象的基础指标。

质量指标是说明总体内部数量关系和总体单位水平的统计指标。例如，人口的年龄构成、性比例、农业——轻工业——重工业比例、平均单产、平均工资等。它通常是用相对数和平均数的形式表现的，其数值的大小与范围的变化没有直接关系。

(2) 统计指标按其作用和表现形式的不同，可分为总量指标、相对指标和平均指标。总量指标又分为实物指标、劳动指标和价值指标三种。这些统计指标的涵义、内容、计算方法和作用各不相同，将在以后各章中叙述。

(3) 统计指标按管理功能作用不同，可分为描述指标、评价指标和预警指标。

描述指标主要是反映社会经济运行的状况、过程和结果，提供对社会经济总体现象的基本认识，是统计信息的主体。例如，反映社会经济条件的土地面积指标、自然资源拥有量指标、社会财富指标、劳动资源指标、科技力量指标，反映生产经营过程和结果的国民生产总值指标、工农业总产值指标、国民收入指标、固定资产指标、流动资金指标、利润指标，反映社会物质文化的娱乐设施指标、医疗床位数指标等。

评价指标是用于对社会经济运行的结果进行比较、评估和考核，以检查工作质量或其他定额指标的结合使用。包括国民经济评价指标和企业经济活动评价指标。

预警指标一般是用于对宏观经济运行进行监测，对国民经济运行中即将发生的失衡、失控等进行预报、警示。通常选择国民经济运行中的关键性、敏感性经济现象，建立相应的监测指标体系。

例如，针对经济增长、经济周期波动、失业、通货膨胀等，可以建立国民生产总值与国民收入增长率、社会消费率、积累率、失业率、物价水平、汇率、利率等预警指标。

1.3.5　统计指标体系

由于现象的复杂多样性，各种现象之间相互联系的性质，只月个别统计指标来反映是不够的，需要采用指标体系来进行描述。统计指标体系就是各种相互联系的统计指标所构成的一个有机整体，用来说明所研究现象各个方面相互依存和相互制约的关系。统计指标体系因各种现象本身联系的多样性和统计研究的目的不同而分为不同的类别。

根据所研究问题的范围大小，可以建立宏观统计指标体系和微观统计指标体系。宏观统计指标体系就是反映整个现象大范围的统计指标体系。如反映整个国民经济和社会发展的统计指标体系。微观统计指标体系就是反映现象较小范围的统计指标体系。如反映企业或事业单位的统计指标体系。介于这两者之间的可以称为中观统计指标体系。如反映各地区或各部门的统计指标体系。

根据所反映现象的范围内容不同，统计指标体系可以分为综合性统计指标体系和专题性统计指标体系。综合性统计指标体系是较全面地反映总系统及其各子系统的综合情况的统计指标体系。专题性统计指标体系则是反映某一个方面或问题的统计指标体系。

动脑筋：国民经济和社会发展统计指标体系属于综合性统计指标体系还是专题性统计指标体系？

1.3.6 变异、变量和变量值

统计中的标志和指标都是可变的，如人的性别有男女之分，各时期、各地区、各部门的工业总产值各有不同等，这种差别叫做变异。变异就是有差别的意思，包括质的差别和量的差别。变异是统计的前提条件。

变量就是可以取不同值的量，这是数学上的一个名词。在社会经济统计中，变量包括各种数量标志和全部统计指标，它都是以数值表示的，不包括品质标志。变量就是数量标志的名称或指标的名称，变量的具体数值表现则称为变量值。例如，职工人数是一个变量，因为各个工厂的职工人数不同。某工厂有 852 人，另一工厂有 1686 人，第三个工厂有 964 人等，都是职工人数这个变量的具体数值，也就是变量值。要注意区分变量和变量值。如上例，852 人、1686 人、964 人三个变量值的平均数，不能说是三个“变量”的平均数，因为这里只有“职工人数”这一个变量，并没有三个变量。以整数值变化的变量，称为离散型变量；也可以有连续数值变化的变量，即可以用小数值表示的变量，称为连续型变量。离散型变量的各变量值之间是以整数位断开的，例如人数、机器台数、工厂数等，都只能按整数计算；连续型变量的数值是接连不断的，相邻的两数值之间可作无限分割，如身高、体重、年龄等。

变量值按是否连续可分为连续变量与离散变量两种。在一定区间内可任意取值的变量叫连续变量，其数值是连续不断的，相邻两个数值可作无限分割，即可取无限个数值。例如，生产零件的规格尺寸、人体测量的身高、体重、胸围等为连续变量，其数值只能用测量或计量的方法取得。可按一定顺序一一列举其数值的变量叫离散变量，其数值是表现为断开的。例如，企业个数、职工人数、设备台数、学校数、医院数等，都只能按计量单位数计数，这种变量的数值一般用计数方法取得。

动脑筋：人的年龄是连续变量还是离散变量？为什么？

思考与练习

一、单项选择题

1. 调查某实验中学 2000 名学生学习情况，则总体单位是（　　）。

A. 2000 名学生　　B. 2000 名学生的学习成绩

C. 每一名学生　　D. 每一名学生的学习成绩

2. 统计指标按其说明的总体现象的内容不同，可以分为（　　）。

A. 基本指标和派生指标　　B. 数量指标和质量指标

C. 实物指标和价值指标　　D. 绝对数指标，相对数指标和平均数指标

3. 统计学的基本方法包括有（　　）。

A. 调查方法、整理方法、分析方法、预测方法

B. 调查方法、汇总方法、预测方法、实验设计

C. 相对数法、平均数法、指数法、汇总法

D. 实验设计、大量观察、统计描述、统计推断

4. 要了解某市国有工业企业生产设备情况，则统计总体是（　　）。

A. 该市国有的全部工业企业　　B. 该市国有的每一个工业企业

C. 该市国有的某一台设备　　D. 该市国有制工业企业的全部生产设备

5. 统计总体的基本特征是（　　）。

A. 同质性、大量性、差异性　　B. 数量性、大量性、差异性

C. 数量性、综合性、具体性　　D. 同质性、大量性、可比性

6. 标志是说明（　　）。

A. 总体单位的特征的名称　　B. 总体单位量的特征的名称

C. 总体质的特征的名称　　D. 总体量的特征的名称

二、多项选择题

1. 统计指标的特点有（　　）。

A. 数量性　　B. 社会性　　C. 综合性　　D. 具体性

2. 品质标志表示事物的质的特征，数量标志表示事物的量的特征，所以（　　）。

A. 数量标志可以用数值表示　　B. 品质标志可以用数值表示

C. 数量标志不可以用数值表示　　D. 品质标志不可以用数值表示

3. 某企业是总体单位，数量标志有（　　）。

A. 所有制　　B. 职工人数

C. 月平均工资　　D. 年工资总额

三、思考题

1. 统计学研究的对象是什么？它们有哪些特点？

2. 统计学的研究方法有哪些？

3. 简述统计学的发展历程和发展趋势。

4. 何谓统计总体和总体单位？它们的关系如何？

5. 何谓标志？标志可以划分为哪些类型？

6. 何谓统计指标？指标可以划分为哪些类型？

课内实训

[实训目的]

1. 加深对于统计学基本概念的理解。

2. 训练统计工作的基本技能。

3. 培养学生的团队合作精神，提高归纳分析及与人沟通的能力。

[实训组织]

1. 本着自愿的原则，学生 5 人一组，每组产生一名组长，由组长负责分工及协调小组

内成员的实训任务，并带领大家完成实训任务。

2. 实训以小组讨论形式展开。

［实训项目］

在下表空格内填入各基本概念的内容：

研究的目的	总体	总体单位	品质标志	数量标志	变量值
了解某市制造企业的经营情况					
了解某校的学生的学习情况					
了解某市商品房的基本情况					

［实训要求］

1. 明确小组内成员之间的分工，尽可能调动所有成员参与的积极性，达到实训的效果。

2. 小组讨论过程中，记录每名成员的发言。

［实训考核］

1. 实训过程中职业素养是否得到体现。

2. 小组分工是否明确和均衡，小组成员的能力是否得到充分的发挥。

3. 实训方法选择是否得当，操作是否规范。

项目2 统计设计与统计调查

名人小传

约翰·葛兰特

约翰·葛兰特（John Graunt，1620年4月24日～1674年4月18日）是一位英国经济学家，也是第一位从事人口统计学调查的研究者。

葛兰特与英国古典经济学家威廉·配第一同研究人类统计与人口普查方法，以此为基础发展现代人口统计学的架构，最为著名的成就是制作出第一张生命表，使计算人类某年之存活概率成为可能。葛兰特也是第一位流行病学家，曾发表公共卫生领域的统计报告。

他的著作《对死亡率表的自然与政治观察》（Natural and Political Observations Made upon the Bills of Mortality）发表于格里历1663年或儒略历1662年，分析查理二世时期伦敦地区死亡率的起伏，研究腺鼠疫的开始与扩散的系统性方法，并发出警告。虽然这个方法并未真正发明出来，但他的著作仍被用以判断当时的伦敦人口数目。

知识目标

1. 了解统计设计与统计调查的基本理论知识。
2. 掌握统计设计的类型与统计设计的内容。
3. 理解统计调查方案及其制定。
4. 掌握统计调查的组织方式。
5. 掌握调查问卷的设计。

技能目标

1. 培养应用统计设计与统计调查基本理论思想在实际工作中的能力。
2. 能够针对具体问题分析其统计设计内容并初步设计统计指标体系。
3. 能够对某项调查设计的调查方案进行分析。
4. 能够根据某项调查正确选择调查的组织方式。
5. 能够根据实际问题分析并初步设计统计调查问卷。

项目导入

一个完整的统计工作过程包括统计设计、统计调查、统计整理和统计分析等相互联系又各有侧重的四个阶段。统计设计是统计工作的起点，统计调查是搜集统计资料的具体工作，没有统计调查资料，便谈不上统计整理和统计分析。从人们的认识过程来看，统计调查属于感性认识阶段；统计整理是对统计调查资料进行加工的过程；统计分析则是在统计整理的基础上由感性认识上升到理性认识的阶段。可见，统计设计与统计调查在很大程度上直接影响着统计工作任务完成的好坏，决定着整个统计工作质量的优劣。

2.1 统计设计概述

统计设计是对统计活动各个方面和各个环节所作的通盘考虑和合理安排。如确定调查对象、设计指标体系、编制分类目录、制订调查、整理和分析方案等。优良的统计设计是科学、有效地组织统计活动的前提。

2.1.1 统计设计的概念、原则与意义

2.1.1.1 统计设计的概念

统计设计是统计工作的首要阶段，是根据统计研究的目的和研究对象的特点，明确统计指标和指标体系，以及对应的分组方法，并以分析方法指导实际的统计活动。其基本任务是制定出各种统计工作方案，是统计工作过程不可缺少的重要环节之一，是统计工作的指导依据。统计设计所制定的方案包括：统计指标体系、统计分类目录、统计报表制度、统计调查方案、统计汇总或整理方案以及统计分析方案等诸多方面的内容。

统计设计既是统计工作的龙头，又贯穿于整个统计调查的全过程。统计设计体现人们要客观、真实了解客观事物的意愿。只有通过统计设计，才能保证统计工作协调、统一、顺利进行，避免统计标准不统一；只有通过统计设计，才能按需要与可能，分清主次，采用各种统计方法，避免重复和遗漏，使统计工作有秩序地进行。所以，没有科学的统计设计和严格的统计管理，就不可能有高效的统计工作和准确的统计数据。

2.1.1.2 统计设计的原则

（1）统计设计要完善，主次分明，但不能阻碍再认识。

（2）统计设计要理论联系实际，不能变成纯理论上的空谈，要考虑实施的条件和可操作性。

（3）统计设计要同时防止主观性和片面性，要尽量做到全面系统地考虑问题。坚持统计设计的原则就是要在进行统计设计的时候考虑工作的顺序、进程和发展。

2.1.1.3 统计设计的意义

统计设计是开展统计调查、统计整理、统计分析前的必要准备阶段，它是从定性认识过渡到定量认识的连接点，它是使整个统计工作协调有序顺利进行的重要保证。其意义：

（1）统计是需要高度集中统一的工作。这就要求事先必须制定出经过通盘考虑过的设计方案才能实现。

（2）统计工作不再是仅仅以单项的统计活动为主体，而是要把认识对象作为一个整体来进行全面的、综合的反映和研究。

（3）从认识顺序来讲，统计工作是从对客观对象的定性认识开始的。没有这种定性认识，就不知道去调查什么和怎么调查，也不知道去研究什么和怎么研究。

(4) 从统计实践来看，加强和重视统计设计工作对完成整个统计工作，保证统计工作的质量是必需的。

2.1.2 统计设计的类型

统计设计，从不同角度来考察有其不同的分类。现分述如下。

2.1.2.1 按统计设计所包括的研究对象的范围，可分为整体设计和专项设计

整体设计，是以研究对象为一个整体，对整个统计工作进行的全面设计。整体设计的范围可大可小。就微观而言，是一个企业、事业基层单位的统计工作的全盘设计；就宏观而论，是整个国民经济范围的统计工作的全面设计。

专项设计，是指研究对象的某一部分的统计设计。如一个企业的有关人力、物资、资金、生产、供应、销售的统计设计是专项设计。就全国来说，工业、农业、交通运输等的统计设计也是专项设计。

整体设计是主要的，专项设计从属于整体设计。整体设计和专项设计的划分是相对的，如从全社会看，农业统计设计是专项设计。但就农业为独立研究对象来说，农业统计设计则是整体设计。

2.1.2.2 按统计设计所包括的工作阶段，可分为全过程设计和单阶段设计

全过程设计，是从确立统计任务、内容、指标体系到分析研究的全过程的通盘安排。

单阶段设计，是就统计工作过程中的某一阶段的安排，如统计调查的设计、统计整理的设计、统计专题分析的设计等。

全过程设计和单阶段设计，各有分工，各有侧重。全过程设计偏重于安排各阶段的联系，单阶段设计则要细致地安排工作进度和方法；两者相比，全过程设计是主要的，单阶段设计是在全过程设计的基础上进行的。

2.1.2.3 按统计设计包括的时期，可分为长期设计、短期设计和中期设计

这种划分和前两种划分不同，是从具体设计的组织工作安排考虑的。长期设计是指五年以上的统计设计；短期设计是一年或年度内的统计设计；至于两年内的统计设计则可称为中期统计设计。

动脑筋：我们日常生活中是否进行过或者接触过统计设计，它们属于哪个类别？

2.1.3 统计设计的内容

2.1.3.1 统计设计的目的

统计设计涉及的面非常宽广，包括整个统计工作过程的全部内容。然而很多内容不可能在统计工作开始阶段就能设计完美，要根据工作的进程适当地进行调整和充实。而且，统计设计的内容又由于设计的种类不同而有所不同。尽管如此，它们仍有许多共同之处。一般说来，按认识对象范围划分的整体设计和专项设计，只是范围大小不同，其设计内容类似。按工作阶段划分的全过程设计和单阶段设计的内容也大致相同，只是详略有别。这里仅就统计设计一般属于共性方面的主要内容作概括地介绍。

(1) 明确规定统计的目的。任何一项统计工作都应该有一个明确的目的。这是决定统计内容和统计方法的出发点。

(2) 确定统计研究的对象。也就是要规定：统计研究的是什么样的总体，它的界限是什么？

一般说来，这要求在对研究对象进行质的分析的基础上，从多方面明确陈述研究对象区别于别种对象的本质属性，并对各种具体情况做出必要的说明。

(3) 规定统计的时空标准。时间和空间是一切事物存在和运动的形式，任何统计设计都

应对此做出明确的规定。

（4）设计统计指标和统计指标体系。这是统计设计的主要内容。统计研究是从数量上研究社会经济总体现象，因此最重要的就是要确定了解哪些方面的数量情况，选用什么统计指标来反映它。一般说来，需要确定统计指标体系包括哪些统计指标，各指标之间具有怎样的联系，哪个指标是核心指标，确定各统计指标的名称和含义，确定统计指标的计量单位和计算方法等。

在实际工作中，很多统计指标和统计指标体系都已形成。因此，在这方面的设计通常表现为对已有设计方案的修订。但是，无论是从头开始的设计，还是对已有的进行修订的设计，统计指标和统计指标体系的设计都是统计设计的主要问题。

动脑筋：总人口数、男性人口数、女性人口数、男女性别比例、男性人口比重、女性人口比重等指标能用来描述全国人口总体的基本状况和性别分布特征吗？这些指标是它的统计指标吗？

（5）确定统计分类和统计分组。与统计指标体系相联系，确定统计分类和统计分组也是统计设计的重要内容。它是指社会经济总体现象的分类和分组。统计分类是一件很重要的工作，有些统计分类很复杂，需要统计设计人员具有广博的理论和实际知识，要设计好，常常需要聘请有关方面的专家、学者及实际工作经验丰富的人员共同研讨，制订出统一的分类目录，确定对各种复杂情况的处理。

（6）设计搜集统计数据的基本方法。搜集统计数据可以有很多种不同的方法：有全面调查和非全面调查，有经常性调查和一次性调查，有统计报表制度和专门调查，有直接观察法、采访法、报告法，等等。选用哪一种方法作为搜集统计数据的基本方法，要根据统计对象、统计指标的性质和特点、统计指标的重要程度、统计数据需要的准确程度、统计力量的大小等，事先加以细致、通盘的考虑，以避免工作上的轻重倒置、遗漏或重复。

动脑筋：你还知道哪些搜集统计数据的方法？

（7）设计统计数据汇总整理的基本方法。统计数据汇总整理的核心问题是分组标志和指标体系问题。只有在对统计研究对象作出深刻分析的基础上，确定能反映问题本质的分组标志和指标体系，才能使汇总整理结果充分发挥作用。统计数据汇总整理的设计，其结果表现为一套汇总整理方案，包括一套空白的汇总表、汇总表的编制说明以及各种分类目录。这是汇总整理的依据。

（8）设计统计数据分析的基本方法。在一般情况下，统计数据的分析不可能事先设计得很周密，但必要的安排还是很重要的，例如可以从总体上考虑：准备分析哪些问题，分析这些问题的目的是什么，需要运用什么数据等。在有些情况下，事先进行统计分析的设计还可以检验前述环节中存在的缺陷，使整个设计更趋完善。

（9）规定各阶段的工作进度、时间安排和各工作阶段的联系。例如在统计数据搜集阶段，包括数据登记、复查、质量抽查等工作。在统计数据的整理阶段，包括资料审核、汇总等工作。在数据的提供与分析阶段，包括数据的公布、报告等工作都要有完成的期限。

2.1.3.2　统计指标和指标体系的设计

设计统计指标和统计指标体系，必须符合下面几个原则。

（1）科学性原则。统计指标和指标体系的设计既要有科学理论的指导，又要符合客观对象实际，这个原则就是科学性原则，也叫客观性原则。这是设计时考虑问题的基本出发点，无论是指标数量、核心指标、指标口径、计量单位和计算时间及计算方法等都要充分考虑这一点。特别是在统计指标和统计指标体系的具体计算方法上要切合实际，考虑电算化的要求，使之具有可操作性。否则，就会使认识产生偏差或错误，给工作带来损失。

（2）目的性原则。统计指标和指标体系的设计要考虑管理的要求和研究的目的，这就是目的性原则。从客观认识对象本身来讲，它有无数的标志，可以设计出许多的指标来反映它，那么，究竟选择哪些指标来考核或观察？哪个指标作为核心指标？怎样确定这些指标的口径、计算时间和计算方法？这都需要充分考虑到管理的要求和科学研究的要求。此外，还要满足国际统计对比的需要。

（3）全局性原则。设计统计指标和统计指标体系，要从整体上或全局上考虑统计指标之间的联系。这就是全局性原则，也叫联系性原则。认识和分析任何社会经济总体都要使用统计指标体系。一个体系内的若干指标在口径、时间、空间、方法等方面必须是相互联系的。因此，在设计时要从整体上、全局上考虑这种联系。就经济问题而言，最大的联系是国民经济的综合平衡。因此，各部门、各地区在设计单个指标或指标体系时，要以国民经济核算体系为中心来考虑问题，特别是在统计内容、指标数量、指标口径和计算方法上。

（4）统一性原则。设计统计指标和指标体系时，应考虑同计划、会计和业务核算的统一，以利于这些核算在口径、分类和计算方法等方面的统一，在资料的利用上相互配套，以免产生不必要的重复和矛盾。

（5）可比性原则。设计统计指标和统计指标体系时要考虑各地区、各部门、各时期和国际间对比的要求。在遵循可比性原则时，首先要使不同地区、不同部门的统计指标的口径范围可比；其次是使统计指标的计算方法可比。统计指标和统计指标体系要保持一定的稳定性。重要统计指标的更换要采用逐渐代替的方法，不宜采用断然更换的方法。指标口径、分类方法、计算价格进行更换和修订时要注意与原有资料的衔接。

上述是一般原则，在具体设计时，要充分考虑实际情况的复杂性。实际工作中，常常不是统计指标与统计指标体系的重新设计，而是对原有指标和指标体系的修订，即使如此，也必须遵循上述原则。

2.2 统计调查概述

2.2.1 统计调查的概念

统计是人们认识社会的有力武器，面向社会经济现象进行调查则是达到正确认识社会的基础。统计调查，就是收集统计资料，是在统计工作过程中，根据统计研究的目的和任务，按照统计设计所确定的统计指标，运用各种科学的调查方法，有组织、有计划地收集有关社会经济现象的个体资料，对客观事实进行登记，取得真实可靠的统计资料的工作过程。统计调查收集的资料有：未做任何加工整理的原始资料和经过他人加工整理的二手资料。统计调查主要是指对原始资料的收集，但有时也包括对次级资料的收集。

原始资料作为统计调查的第一手资料，针对性和真实性都比较强，信息可靠，价值较高，但原始资料的收集需要花费较多的人力、物力、财力和时间，且会受到调查人员和被调查人员主观因素的影响。次级资料来源多，涉及面广，反映的信息相对比较客观，且收集二手资料花费的时间短、费用少，可节约调查时间和经费，但二手资料缺乏针对性，其可靠性也往往难以评估。一切次级资料都是从原始资料过渡而来的，因此，统计调查主要是指对原始资料的收集。

统计调查，在统计工作的整个过程中，是基础环节，担负着提供基础资料的任务，所有的统计分析和统计研究，都是在原始资料收集的基础上建立起来的。如果统计调查工作做得不好，得到的资料残缺不全或有错误，甚至为了有一个好的结果而胡编乱造，就会影响整个统计工作，统计分析和预测也就无从谈起，从而影响国家的宏观经济决策或企业的经营决策。由此可见，统计调查是统计工作的基础。

扩展阅读

统计调查与统计记录的区别

统计调查，有“对外”的含义，其主体应是非基层单位的统计机构和人员，其工作性质应是“专题性”的。所以，其对主体的业务素质要求也较高，应是具有一定研究能力的人员。

统计记录，有“对内”的含义，其主体应是基层单位的统计机构和人员，其工作性质应是“常规性”的。所以，其对主体的业务素质要求也相对较低，只要人员素质好，工作认真负责，又能正确理解指标体系即可。

2.2.2 统计调查的基本要求

在整个统计工作过程中，统计调查阶段的工作非常重要，它担负着提供基础资料的任务，是统计工作的初始阶段，又是统计整理和统计分析的前提。统计调查工作质量的好坏，直接影响到统计整理和分析结果的可靠性、真实性，关系到能否准确地反映客观实际，得出正确的结论。因此，为了保证调查资料的质量，使他更准确地反映社会经济现象的本质，预测未来，作为编制计划，制订政策的依据，统计调查必须做到以下要求。

(1) 准确性。准确性就是要求统计人员收集的资料必须真实可靠，如实反映客观实际，不能歪曲和掩盖事实真相，这是保证统计资料质量的首要环节。统计资料的“准确性”是衡量统计调查工作质量的重要标志，是统计工作的生命。如果统计资料失真，据此做出的分析和预测就会出现错误，进而影响对经济现象的认识分析。统计资料的准确性不仅是一个技术性问题，而且是一个思想意识问题。因此，作为统计调查人员要如实地反映客观实际，杜绝虚报、瞒报、伪造和篡改统计数据的现象。

(2) 及时性。及时性是指统计调查人员必须严格按照调查方案中规定的调查时间，完成各项调查资料的收集，并及时提供所需的各项调查资料，以满足各方面对统计资料的需求。资料提供得越及时，其时间效用就越大，就越能提高资料的使用价值。时过境迁就失去了资料的时效性，延误统计整理、统计分析的时间，起不到应有的作用。

(3) 完整性。完整性是指统计收集的资料必须全面完整。即统计调查人员必须按照统计调查方案的规定，使所列调查项目的资料收集齐全，毫无遗漏。如果资料不全，就不能反映调查对象的全部情况，从而完不成调查研究的任务。

(4) 经济性。经济性是指调查单位以尽量少的投入获取所需要的统计资料。盲目追求不计成本的统计调查，将会造成不必要的人力、物力和财力的浪费。因此，统计调查同样要讲究经济效益，努力降低调查成本。

2.2.3 统计调查的种类

统计调查可以依据不同的划分标准，从不同角度进行分类。

(1) 按调查的组织形式不同，可分为统计报表和专门调查

统计报表是指按照统一规定的表式要求，自上而下统一布置，自下而上地逐级提供统计资料的一种统计调查方式。它大多以定期统计报表制度的形式出现，但也有临时布置的。在我国统计实践中，又有全面统计报表和非全面统计报表。

专门调查是为了某一特定的目的或为了研究某些特定的问题，专门组织的一种收集资料

的调查组织形式，多属一次性调查。统计专门调查包括普查、抽样调查、重点调查和典型调查。这些调查方式灵活多样、适应性强，不仅可以弥补统计报表制度的不足，而且可以随着社会、经济、科技的不断发展，针对不断产生出来的新情况和新问题，采取相应的调查方式，满足实际工作需要。

(2) 按调查对象范围的不同，可分为全面调查和非全面调查

全面调查是指对调查总体中的所有个体单位都进行调查登记，以获得全面统计资料的一种调查方式。这种调查方式能掌握调查总体的全面情况，但会消耗较多的人力、物力和财力，调查时间也会较长，同时可能出现的登记误差也较大。因而，全面调查只适用于有限总体，调查内容只限于反映国情国力的最重要的统计指标。统计报表制度和普查都属于全面调查。非全面调查是指对调查总体中的一部分个体单位进行调查登记的一种调查方式。由于它所涉及的调查单位较少，可以用较少的人力、财力、物力和时间，获得较多的、详细的调查资料。抽样调查、重点调查和典型调查都属于非全面调查。

动脑筋：对某地区的部分地块进行农产品的产量调查，属于全面调查还是非全面调查？

(3) 按调查登记时间是否连续，可分为经常性调查和一次性调查

经常性调查是指随着调查对象时间上的变化而连续不断地进行登记的一种调查方式。目的在于获取事物发展变化全过程及其结果的统计资料。这种调查适合于时期现象。

一次性调查是指每间隔一段时间就对调查对象的状况进行调查登记，以取得这些现象在一定时点状态上的状况资料的一种调查方式。这些指标的数值在一定时期内变动不大，只需间隔一段时间组织一次调查即可。一次性调查可以定期进行的，也可以不定期进行的。

2.2.4 统计调查的方法

统计调查收集原始资料的具体方法有：直接观察法、报告法、采访法和问卷调查法。

(1) 直接观察法 。直接观察法是指由调查人员亲自到现场对调查单位直接进行观察、测量、登记，并将结果记录下来的一种获得统计资料的调查方法。此方法虽然能够准确地获得统计资料，但需要耗费较多的时间和人力、物力、财力。因此，此法的应用受到很大的限制。

(2) 报告法。报告法是指由报告单位以各种原始凭证和核算资料为依据按照统一要求填写统计表格，并在规定时间内逐级向上提供统计资料的方法。此法因使用统一表式和要求可以节省调查机构的人力，同时如果系统健全、原始记录及核算工作真实、完整，就可以取得比较准确的统计资料。

(3) 采访法。采访法是指根据调查项目的要求由调查人员询问被调查者，并根据被调查者的答复而收集资料的一种调查方法。此法可以使双方面对面直接接触，逐项询问、相互核实，收集的资料比较真实可靠，但需要时间长，且耗费大量的人力、物力和财力，适用于样本小的调查项目。

(4) 问卷调查法。问卷调查法是指根据一定的调查目的，以发放问卷的形式，向被调查者收集资料的一种调查方法。此法可以随机或有意识地选择若干调查单位，发放问卷，要求在规定时间内提供相关信息，通过信息汇总、分类整理和统计调查分析而推断总体的基本情况。

此外，随着现代信息技术和网络技术的迅速发展，越来越多的统计资料都可以通过网上调查来取得，它是通过网络向被调查单位和个人发出调查提纲、表格或问卷，被调查者通过网络向调查者反馈信息。这种方法需要的经费较少、能在较大范围内进行、传播快速、易于互动且调查结果客观性高、信息质量易检验和控制。

动脑筋：我们在日常生活中使用或者接触过哪种调查方法？

2.3 统计调查方案

统计调查是一项科学、周密、细致、复杂的基础性工作，需要调查机构和人员进行精心的组织实施。统计调查方案是统计设计在调查阶段的具体化，是事先制订、用以组织和协调统计调查全面展开的工作计划书，是统计设计的一项重要内容。在着手调查之前应该制订一个周密的调查方案，使得调查工作有目的、有组织地进行，并对调查内容、方法、步骤实行高度统一，以便顺利完成调查任务。统计调查方案具体包括以下几个方面的内容。

（1）确定调查目的和任务。确定调查目的和任务是设计任何一项统计调查方案的首要工作，就是要明确统计调查要解决的问题。调查目的和任务不同，调查的内容和范围也就不同，只有明确了调查目的、任务，才能够进一步确定向谁调查、调查什么和怎样调查。如果目的不明确，就会给调查工作带来盲目性，严重影响统计调查结果的质量，甚至使调查结果毫无用处，从而浪费人力、物力、财力和时间。

（2）确定调查对象和调查单位。确定调查对象和调查单位，是以调查目的为依据，回答向谁调查、由谁来具体提供调查资料的问题。调查对象由调查目的决定的，是需要收集其资料的那些社会现象的总体，由性质相同的许多调查单位组成。调查单位是构成总体的个体，是调查过程中调查对象中所要调查的具体单位，取决于调查目的和调查对象。只有正确科学地确定了调查对象，才能划清统计研究的总体界限，避免因总体界限不清而影响登记资料的准确性。确定调查对象时，还必须区分调查单位和报告单位，调查单位是调查项目直接、具体的承担者，是调查对象的组成要素和所包含的具体单位，而填报单位则是负责向上报告调查内容的单位，是调查对象的组成要素及提交调查资料的单位。两者有时一致，有时不一致。

（3）确定调查项目和调查表。调查项目就是解决向调查单位调查什么的问题。调查项目是指准备向被调查单位进行调查的内容。即调查中所要登记的调查单位的特征，也就是调查单位所承担的基础标志，是由一系列的数量标志和品质标志构成的。在一次调查中选择什么、选择多少调查项目，是由调查目的和调查单位的特点决定的，因为调查项目的选择，直接关系到调查资料的数量和质量。一般应注意以下几点：

① 调查项目要简明扼要，突出重点；

② 不必要或不可能得到答案的项目不要列入；

③ 调查项目的含义要明确，不能产生歧义；

④ 项目之间尽可能做到相互联系，以便核对。

调查表是指将确定好的调查项目，按一定顺序排列起来，形成的表格。调查表是调查方案的核心部分，是统计工作中收集资料的基本工具，便于调查登记资料的规范化、标准化，也便于统计资料的整理与汇总。

调查表一般由表头、表体和表脚三部分组成。表头是说明调查表的名称和填报单位的名称、性质、隶属关系等；表体是调查表的主要部分，包括调查项目、栏号和计量单位等；表脚主要包括调查者、填报单位、填表人的签名、调查日期等，以明确责任。

调查表分单一表和一览表两种。单一表是在一张调查表上只登记一个调查单位的资料，它可以容纳较多的调查内容，便于分类和整理，一般用于项目较多的场合。一览表是在一张表上登记许多调查单位的资料，一般在调查项目不多时采用，较为简便，便于合计与核对数据。

（4）确定调查时间与调查期限。统计调查应明确规定调查时间和调查期限。调查时间是指调查资料所属的时间。如果调查的现象是时期数，调查时间就是资料所反映的起讫日期；如果调查的现象是时点数，调查时间就是规定的统一标准时间。调查期限是进行调查工作的时限，包括收集资料和报送资料的整个工作所需要的时间。任何调查都应尽可能缩短调查期限以保证统计资料的及时性。

（5）确定调查的组织实施计划。调查的具体组织实施计划，就是为完成整个调查工作所进行的各项必要的安排，具体包括：调查工作的组织；领导机构的组织；调查人员的组织；调查的方式方法；调查前的准备工作，如宣传、培训、资料准备；调查资料的报送方法；调查经费的预算和开支方法；调查结果公布的内容、时间等问题。

动脑筋：想一想如何制定“我国住户收支与生活状况”调查方案？

由于调查人员认识的局限性，所以由他们制订的调查方案是否符合实际，就需要调查实践的检验。随着统计工作的现代化，调查方案也要求日趋周密、完善，且需运用系统工程原理和运筹学的有关方法去进行统计调查各个环节的质量控制，层层把关，以保证调查工作的顺利进行。

2.4 统计调查的组织方式

统计调查组织形式是指组织统计调查，收集统计信息资料的方式方法。为了获取准确、及时、完整的统计资料，完成统计调查任务，需要选择适当的调查组织形式，同时要注意各种调查组织形式的综合运用，建立科学、适用的调查体系。采取何种调查组织形式主要取决于调查内容的要求和调查对象的特点。统计调查组织形式主要有统计报表和专门调查，其中专门调查又可以分为普查、重点调查、典型调查、抽样调查。

2.4.1 统计报表

2.4.1.1 统计报表的概念

统计报表是统计调查收集统计资料的一种重要方式，是以一定的原始资料为依据，按照统一规定的表式要求、统一的指标和内容、统一的报送程序，自上而下统一布置，自下而上地逐级汇总上报资料的一种调查方式。统计报表所包括的范围比较全面，项目比较系统，指标的内容相对稳定。

2.4.1.2 统计报表的特点

与其他统计调查方式相比，统计报表有其显著的特点。

（1）可靠性。统计报表的数据资料来源于基层单位的原始记录，只要建立健全基层单位的原始记录制度就可以保证统计报表的可靠性。

（2）全面性。统计报表是由各基层单位逐级上报的，其收集的资料可以反映各级机构或部门的发展变化情况，因而可以得到社会经济全面的统计资料。

（3）统一性和时效性。为了保证统计资料的及时和完整，统计报表的指标内容、计算口径及方法、表格形式、报送程序和报送时间都是国家统一规定的。

没有科学准确的统计资料，就不可能进行科学的管理决策，也不可能进行有效的宏观调控，因而需要统计报表定期上报及时、完整的统计资料。

2.4.1.3 统计报表的内容

（1）报表目录。它包括报表的表号、表名、报表日期、填报单位、调查对象、报送时间和报送份数以及填写说明等相关事项。

（2）报表表式。表式是指报表的具体格式、要求填报的指标以及应填报的各项补充资料。其中报表格式要求清晰明了。

（3）填表说明。它是指填写报表时应该注意的事项，包括统计范围，如由谁填报、由谁汇总；统计目录；指标解释，即指标的概念、计算方法等。填表说明是确保基层单位对报表内容有统一的理解，正确填报，保证报表资料的质量。

2.4.1.4　统计报表的种类

从不同的角度，可以将统计报表进行不同的分类。

(1) 按调查范围的不同，可以分为全面调查的统计报表和非全面调查的统计报表。

全面统计报表要求调查对象的每一个单位都要填报；非全面统计报表只要求调查对象中部分单位填报即可。

(2) 按报送周期的不同，可以分为定期报表和非定期报表。

年报、半年报、季报、月报、旬报和日报均属于定期报表。报表的报送周期与指标项目的繁简有关，报送的周期越短，指标项目越少越粗，所花费的人力、物力、财力越大，反之，亦然。

(3) 按报送的方式不同，可以分为电讯报表和书面报表。

电讯报表又可分为电话、电报、传真报送，一般日报和旬报采取此法。月报、季报和年报主要采用书面方式报送，其手段可采用邮寄或电子信箱传递。

(4) 按实施的范围不同，可以分为国家、部门、地方统计报表。

国家统计报表又叫国民经济基本统计报表，指根据有关的国家统计调查项目和统计调查计划相应制定的统计报表。部门统计报表是根据有关部门统计调查项目和统计调查计划制定的统计报表，一般用来收集各级主管部门所需的专门资料。地方统计报表是根据地方统计调查项目和统计调查计划相应制定的统计报表，满足地方的专门需要。部门和地方的统计报表，都是国家统计报表的补充。

(5) 按填报单位不同，可以分为基层报表和综合报表。

基层报表指由基层单位填报的统计报表；综合报表指由主管部门或统计部门根据基层报表逐级汇总填报的统计报表。

2.4.1.5　报表的基础工作

统计报表的资料来源于基层单位的历史记录，从原始记录到统计报表，中间还要经过统计台账和企业内部报表。为了确保所收集到的统计资料的质量，就要建立健全原始记录、统计台账和企业内部统计报表制度。

(1) 原始记录。原始记录是基层单位采用一定的表格形式，对生产经营活动所作最初记录，是未经加工整理的初级资料，具有广泛性、经常性等特点。它的种类、内容、格式可以多种多样，具体情况由基层单位自行确定，一般包括生产经营活动发生的时间、具体内容、数量和计量单位。

(2) 统计台账。统计台账是基层单位根据统计报表和基层经营管理的需要，将原始资料经过初步汇总整理，按时间顺序设置的一种系统积累资料的表册。设立统计台账，就是把整理的结果，分门别类，定期录入表册中。

原始记录、统计台账和统计报表关系密切。统计报表的质量与原始记录、统计台账的准确性、可靠性密不可分。

扩展阅读

统计报表制度

统计报表制度是各级政府统计部门依法实施国家统计调查项目、部门统计调查项目和地方统计调查项目的业务工作方案，是关于统计指标、统计表式、统计对象、统计范围、调查方法、调查频率等统计制度方法要素的规范表述和统一规定，是政府综合统计部门对同级政府各有关部门、上级统计部门对下级统计部门关于统计调查工作的综合要求，具有权威性和法规约束性。

（一）统计报表制度的种类

统计报表制度分为国家统计报表制度、部门统计报表制度和地方统计报表制度。

1. 国家统计报表制度

国家统计报表制度是各级政府统计部门实施国家统计调查项目的业务工作方案，由国家统计局制定，或者由国家统计局和国务院有关部门共同制定。国家统计报表制度又分为周期性普查制度、经常性调查制度和非经常性调查制度。

（1）周期性普查制度。周期性普查制度是就我国社会经济发展的状况，由国务院组织，每隔一段时间进行一次普查的统计调查制度。

（2）经常性调查制度。经常性调查制度是由国家统计局制定，或由国家统计局与国务院其他部门共同制定，进行年度和定期（半年、季度、月度等）经常性统计的统计调查制度。现行经常性的统计调查制度共30项。

（3）非经常性调查制度。非经常性调查制度是由国家统计局制定，或由国家统计局与国务院其他部门共同制定，在一定时期内持续实施或一次性实施的专项调查、试点调查等临时性统计调查制度。

2. 部门统计报表制度

部门统计报表制度是国务院有关部门实施部门统计调查项目的工作业务方案。

3. 地方统计报表制度

地方统计报表制度是指县及县以上地方人民政府及其部门实施地方统计调查项目的工作业务方案。

（二）统计报表制度的管理

1. 统计报表制度管理的相关法律依据统计报表制度管理的相关法律依据是《中华人民共和国统计法》和《部门统计调查项目管理暂行办法》。

2. 管理机构与职责权限

政府综合统计机构统一管理和协调国家统计调查制度、部门统计调查制度和地方统计调查制度。

（三）统计报表制度的管理原则

1. 统计调查项目的管理原则

统计调查项目在制定时必须从调查目的、可行性分析、评估论证、方案设计、调查内容、调查方法、绩效评估等方面综合考虑。

2. 统计调查报表的法定标识

经过批准或备案的合法统计调查报表的右上角需要标明法定标识。法定标识至少包括：①表号 ②制定机关 ③批准文号/备案文号 ④有效期限。

（四）统计报表制度的贯彻与实施

1. 普查制度的贯彻与实施

普查制度的贯彻与实施一般包括以下内容：

（1）设立普查领导小组及其办公室，制定普查方案和组织实施普查工作。

（2）成立普查机构，设立普查指导员和普查员，确定普查对象。

（3）填报普查表。

（4）普查结束后，要对普查数据进行处理，注意对普查数据进行质量抽查。

2. 经常性和非经常性调查制度的贯彻与实施

各级统计部门通常采用的调查方法有全面调查、抽样调查和重点调查等。

2.4.2 专门调查

2.4.2.1 普查

（1）普查的概念。普查是为特定目的而专门组织的一次性的全面调查，主要是调查一定时点状况的社会经济现象的总量，收集那些不能够或者不宜用定期全面报表收集的统计资料，以搞清重要的国情国力。它一般是在全国范围进行的，涉及部门多、人员广，需要大量人力、物力、财力，因此要有计划、有组织、有步骤地进行。

（2）普查的特点

① 大量性和全面性。普查是在全国或一定范围内进行，调查单位多，内容要求全面。

② 普查范围广泛，指标完整，分组详细，资料精确。

③ 普查工作量大，参加人员多，时间性强，需要大量的人力、物力和财力，组织工作繁重。

（3）普查的组织。普查组织形式一般有两种：一种是设置专门普查机构，派出大量调查人员，对调查单位直接进行登记；另一种是不专门设立机构和配备普查员，而是利用基层单位的原始记录和报表资料进行填报，按颁发的调查表，由调查单位自行进行核实填报。

扩展阅读

第六次全国人口普查表

本户地址　　县（市、区）　　乡（镇、街道）　　普查区　　调查小区

<table>
<tr><td>H1. 户编号</td><td>H2. 户别</td><td>H3. 本户普查登记人数</td><td>H4. 本户户籍人口中外出不满半年人数</td></tr>
<tr><td></td><td>1. 家庭户
2. 集体户</td><td>男____人；
女____人</td><td>男____人；
女____人</td></tr>
<tr><td colspan="2">H5. 本户户籍人口中外出半年以上人数
男____人；女____人</td><td colspan="2">H6. 暂住本乡、镇、街道离开户口登记地不满半年人数
男____人；女____人</td></tr>
<tr><td colspan="2">H7. 本户 2009.11.1～2010.10.31 出生人数
男____人；女____人</td><td colspan="2">H8. 本户 2009.11.1～2010.10.31 死亡人数
男____人；女____人</td></tr>
</table>

申报人(签字)　　普查员(签字)　　填报日期：　月　日

（4）普查的基本要求

① 必须规定调查资料所属的统一标准时点。

② 普查登记必须在最短的期限内完成。

③ 必须规定统一的调查项目。

④ 普查必须尽可能地按一定的周期进行。

2.4.2.2 重点调查

研究复杂的社会经济现象，应根据现象的性质和研究任务，灵活运用非全面调查方式，以减少支出，取得较好的成果。如果研究任务是了解总体的基本情况就可以运用重点调查进行。

重点调查是专门组织的一种非全面调查，它是在调查对象中，选择一部分重点单位所进行的调查。所谓重点单位，就是在总体中这些单位虽然所占数目不多，但它们在所研究现象的标志总量中却占有较大的比重，在总体中的地位是举足轻重的。重点调查就是通过调查重点单位的情况，来反映被研究现象的基本情况和基本趋势。

重点调查由于调查单位少，因此比全面调查省时、省力，能以较少的成本及时收集到反映总体基本情况和基本趋势的统计资料，在这种调查中，关键是选择重点单位，使其能够比

较集中地从数量上反映总体的基本情况。因此，调查任务和调查对象的特点决定着是否适宜进行重点调查。重点调查的组织方式，可以是组织专门调查，也可以通过布置统计报表由重点单位进行填报。

2.4.2.3 典型调查

典型调查是一种专门组织的非全面调查，它是根据统计调查的目的和任务，在对调查对象进行初步分析的基础上，有意识地选取若干具有代表性的单位进行深入细致地调查研究，借以认识现象总体发展变化的规律或趋势。

典型调查的特点如下：

(1) 调查单位少，调查范围小，省时省力。

(2) 调查单位的选取具有很强的主观认识。

(3) 对典型单位进行深入、细致的调查。

(4) 典型调查方法多样灵活。

典型调查既是一种收集资料的调查方法，也是深入研究现象规律性的研究方法，其作用如下：

(1) 可以研究新事物，了解新情况，发现新问题。

(2) 在一定条件下，可以利用典型调查结果结合基本统计数字，来推断总体的指标数值。

(3) 可以对具体问题深入分析，补充全面调查的不足。

扩展阅读

典型调查的方法

一是对个别典型单位进行"解剖麻雀"式的调查，即做到收集数据资料与分析具体情况相结合；二是在调查对象的各单位间有较大差异时，可选择一部分单位进行"划类选典"式的调查，即将总体的所有单位按有关标志划分为若干组，再从各组分别选出若干典型单位进行调查。

2.4.2.4 抽样调查

抽样调查是一种专门组织的非全面调查，是指按随机原则从总体中抽取一部分单位进行调查，并据以推算出总体的相应指标的一种调查方法。其主要特点：一是按随机原则抽取调查单位，排除了主观因素的影响；二是通过部分调查单位的调查用以推算总体，以做出科学估计；三是抽样误差可以事先计算和控制。抽样调查适用于那些不能进行或没有必要进行全面调查，但需要掌握全面情况的场合以及对普查的结果进行必要的修正。因此，抽样调查是一种运用广泛且较实用的调查形式。

任何一种统计调查方法都有其优越性和局限性，从而具有各自的应用条件和适用场合。在统计实践工作中，必须根据具体的调查目的和调查对象的特点及性质结合运用不同的调查方法。

2.5 调查问卷

2.5.1 问卷的结构与问题形式

2.5.1.1 问卷的结构

问卷是一种特殊形式的调查表。其特点是用一系列按照严密逻辑结构组成的问题，向被调查者调查具体事实及其对某问题的反映、看法，而不需要被调查者填写姓名。

问卷法又称调查表或询问法，是指以发放问卷并回收来收集统计调查资料的方法，可以是表格式、卡片式或簿记式。

调查问卷一般是由三大部分组成：说明词、正文和结尾。

(1) 说明词。说明词是在调查问卷的开头，是致被调查者的信或问候语。其内容一般包括：称呼、问候；调查人员自我说明调查的主办单位和个人的身份；向被调查者简要地说明调查的内容、目的、意义，引起重视和兴趣，争取支持与合作；说明填写方法；说明所需时间；保证作答对被调查者无负面作用，并替他保守秘密；表示真诚的感谢，或说明将赠送小礼品。

信的语气应该是亲切，诚恳而礼貌的，简明扼要，切忌啰唆。问卷的开头是十分重要的。大量的实践表明，几乎所有拒绝合作的人都是在开始接触的前几秒钟内就表示不愿参与的，因此，对说明词要非常重视，仔细斟酌。

(2) 正文。问卷的正文实际上包含三大部分：被调查者的基本情况，它与调查内容本身没有直接的联系，主要用于调查资料的分类分析，应该是适用于所有的被调查者，并能很快很容易回答的问题；调查内容本身，是调查问卷的主体和核心，涉及调查主题的实质和细节的大量题目，其组织安排要符合逻辑性并对被调查者来说应是有意义的，其内容设计直接关系到调查所获取资料的数量和质量；敏感性或复杂的问题，以及了解被调查者态度或特性的问题和人口基本状况、经济状况等。

(3) 结尾。问卷的结尾一般可以加上1～2道开放式题目，给被调查者一个自由发表意见的机会。然后，对被调查者的合作表示感谢。在问卷的最后，应附上“调查情况记录”，具体包括：调查人员或访问员的姓名、编号；被调查者的姓名、地址、电话号码等；问卷编号；访问时间；其他，如设计分组等。

2.5.1.2 问题的形式

(1) 开放式问题。开放式问题又称无结构的问答题，是指对问卷的问题不事先做出任何选择答案，被调查者可以根据自己的情况自由回答，以充分表达自己的看法和理由，有利于被调查者发挥主观创造性。但开放式问题容易使一些无价值和不相干的信息掺杂进来，而且回答的内容缺乏统一标准，使统计汇总及分析更加困难，同时开放式问题会占用被调查者较多的时间和精力，容易引起较高的拒答率。

(2) 封闭式问题。封闭式问题是指问卷的每一个问题都事先列出若干个可能的答案，由被调查者根据自己的情况，在其中选择一个或多个答案。封闭式问题的优点：有利于统计整理和分析；问题具体清楚，被调查者容易回答，有较高的回收率，调查材料可信度较高。其缺点：问题的答案是有限的，不利于被调查者的创造性发挥；如果选项中没有被调查者认可的选项，容易导致被调查者随便乱答或者不回答，而使调查信息失真。

2.5.2 问卷设计

2.5.2.1 问卷设计的原则

设计问卷是询问调查的关键。一份完美的问卷必须具有能将问题传达给被问的人和使被问者乐于回答两个功能。问卷设计的基本要求是信息要真实可靠，易于整理和进行统计分析，为此，问卷设计应遵循一定的原则。

(1) 整个问卷有明确的主题，根据调查主题，从实际出发拟题，目的明确，重点突出。

(2) 结构合理、逻辑性强，问题的排列应有一定的逻辑顺序，符合应答者的思维习惯。

(3) 问句简短、表述简明、通俗易懂，使应答者一目了然，并愿意如实回答。

(4) 问句不超出被调查者的知识能力范围，并将问卷的回答控制在20分钟左右。

（5）问卷要易于列表说明，便于资料的校验、整理和进行统计分析。

（6）问句无暗示和不带任何倾向，不提敏感问题。

2.5.2.2 问卷设计的一般步骤或程序

为使调查问卷设计更科学化、程序化、高效化，设计调查问卷可按下列程序或步骤进行。

（1）确定调查目的，把握调查主题。这是设计调查问卷最基础、最关键的一步。在全面分析调查目的和要求的基础上，确定某一调查主题，由此才能明确调查内容、调查资料的来源、调查范围等，酝酿问卷的整体构思，将所需调查的资料一一罗列出来，并确定调查地点、时间及对象。

（2）分析样本特征。分析了解各类调查对象的社会阶层、社会环境、行为规范、观念习俗等社会特征；需求动机、潜在欲望等心理特征；理解能力、文化程度、知识水平等学识特征，以便针对其特征来拟定问题。

（3）依据调查项目，拟定初步调查问卷。在确定调查的具体项目后，针对每一个调查项目，确定问句的类型，设计若干问题，且尽量详尽地列出问题。然后对问题进行检查、筛选，看有无多余的问题，有无遗漏的问题，有无不适当的问句，以便进行删减、补充、替换，而形成初步调查问卷。

（4）对初步调查问卷进行模拟调查。为了使调查能顺利进行，达到调查的目的，有必要就调查问卷在小范围进行实地模拟调查，以检查问卷的可行性。站在调查者的立场上试行提问，看看问题是否清楚明白，是否便于资料的记录、整理；站在应答者的立场上试行回答，看看是否能答和愿答所有的问题，问题的顺序是否符合思维逻辑；估计回答时间是否合乎要求。

（5）问卷的修改、复印。根据问卷的模拟调查情况，对某些不合理的部分进行修改，再模拟调查，再修改，直到完全合格形成正式的调查问卷，然后定稿复印。

2.5.2.3 问卷设计应注意的问题

（1）问卷上所列问题应该都是必要的，可要可不要的问题不要列入。

（2）问题应该易于回答，要避免出现被调查者不了解或难以回答的问题。

（3）问题的安排顺序应该符合逻辑，使其与被调查者的行为方式和思维方式相吻合。

（4）提问时的措辞和语气要恰当，做到清楚、明确、具体、简短。

（5）应该注意回避个人隐私，对于一些必须涉及隐私的问题，应采用间接的提问方法来获取答案。

（6）问卷上所拟答案要有穷尽性，避免重复和相互交叉，而且拟定的答案要编号。

（7）应该设计有相互制约与回应的问题，以便检查和控制调查问卷的质量。

（8）问卷纸张质量要良好，不易破损，字迹印刷要清晰，留作填写说明的空白处要大，页数较多的要装订成册。

扩展阅读

问卷措辞应注意的问题

调查问卷的措辞特别是问卷中问句设计的要求是：表达要简明、生动，注意概念的准确性，避免提似是而非的问题。具体应注意以下几点。

1. 避免提笼统、抽象或过于专业化的问题

笼统、抽象或过于专业化的问题容易造成理解困难，不易回答，且有时对实际调查工作并无指导意义。例如：您对我校食堂的伙食感觉如何？

这样的问题过于笼统，很难达到预期效果，可具体提问：您认为我校食堂饭菜的味道是否可口，品种是否多样，价格是否合理等。

2. 避免用不确切的词

例如，“普通”、“经常”、“一些”等，以及一些形容词，如“美丽”等。这些词语，各人理解往往不同，因而在问卷设计中应避免或减少使用。

3. 避免使用含糊不清的句子

例如：您最近是出门旅游，还是休息？出门旅游也是休息的一种形式，它和休息并不存在选择关系。

正确的问法是：您最近是出门旅游，还是在家休息？

4. 避免引导性提问

如果提出的问题不是“折中”的，而是暗示出调查者的观点和见解，力求使回答者跟着这种倾向回答，这种提问就是“引导性提问”。

5. 避免提断定性的问题

例如：您一天抽多少支烟？

这种问题即为断定性问题，被调查者如果根本不抽烟，就会造成无法回答。正确的处理办法是加一条“过滤”性问题。如：您抽烟吗？如果回答者回答“是”，则可继续提问，否则就可终止提问。

6. 避免提令被调查者难堪或调查者禁忌和敏感的问题

如各地风俗和民族习惯中忌讳的问题；涉及个人利害关系的问题；个人隐私问题等。

思考与练习

一、单项选择题

1. 统计调查按其组织形式不同，可分为（　）。

A. 普查和典型调查　　B. 重点调查和抽样调查

C. 统计报表和专门调查　　D. 经常性调查和一次性调查

2. 全面调查是对调查对象中的所有单位都进行调查，下列调查属于全面调查的是（　）。

A. 对某地区连续进行生产的产品质量进行调查

B. 某地区对工业企业设备进行普查

C. 对全国钢铁生产中的重点单位进行调查

D. 抽选部分地块进行农产量调查

3. 了解某企业期末的原材料库存量，调查人员亲自盘点库存，这种收集资料的方法是（　）。

A. 大量观察法　　B. 直接观察法　　C. 采访法　　D. 报告法

4. 调查几个主要产棉区，就可了解我国棉花生产的基本情况，这种调查方式属于（　）。

A. 典型调查　　B. 重点调查　　C. 普查　　D. 抽样调查

5. 某灯泡厂为了掌握该厂的产品质量，拟进行一次全厂的质量大检查，这种检查应当（　）。

A. 统计报表　　B. 重点调查　　C. 全面调查　　D. 抽样调查

6. 下列调查属于不连续（一次性）调查的是（　）。

A. 每月统计商品库存额　　B. 每旬统计产品产量

C. 每月统计商品销售额　　D. 每季统计进出口贸易额

7. 抽样调查与典型调查都是非全面调查，二者的根本区别在于（　　）。

A. 灵活程度不同　　B. 组织方式不同

C. 作用不同　　D. 选取调查单位的方法不同

8. 非全面调查中最完善、最有计量科学根据的方式方法是（　　）。

A. 重点调查　　B. 典型调查

C. 抽样调查　　D. 非全面统计报表

9. 人口普查规定统一的标准时间是为了（　　）。

A. 避免登记的重复和遗漏　　B. 具体确定调查单位

C. 确定调查对象的范围　　D. 为了统一调查时间一起行动

10. 统计调查时间是（　　）。

A. 调查工作的时限　　B. 调查资料所属时间

C. 调查登记的时间　　D. 调查期限

二、多项选择题

1. 统计调查按调查对象包括的范围不同，可以分为（　　）。

A. 全面调查　　B. 非全面调查　　C. 重点调查　　D. 典型调查

2. 调查表的形式一般有（　　）。

A. 单一表　　B. 分类表　　C. 一览表　　D. 综合表

3. 统计调查的基本要求有（　　）。

A. 准确　　B. 及时　　C. 完整　　D. 经济

4. 专门调查包括（　　）。

A. 普查　　B. 重点调查　　C. 典型调查　　D. 抽样调查

5. 统计报表按报送方式的不同，可分为（　　）。

A. 传真报表　　B. 电子报表　　C. 电讯报表　　D. 书面报表

三、思考题

1. 简述统计调查及其意义。

2. 什么是全面调查和非全面调查？

3. 为什么要设计统计调查方案，一个完整的统计调查方案应该包括哪些内容？

4. 为什么要将各种调查方式结合运用？

5. 典型调查、重点调查和抽样调查有何异同点？

课内实训

[实训目的]

1. 加深对统计调查程序和方法的理解。

2. 训练统计调查的技巧和能力。

3. 培养学生的团队合作精神，提高归纳分析及与人沟通的能力。

[实训组织]

1. 本着自愿的原则，学生 5 人一组，每组产生一名组长，由组长负责分工及协调小组内成员的实训任务，并带领大家完成实训任务。

2. 实训以小组讨论形式展开。

[实训项目]

某房地产开发有限公司 2015 年计划在某城市进行房地产住宅项目的投资，现在委派你全权负责此次调查。调查问卷如下：

房地产市场需求情况调查问卷

尊敬的女生/先生：

您好！

首先感谢您参加本次调查咨询。我公司现正进行一项关于房地产市场需求状况的市场调查，请按您的实际情况，填写下列资料，如若资料不真实，我们将追究您的法律责任。

甄别问卷

1. 请问您的年龄是否在 18 岁以上？（回答“是”继续，回答“否”终止，感谢您的配合）
2. 请问您是否参与家中的购房决策？（参与继续，不参与终止）
3. 请问您在未来 2 年内是否有购房的计划？（有继续，没有终止）

年　　龄：＿＿＿＿＿＿＿＿　　性　　别：＿＿＿＿＿＿＿＿

收　　入：＿＿＿＿＿＿＿＿　　婚姻状况：＿＿＿＿＿＿＿＿

家庭人口：＿＿＿＿＿＿＿＿　　联系电话：＿＿＿＿＿＿＿＿

居住地址：＿＿＿＿＿＿＿＿＿＿＿＿＿＿＿＿＿＿＿＿＿＿＿

主体问卷

一、购买意向调查

1. 您的经济状况可承担的购房类型是：

A. 购买保障性住房　　B. 购买单位集资房

C. 购买普通商品房　　D. 购买高档商品住房

2. 您打算在何时购房？

A. 正在选购　　B. 一年之内　　C. 两年之内　　D. 三年之内

3. 您买房是出于哪一种需求？

A. 满足居住需要　　B. 改善居住条件　　C. 结婚用房　　D. 外来常住人口购房

E. 动拆迁购房　　F. 为父母或子女购房　　G. 第二居所

H. 投资　　I. 其他

4. 如果您购房，您希望住宅的地理位置是：

A. 市中心或靠近市中心　　B. 市区边缘

C. 近郊　　D. 无所谓，只要周边设施完善即可

5. 若购房，您将采用什么方式付款？

A. 一次性付款　　B. 按揭付款　　C. 公积金贷款　　D. 分期付款

6. 您能够接受的最高单价是每平方米建筑面积多少元？

A. 4 000 元以下　　B. 4 001～5 000 元

C. 5 001～6 000 元　　D. 6 001～7 000 元

E. 7 500～8 000 元　　F. 8 000 元以上

7. 如果您购房，您能承受的总价款是多少（包括按揭贷款）？

A. 20 万元以下　　B. 20 万～30 万元

C. 30 万～40 万元　　D. 40 万～50 万元

E. 50 万～60 万元　　F. 60 万～70 万元

G. 70 万～80 万元　　H. 80 万元以上

8. 在首付款交完后，您每月能够承受的还款支付能力为多少元？

A. 1 000 元以下　　B. 1 001～2 000 元
C. 2 001～3 000 元　　D. 3 001～3 800 元
E. 4 001～5 000 元　　F. 5 000 元以上

9. 买房后，您能够接受的物业管理费每月每平方米是多少元？
A. 0.5 元以下　　B. 0.5～0.8 元
C. 0.8～1.0 元　　D. 1.0～1.5 元
E. 1.5 元以上

10. 如果您购房，您是否需要车位？
A. 需要　　B. 不需要

11. 您在购买住房时考虑的主要因素有哪些？(可多选)
A. 价格　　B. 房屋质量　　C. 小区规划　　D. 地理位置
E. 户型设计　　F. 园林景观　　G. 开发商信誉　　H. 物业管理
I. 供暖质量　　J. 周边配套　　K. 交通条件　　L. 小区内人口素质
M. 其他因素，诸如

二、您对住房的要求

12. 购房时，您需求的住宅建筑类型是：
A. 1～3 层别墅　　B. 4～5 层洋房　　C. 6 层电梯洋房
D. 多层　　E. 小高层（9～11 层）　　F. 中高层（12～17 层）
G. 高层（17 层以上）

13. 购房时，您需求的住宅物业类型是：
A. 新房　　B. 二手房　　C. 普通住宅　　D. 公寓　　E. 别墅

14. 您在选房时，对户型的要求是哪种？
A. 一室一厅　　B. 两室一厅　　C. 两室两厅
D. 三室一厅一卫　　E. 三室两厅一卫　　F. 三室两厅两卫
G. 四室两厅两卫　　H. 五室以上　　I. 框架房自由分割

15. 您对住房的装修的要求是：
A. 毛坯房　　B. 简单装修　　C. 精装修

16. 您对建筑风格的要求是：
A. 中式风格　　B. 现代时尚　　C. 欧式风格
D. 美式风格　　E. 日式风格　　F. 其他

17. 您希望的供暖方式是：
A. 普通供暖　　B. 地热供暖
C. 电热供暖　　D. 自行解决

18. 对周边配套的要求是：
A. 购物场所　　B. 医疗保健　　C. 农贸市场
D. 银行邮政　　E. 体育健身　　F. 文化活动
G. 餐饮娱乐　　H. 公共交通　　I. 其他

[工作内容]

1. 首先审核和完善该调查问卷。
2. 选取合适的调查方法进行问卷的调查。

[实训要求]

1. 明确小组内成员之间的分工，尽可能调动所有成员参与的积极性，达到实训的效果。
2. 小组讨论过程中，记录每名成员的发言。

[实训考核]

1. 实训过程中职业素养是否得到体现。
2. 小组分工是否明确和均衡，小组成员的能力是否得到充分的发挥。
3. 调查问卷的完善是否正确，采取的调查方法是否合适。

项目3 统计整理

名人小传

阿道夫·凯特勒（Adolphe Quetelet，1796～1874），比利时统计学家、数学家、天文学家、物理学家，国际统计会议之父、近代统计学之父、数理统计学派创始人，其主要著作有：《论人类》、《概率论书简》、《社会制度》和《社会物理学》等。

阿道夫·凯特勒

凯特勒发现那些表面上似乎杂乱无章的、偶然性占统治地位的社会现象，如同自然现象一样也具有一定的规律性。他认为统计学不仅要记述各国的国情，研究社会现象的静态，而且要研究社会生活的动态，研究社会现象背后的规律性。凯特勒的这一思想为近代统计学的科学化奠定了基础。他还认为社会现象背后的这种规律性是社会内在固有的，而不是“神定秩序”；人们可以通过计算统计指标来揭示这些规律。凯特勒的这些思想给后世统计学家以深刻的影响。

1857年凯特勒在第三次国际统计会议上，论证了概率论方法对于统计价值测定的必要性。1867年他在第六次国际统计会议上，又提出希望能建立一个特别小组委员会来处理直接与概率论有关的统计问题。凯特勒不仅把概率统计的方法引入人口、领土、政治、农业、工业、商业、道德等社会领域，还把概率统计的方法引入天文、气象、地理、动物、植物等自然领域。他的这种关于概率统计的方法是应用于任何事物数量研究的最一般方法的思想，对以后统计学的发展具有重大意义。

知识目标

1. 了解统计整理的含义和操作步骤。
2. 掌握统计分组和组指标拟定的方法。
3. 理解分配数列的含义。
4. 理解统计表和统计图。

技能目标

1. 培养应用统计基本理论思想在实际工作中的能力。

2. 能够对调查收集的原始资料进行科学的分组。

3. 能够对调查收集的原始资料编制分布数列。

4. 能够依据数据编制规范的统计表和统计图。

项目导入

统计调查得到的资料，是巧妇手中之米，但是我们从外界得到的米，有时候里面会有杂质，并且即便是合格的米有时候也会表现出不同的特征，并不属于同一个群体，对统计资料进行整理，是去除米中杂质，把不同的米精选、分装，为烹制佳肴做准备的过程。统计整理为填平统计调查与统计分析之间的鸿沟架起一座桥梁，它在统计研究中起着承前启后的作用。

3.1 统计整理的含义和步骤

统计整理是统计工作的第三个阶段，是统计工作中一个十分重要的中间环节，起着承前启后的作用，既是统计调查阶段的继续和深入，又是统计分析阶段的基础。

3.1.1 统计整理的概念和意义

3.1.1.1 统计整理的概念

统计整理就是指根据统计研究的任务与要求，对统计调查所搜集到的原始资料进行分组和汇总，使其条理化和系统化的工作过程（如图 3-1 所示）。通过加工整理，使零星的、杂乱无章的原始资料成为能够反映总体特征的综合数字资料。统计整理即包括对统计调查所得到的原始资料进行整理，也包括对加工过的综合资料，即次级资料进行再整理。

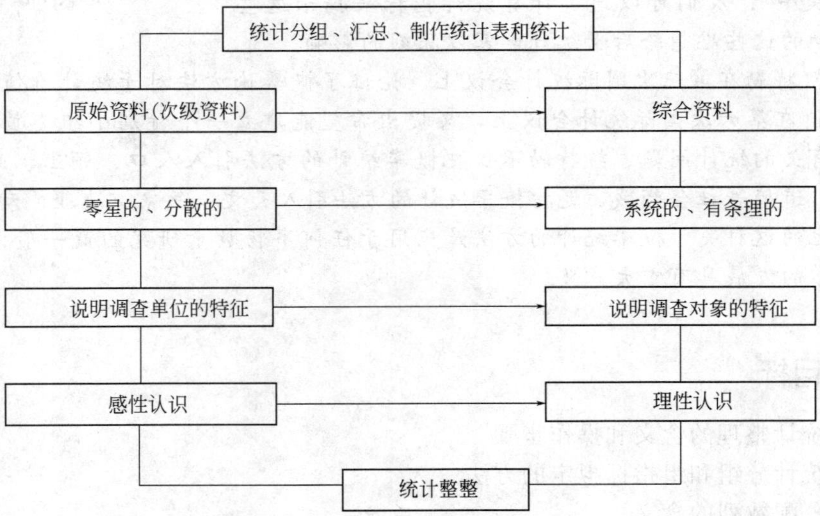

图 3-1 统计整理示意图

3.1.1.2 统计整理的意义

统计整理在统计研究工作中具有十分重要的意义。

一方面，统计调查搜集到的大量的、零散的、不系统的资料，只能表明各个被调查单位的具体情况，反映事物的表面现象或一个侧面，不能说明事物的全貌、总体情况，必须进行加工整理。统计整理的任务就是根据统计研究的目的和要求，借助综合指标，有组织、有计划地对统计调查中搜集到的资料进行加工处理，使其成为系统化、条理化的综合资料，对总体内部规律性、相互联系、结构关系做出概括的说明。例如，人口普查中搜集到的人口资料，只能说明每一个人的具体情况，诸如每个人的姓名、性别、年龄、文化程度等。必须通过对人口总体中每个人的资料进行整理、分组、汇总等加工处理后，才能得到人口总体的综合情况，从而了解人口总体的规模、结构、增减变动状况等，达到对人口总体的全面系统的认识。因此，统计整理是实现由对个别现象的认识过渡到对总体现象的认识，由对事物表象的认识过渡到对其本质与内在联系的全面深刻认识，由感性认识上升到理性认识的过程，是达到统计研究目的的重要环节。

另一方面，统计整理的正确与否、质量好坏，将直接影响统计对社会经济现象数量描述的准确性和数量分析的真实性。不恰当的加工整理往往使调查得来的丰富、准确、全面的资料失去原有的价值，从而歪曲事情的真相，使人们得出错误的结论。因此，采用科学的方法进行统计整理是顺利完成统计分析任务的前提。

3.1.2　统计整理的步骤

统计整理是根据统计研究的目的进行的，它要为统计研究提供统计资料，是一项细致的工作，需要有计划、有组织地进行。从完整的工作程序来看，统计整理的基本步骤如图 3-2 所示。

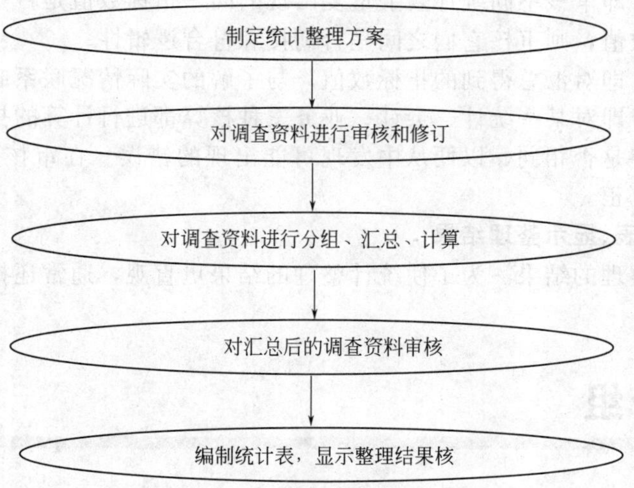

图 3-2　统计整理的基本步骤

3.1.2.1　制定统计整理方案

统计整理方案是根据统计调查目的，获得预期的统计资料的整理流程计划。确定统计资料整理方案包括两方面的设计工作：一是对总体资料的处理方法（例如：如何分组）；二是确定用哪些具体的统计指标来说明总体。

统计整理方案和工作计划所围绕的核心是保证统计数据的整理结果的质量。一些重大的统计调查工作，如人口普查等，统计整理方案中还应包括一些工作细则，如原始资料的审核细则、计算机处理细则等。

3.1.2.2　对调查资料进行审核和订正

统计调查过程中由于种种原因难免会出现一些差错。为了保证统计资料的质量，在统计资料进入数据处理过程之前，必须对调查取得的资料进行审核。

审核的内容主要包括两个方面：准确性审核和完整性审核。

(1) 准确性审核。准确性审核包括两个方面，一是检查数据资料是否真实地反映了调查单位的实际情况，内容是否符合实际。

① 逻辑检查主要是审查各资料是否符合逻辑、内容是否合理、有关项目之间是否存在矛盾的地方。

② 计算检查是检查数据的计算结果是否有错误。计算检查主要用于对定量（数量）资料的审核。

(2) 完整性审核。完整性审核主要是检查应调查的单位是否有遗漏，应调查的内容是否齐全，应收到的调查表是否按规定已收齐等。

3.1.2.3 对调查资料进行分组、汇总、计算

根据统计整理方案的要求，按已确定的汇总组织形式和具体方法，依照一定标志，对调查资料进行分组。按分组的要求，对各项数字进行汇总，计算分组单位数、总体单位数、分组标志总量和总体标志总量。在统计整理过程中，对大量的原始资料进行分组、汇总和计算是一项主要的工作。

3.1.2.4 对汇总后的调查资料审核

对整理好的资料再一次进行审核，改正汇总过程中所发生的各种差错。汇总后审核可以从以下几方面进行：

(1) 复计审核，即对每个指标数值进行复核计算；

(2) 表表审核，即审核不同统计表上重复出现的同一指标数值是否一致，对统计表中互有联系的各个指标数值，则审核它们之间是否衔接和符合逻辑性；

(3) 表实审核，即对汇总得到的指标数值，与了解的实际情况联系起来进行检查；

(4) 对照审核，即对某些统计、会计、业务三种核算都进行计算的指标数值，应进行相互对照检查，看数字是否相同，以便从中发现可能出现的错误。在审核过程中发现错误时，应查明原因，及时更正。

3.1.2.5 编制统计表，显示整理结果

统计表是统计整理的结果。为了使统计整理的结果更直观，通常还把统计整理的结果绘成统计图。

3.2 统计分组

统计研究的目的，在于反映所研究总体的状况和特征。统计为了认识总体，不仅要研究总体的一般特征，还需要对总体内所有单位在质量和数量上的差异进行分析。统计分组就是基于上述需求而产生的。

3.2.1 统计分组的含义

3.2.1.1 统计分组的概念

统计分组就是根据现象总体内在特点和统计研究任务的要求，将总体按照一定标志划分为若干性质不同又有联系的组成部分的一种统计方法。

总体各单位的变异标志，是把总体进一步区分为性质不同的几个部分的客观依据。

统计分组的目的在于揭示现象之间存在的差别，要保持同一组内统计资料的同质性和各组间统计资料的差异性。统计分组有两个方面的含义：对总体而言是“分”，即将总体区分

为性质不同的若干组成部分；对总体单位而言是“合”，即将性质相同的总体单位合为一组。即统计分组要达到的效果是：

(1) 分组的结果，在各组之间自然就出现了显著的差异。例如，人口按年龄、性别、民族、文化程度、职业等进行分组，无论是量的差异还是质的差异，都能在一定程度上反映出不同的情况。

(2) 分组的结果，在同一组内保持着相同的性质。例如，工业企业可以按所有制的差别分类，全民所有制可分为同一类；集体所有制可以分为同一类。

选择一种分组方法，突出了一种差异，显示了一种矛盾，必然同时掩盖了其他差异，忽略了其他矛盾。不同的分组方法，可能得出不同的结论。例如：某高校 2014 级经济管理系共招收新生 987 人，对这一总体进行分组时，可以按照性别这一标志进行，分组结果如表 3-1所示。

表 3-1　某高校 2014 级经济管理系新生人数及构成情况

性　别	人　数	
	绝对数(人)	相对数(%)
男	412	41.7
女	575	58.3
合　计	987	100

统计分组的关键是分组标志的选择，分组标志的选择的原则要依据统计研究的目的而定。

3.2.1.2　统计分组的作用

统计分组在统计认识中的作用主要体现在以下三个方面。

(1) 可以划分现象的类型。统计分组的主要作用是划分现象的类型。社会现象是复杂多样的，有着各自不同的表现和发展规律。认识社会现象若仅仅从总体上把握，那只是概括的、表面的，难以深入下去，不能了解现象内部的数量构成、相互间关系及变化和规律。运用统计分组法把现象总体划分为不同类型组之后进行研究。我们才能知道该现象总体由哪些类型构成，各类型的状态、关系及变化等问题，才能真正地认识了解这一社会现象，研究才得以深入。例如，我国经济分为公有经济和非公有经济两大类型，公有经济包括国有及国有控股经济和集体经济，非公有经济包括个体经济、股份制经济、外商及港澳台商投资经济；工业划分为重工业和轻工业两大类型；社会产品划分为生产资料和消费资料两大类；人口划分为城镇人口和农村人口。

动脑筋：国民经济如果按照行业进行分组，那么可以分成哪些组呢？

(2) 反映现象的内部结构。统计往往对总体按某一标志进行分组，并计算总体内各组成部分占全体的比重，以说明各个组成部分在总体中的分布状况，反映现象的内部结构和结构变化，从而揭示现象的性质和发展变化的规律。

例如，表 3-2 所列是 2010～2013 年我国人口就业结构的变化情况，能基本说明我国三次产业人口就业结构的变化，反映了我国产业结构调整的进程。如果将这一结构与其他国家相比较，还可以显示我国劳动力的就业特点。

表 3-2　2010～2013 年我国人口就业结构变化情况（%）

产　业	2010 年	2011 年	2012 年	2013 年
第一产业	37.6	35.4	33.6	32.1

续表

产　业	2010 年	2011 年	2012 年	2013 年
第二产业	28.2	29.4	30.3	31.3
第三产业	34.2	35.2	36.1	36.6
合　计	100	100	100	100

资料来源:《中国统计摘要》,中国统计出版社,2014.

以上资料表明，2010～2013 年我国第二、三产业就业人员的比重不断上升，而第一产业就业人员数在不断下降，这是我国大力发展第二、三产业的结果，也是建设小康社会，不断提高人民生活水平的需要。

(3) 可以揭示现象之间的依存关系。一切社会经济现象都不是孤立存在的，而是相互联系、相互依存、相互制约的整体。要揭示和研究现象之间的关系及其影响与作用程度，可以首先将总体按某一个标志分组，同时观察和分析另外的标志在这种分组下的实际情况，以揭示现象之间的联系、依存和制约的关系。

例如，某地区农作物的施肥量与单位面积产量之间的关系，见表 3-3。

表 3-3　某地区农作物施肥量与单位面积产量关系表

化肥施用量(千克/公顷)	公顷产量(千克)
232.5	5655.0
267.0	6249.0
291.0	6792.0
307.5	7216.5
327.0	6966.0

表 3-3 中的分组资料，反映了化肥施用量与农作物单位面积产量之间的依存关系，一般来讲随着化肥施用量的增加，农作物单位面积产量也在增加，但当化肥施用量为 327 公斤/公顷时，农作物公顷产量则减少到 6 966 公斤。因此，过少或过多的施用量都可以使农作物产量降低。本方法的基本思想是定性问题定量化。

3.2.2　组的拟定

3.2.2.1　统计分组的原则

要想科学合理地进行统计分组，需遵守以下两个原则。

(1) 穷尽原则。所谓穷尽原则就是使总体中的每一个单位都应有组可归，或者说各分组的空间足以容纳总体所有的单位。

(2) 互斥原则。所谓互斥原则，就是在特定的分组标志下，总体中的任何一个单位只能归属于某一组，而不能同时或可能归属于几个组。

以上两个原则的目的就是要在统计分组时做到“不重”和“不漏”。

3.2.2.2　选择分组标志

分组标志就是将统计总体区分为各个性质不同的组的标准或根据。任何社会现象客观上都有许多不同的标志。对同一总体的资料根据不同的标志进行分组，会产生不同的结论，为确保分组后的各组能够正确反映事物内部的规律性，选择分组标志时，应遵循以下原则：

(1) 根据统计研究的目的选择分组标志。正确选择分组标志是统计分组的关键。分组标志的选择是统计分组的核心。分组标志选择得恰当与否，直接影响到分组的科学性。如要研究总体哪一方面的特征，就应该选择反映该特征的标志作为分组标志。统计总体中的个体有许多标志，选择什么标志作为分组标志，要根据统计研究的目的来确定。例如，要了解某单位职工的学历状况，就应选择“文化程度”为分组标志，而不能用“性别”、“年龄”、“收入”为分组标志，因为这些内容与要了解的内容无关。

因此，根据研究目的，正确选择分组标志是保证统计分组具有科学性的关键，是保证统计研究获得正确结论的前提。

动脑筋：要想了解某高校学生的学习情况，应该以什么为分组标志呢？

(2) 要选择最能够反映现象本质的标志作为分组标志。明确了统计研究的目的，还不等于能够选择好分组标志。因为说明同一问题可能有若干个相关标志，在进行分组时，应选择最能反映事物本质特征的标志。

例如，研究城镇居民家庭生活水平状况，而反映居民家庭生活水平的标志有：家庭人口数、就业人口数、每一就业者负担人数（含本人）、家庭年收入、平均每人年收入等。其中最能反映居民家庭生活水平状况的标志是“平均每人年收入”，所以应选择这一标志作为分组标志。

动脑筋：研究职工生活水平高低情况，可以用职工的工资水平作为分组标志，也可以用职工家庭成员人均收入水平作为分组标志。你认为哪个分组标志更好一些呢？

(3) 根据现象所处的历史条件或经济条件来选择标志。社会经济现象是随着时间、地点等条件的变化而变化的。同一个标志在过去某个时期是适用的，现在就不一定适用；在这个场合适用，在另一场合就不一定适用。因此，即使是研究同类现象，也要视具体时间、地点、条件的不同而选择不同的分组标志。例如，在研究企业规模构成状况时，需要对企业按其规模进行分组。一般来说，反映企业规模的标志主要有职工人数、年产值、年产量、固定资产净值和年利润额等。在生产力水平较低的情况下，用职工人数的多少来表示企业规模的大小比较适当；而在技术进步的历史时期或技术装备比较先进的情况下，有的企业由于采用了机械化生产，虽然职工数不多，但生产能力却很大。因此，职工人数已不能准确地说明企业规模的大小，这时一般使用产值、固定资产原值或净值等作为反映企业规模的分组标志更为恰当。

3.2.2.3 统计分组的方法

统计分组要求将总体内标志表现不同的总体单位分开，使标志表现相同或相近的总体单位归属在同一组。因此，分组标志一经选定，就要突出总体在这一标志下的性质差异或数量差异，即在分组标志范围内，划分各相邻组间的性质界限和数量界限。根据分组标志的不同特征，统计总体可以按品质标志分组，也可以按数量标志分组。

(1) 按品质标志分组。品质标志分组是指选择反映事物属性差异的品质标志作为分组标志进行分组。

按品质标志分组能直接反映事物间质的差别，给人以明确、具体的概念。因为事物的属性差异是客观存在的，有些品质标志分组，由于界限清晰，分组标志有几种具体表现，就分成几组。有些复杂的品质标志分组可根据统一规定的划分标准和分类目录进行。例如，人口按性别、民族、职业、文化程度等分组，企业总体按所有制分为国有、集体、联营、股份合作、其他等组。有些品质标志分组有时也很复杂，其相邻组之间的界限不容易划清。有些在理论上容易区分，但在实际社会经济生活中却难于辨别。例如，人口按城乡分组，居民一般分为城市和乡村两组，但因目前还存在有些既具备城市形态又具备乡村形态的地区，分组时就需慎重考虑。其他如部门分类、职业分类也都存在同样的问题。

动脑筋：我国为什么要制定《国民经济行业分类目录》、《工业部门分类目录》、《商品目录》等？

(2) 按数量标志分组。按数量标志进行分组就是根据统计研究的目的，选择反映事物数量差异的数量标志作为分组标志，在数量标志值的变异范围内划定各组数量界限，将总体划分为性质不同的若干个组成部分。例如，人口按年龄分组，企业按职工人数分组，职工按工资水平分组等。按数量标志分组的结果形成变量数列。在统计整理和统计分析中，变量数列应用得相当广泛，以此来观察某种指标的变动及其分布情况。

与品质标志不同，数量标志具体表现为许多不等的变量值，这些变量值不能明确的反映社会经济现象性质上的区别，只能反映数量上的差异。因此，根据变量值大小不等来划分性质不同的各组界限就很不容易。在对同一个调查资料按数量标志进行分组的过程中，不同的分组人员确定的组数和各组之间的界限都可能不同，分组结果自然不同，这就有可能导致人们对同一个事物有不同的认识。因此，按数量标志分组是很能考察分组人员的分组水平的。在选择数量标志分组过程中，对于总体应分为多少组，各组的界限怎样确定，这是一个比较复杂的问题。分组不恰当，一方面不能反映出事物本身所具有的内在结构，另一方面也不能反映事物的本质和规律性，这就要求组数和组限的确定要恰当、科学。一个好的分组结果应该能够正确反映现象本身所有的数量分布特征，科学的实现同质的组合和异质的分解。

按数量标志分组过程中，根据变量值取值范围不同，分组的形式可以分为单项式分组和组距式分组。

① 单项式分组：即每一组只包含一个变量值。这种分组形式只适用于离散变量。而且要求在离散变量的变动范围较小，变量值个数较少时使用。例如，按家庭人口数划分居民家庭，或按子女数划分居民家庭等都是单项式分组。一般情况下分组组数等于变量的取值个数，各组之间的界限很明确，不需要人为划分。

动脑筋：如果居民家庭按照子女数来进行分组，可以分成哪些组？

② 组距式分组：即在变量值变异幅度较大时，将变量值取值范围人为的划分为若干个区间，变量在同一区间内取值的现象归为一组，区间的距离即称为组距。这样的分组形式每一组中包含若干个变量值，适用于所有的连续变量和取值范围较大的离散型变量。例如，企业按职工人数分组、耕地按粮食平均单产分组、商店按销售额分组、学生按学习成绩分组等都是组距式分组。例如某高校 2014 年经济管理系 987 名新生可以按照身高进行组距式分组，分组结果如表 3-4 所示。

表 3-4　某高校 2014 年经济管理系新生按照身高分组情况

组距(cm)	人数(人)
150 以下	1
150～160	254
160～170	349
170～180	348
180 以上	25

动脑筋：进行组距式分组时应注意的问题有哪些？

3.2.2.4　统计分组的形式

统计分组按分组标志的多少及其排列形式可分为简单分组、平行分组体系和复合分组体系。在现实经济生活中，这三种形式都有广泛的应用价值。

(1) 简单分组。简单分组就是对被研究现象总体仅按一个标志所进行的分组。这种分组比较简单，它只能说明社会经济现象某一方面的状况。例如，人口按性别或年龄分组、企业按所有制或规模大小进行分组等。

(2) 分组体系。在统计整理中，为了全面认识被研究现象总体，常常需要运用多个分组标志对总体进行分组，形成一系列相互联系、相互补充的分组体系。例如，对国民经济总体进行统计研究，必须通过按经济类型、部门、产业、地区、管理系统等多种分组，形成国民经济分组体系。在我们所要研究现象总体中，总是可以选择一系列标志进行分组，所以分组体系是客观存在的，组与组之间层层深入、相互联系、相互补充。

① 平行分组体系。平行分组体系就是对同一总体同时选择两个或两个以上的标志分别进行简单分组，然后并列在一起就形成了平行分组体系。例如，为了了解某高校 2014 年经济管理系新生的一些基本情况，可以按性别、生源地、户口性质等分组，得到如下分组体系，如表 3-5 所示。

表 3-5　某高校 2014 年经济管理系新生按性别、生源地、户口性质等分组分组表

指　标	人数(人)
按性别分	
男生	449
女生	538
按生源地分	
本省	562
外省	425
按户口性质分	
非农业户口	412
农业户口	575

平行分组体系的特点是，每一分组只能固定一个因素对差异的影响，不能固定其他因素对差异的影响。应用平行分组体系，其多种分组相互独立而不重叠，既可以从不同的角度、不同方面对某一社会经济现象做出比较全面的说明，反映事物的多种结构，又不至于使分组过于烦琐，故这种分组被广泛采用。上面的分组从多方面反映了某高校 2014 年经济管理系新生的情况，给人以全面的认识。

② 复合分组体系。复合分组体系就是将总体按两个或两个以上的标志结合起来进行层叠分组，形成复合分组体系。具体地说，它是先按一个标志分组，再按另一个标志对已经分好的各个组进行再分组。例如，某高校 2014 年经济管理系新生总体按生源地、性别分组所形成的复合分组体系，如表 3-6 所示。

表 3-6　某高校 2014 年经济管理系新生总体按生源地、性别分组情况

学生按生源地、性别分组	人数(人)
本省	562
男生	324
女生	238
外省	425
男生	125
女生	300
合计	987

动脑筋：收集当地企业的相关数据，按照经营组织形式和企业规模进行复合分组。

3.3　次数分布

次数分布，是指在统计分组的基础上，将总体的所有单位按组归类，并按顺序排列，形成总体中各单位在各组间的分布。次数分布的作用主要体现在两个方面：一方面是反映统计总体内所有总体单位在各组间的分布。同类总体不同的分布状况差异反映了它们的性质差异。如各班成绩分布。另一方面是对某随机现象的重复观察，频率分布可以渐近反映其统计规律。

3.3.1 分布数列的概念与种类

3.3.1.1 分布数列的概念

将各组的组别和各组对应的次数按一定次序排列而形成的数列，称为次数分布数列，简称分布数列（或分配数列）。分布在各组的单位数称为次数，也叫频数。将各组的次数与次数总和相比求得的比重称为频率。

3.3.1.2 分布数列的种类

分配数列有两个组成要求：一是分组；另一个是次数或比率。它可根据分组标志的性质不同，可以分为品质数列与变量数列。

(1) 品质数列。它是按品质标志分组的数列，用来观察总体单位中不同属性的单位分布情况。例如表 3-7。

表 3-7 2013 年我国人口性别构成情况

人口性别分组	人口数(万人)	占人口的比重(%)
男	69728	51.24
女	66344	48.76
合 计	136072	100

品质数列的编制比较简单，但要注意分组时，应包括分组标志的所有表现，不能有遗漏，各种表现相互独立，不得相融。

(2) 变量数列。变量数列是将总体按数量标志分组，将分组后形成的各组变量值与该组中所分配的单位次数或频数，按照一定的顺序相对应排列所形成的分配数列。

变量数列按变量的表示方法和分组方法不同，可以分为单项式分配数列和组距式分配数列两种。

① 单项式分配数列。单项式分配数列是指将每一变量值列为一组形成的数列，亦即按单项式分组所编制的变量数列。适用于变量值个数较少、变动范围较小的离散型变量。例如，某班学生按照每月借阅图书数量为分组标志所编制的变量数列，见表 3-8。

表 3-8 某班学生某月借阅图书数量分布表

借阅量(本)	人数(人)	占总人数的比重(%)
1	5	12.5
2	5	12.5
3	20	50
4	5	12.5
5	5	12.5
合 计	40	100

② 组距式分配数列。组距式分配数列是以标志值变动的一定范围作为一组的分组，即组距式分组所形成的变量数列。组距式数列中的每个组不是用一个具体的变量值表示，而是用变量值的一定变化范围即各组变量值变动的区间来表示。例如，某班学生《统计学》课程期末考试成绩分组即可编制组距式变量数列，如表 3-9 所示。

表 3-9 某班学生《统计学》课程期末考试成绩分布表

考试分数	人数(人)	频率(%)
60 以下	2	5.0
60～70	7	17.5
70～80	11	27.5
80～90	12	30.0
90～100	8	20.0
合计	40	100.0

3.3.2 变量数列的编制

对于品质数列来讲，如果分组标志选择得好，分组标准定得恰当，则事物性质的差异表现得就比较明确，总体中各组也容易划分。在编制品质数列时，只要按规定的分组标准将总体单位按组归类整理即可。品质数列一般来说比较稳定，通常能准确反映总体的分布特征。在这里我们只对变量分配数列的编制做重点介绍。

3.3.2.1 单项式数列的编制

在编制单项式数列时，一般首先将调查所得资料按照数值由小到大顺序排列；然后确定各组的变量值和组数，一般有多少个变量值就有多少组；最后汇总出各变量值出现的次数，编制单项式数列。

由于单项式数列每组只有一个变量值，各组之间界限划分也非常明确，因此编制出的数列也很稳定。

3.3.2.2 组距式数列的编制

与品质数列和单项式数列相比，组距式数列编制方法的难度稍大一些。编制过程中，一般首先把变量值按由小到大的顺序排列，并确定全距；其次，确定组数和组距；在此基础上确定组限；最后，汇总出各组的次数及比重，编制组距式数列。

由以上编制方法可知，组距式数列编制重点是要解决组数、组距、组限及组中值的几个要素的确定问题。

(1) 组数与组距：正确确定组数和组距是组距式数列编制过程中的一个关键问题。在组距数列中我们用变量值变动的一定范围代表一个组，每个组的最大值为组的上限，最小值为组的下限，每个组上限和下限之间的距离称为组距。其计算公式如下：

$$组距＝上限－下限 \qquad (3\text{-}1)$$

所谓组数是指某个变量数列划分为多少组。组数与组距是相互联系的，在同一变量数列中，组距的大小与组数的多少成反比。组数越多，组距越小；组数越少，组距越大。确定组数与组距时，先要找出全部变量值的最大值和最小值的距离（即全距），以及大多数变量集中的区间，然后根据标志变量的分散程度以及项目多少等因素来考虑组距和组数的问题。要使组距反映各组之间的数量界限，把性质相同的单位归入一组，而将性质不同的单位划分为不同的组列，以保证编制的组距数列尽可能反映出总体分布的特征及其规律性。

对一个总体来讲，分组的组数和组距必须恰当，不能太多也不能太少，不能太小也不能太大。组数太多，组距太小，分配数列显得很繁琐，不能反映总体分布特征；组数太少，组距太大，分配数列显得过于笼统，同样很难反映总体分布特征。

例如，对某县城居民家庭人均月消费性支出情况进行抽样调查，得到 40 户家庭人均月消费性支出（单位：元）资料如下：

304	349	355	361	376	385	388	393	397	400
400	406	409	413	414	414	416	417	422	429

432　435　441　442　450　456　464　470　472　478
482　485　488　490　504　524　535　544　566　593

这里共有40个变量值，最小值是304元，最大值是593元，标志变动的范围为304～593元，全距为289元。如果将其分为两个组距相等的组，则组距为144.5，实际取组距为150元，则可以编制出表3-10的组距式变量数列。

表3-10　某县城居民家庭人均月消费支出分配数列

人均月消费性支出(元)	户数	
	绝对数(户)	相对数(%)
300～450	24	60
450～600	16	40
合计	40	100

如果将其分成15个相等的组，则组距为19.27，实际取组距为20元，则可以编制出表3-11的组距式变量数列。

表3-11　某县城居民家庭人均月消费性支出分配数列

人均月消费性支出(元)	户数	
	绝对数(户)	相对数(%)
300～320	1	2.5
320～340	0	0.0
340～360	2	5.0
360～380	2	5.0
380～400	4	10.0
400～420	9	22.5
420～440	4	10.0
440～460	4	10.0
460～480	4	10.0
480～500	4	10.0
500～520	1	2.5
520～540	2	5.0
540～560	1	2.5
560～580	1	2.5
580～600	1	2.5
合计	40	100.0

我们还可以将其分成6个组距相等的组，则组距为48.2，实际取组距为50元，则可以编制出表3-12的分配数列。

表3-12　某县城居民家庭人均月消费性支出分配数列

人均月消费性支出(元)	户数	
	绝对数(户)	相对数(%)
300～350	2	5.0
350～400	7	17.5
400～450	15	37.5
450～500	10	25.0
500～550	4	10.0
550～600	2	5.0
合计	40	100.0

以上我们对同一种资料进行了三种不同分组，表 3-10 组距太大，分组过粗；表 3-11 则分组过细，组距太小，都不利于显示总体内部各组的分布特征；而表 3-12 能较好地反映某县城居民家庭人均月消费性支出的分布状态。

由此可见，编制组距式数列时，不仅要考虑各组的划分是否能区分总体内各组成部分的性质差异，还要适当地确定组距和组数，才能准确而清晰地反映总体的分布特征。

实际工作中确定组数时，可以根据对事物的定性分析加以确定。这种方法需要对研究总体进行认真地分析，才能做出准确地判断。例如，根据某个班级学生学习成绩的数据资料编制组距数列，在编制数列前，首先确定不及格、及格、中等、良好、优秀五个不同性质的组，然后把组距数列分为 60 以下、60～70、70～80、80～90、90～100 五个组。确定组数时，还可以利用美国学者斯特基斯（H. A. Sturges）提出的经验公式。其公式如下：

$$组数=1+3.322\lg N（其中 N 为标志值项数） \tag{3-2}$$

不过这一公式不是在任何情况下都必须遵守的法则，它只适用于总体趋于正态分布的条件下进行等距分组的情况。而且，利用斯特基斯公式确定组数时，如果数据个数少，则确定的组数数值过大；数据个数多，则确定的组数数值过小。所以，在实际工作中，这一公式作为组数确定的参考公式运用是可以的，但不必严格地根据公式所确定的组数执行。

在确定组距时，可以根据标志值变异状况不同将各组的组距确定为相等的或不等的，相应形成等距数列和异距数列。

等距数列是各组组距都相等的数列，一般在社会经济现象性质差异的变动比较均衡或标志变异比较均匀的条件下采用。在等距分组时，一般先确定全距、组数，然后用全距除以组数得出组距，并据以划分各组的界限。全距、组数和组距的关系用公式表达如下：

$$i=\frac{R}{K},\ R=X_{\max}-X_{\min} \tag{3-3}$$

式中，i 为组距；R 为全距；K 为组数；$X_{\max}$ 为最大变量值；$X_{\min}$ 为最小变量值。

以上计算结果只是一个参考数值，为计算方便，实际工作中一般组距取 5 或 10 的整数倍。当然也可以先确定组距，再确定组数。

例如，编制上例某县城 40 户居民家庭人均月消费性支出分配数列时，其组数确定为：

$$组数=1+3.322\lg 40=6.32$$

因此，可以取整数 6 为组数。则：

$$i=\frac{R}{K}=\frac{289}{6}=48.17(元)$$

组距可以取为 50 元。

等距数列由于组距相同，各组次数的分布不受组距大小的影响。它与消除了组距因素影响的次数密度的分布相一致。所谓次数密度是指某组次数与该组组距的比值，反映的是单位组距内总体单位数的密集状态。

表 3-12 的分配数列为组距为 50 的等距数列，其各组次数分布与次数密度的分布是一致的，画成直方图，如图 3-3 所示。

异距数列是各组组距不等的数列，也叫不等距数列，通常适用于社会经济现象数量变动不均衡且很难用等组距的办法实现区分事物不同性质的情况。在异距分组中，如果标志值是按一定比例发展变化的，可以按等比的组距间隔来分组。例如，钢铁厂高炉按有效容积（立方米）的异距分组，可以分为：100 以下、100～200、200～400、400～800、800～1600 等。更多的异距分组是根据事物性质变化的数量界限来确定组距。例如，对儿童年龄的分组，必须注意到儿童不同年龄生理变化的特点，可以分为如下各组：1 岁以下、1～3 岁、4～6 岁、7～15 岁。

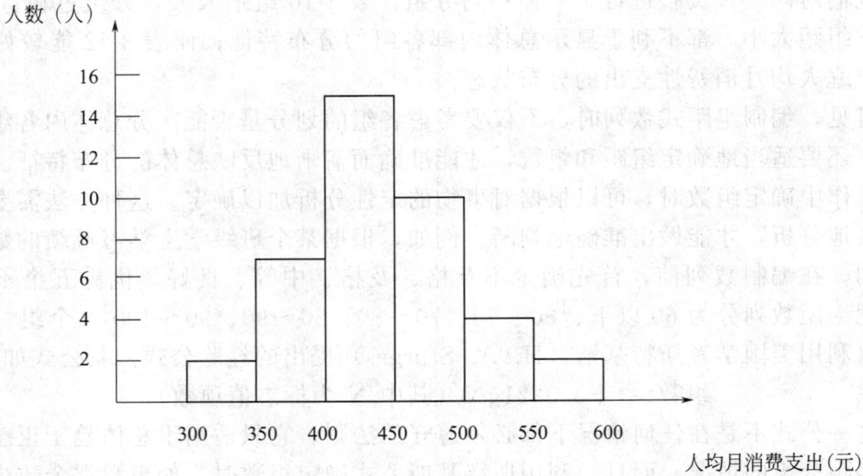

图 3-3　某县城居民人均月消费支出次数分布图

异距数列各组次数大小要受组距不同的影响，为了便于组间的次数比较，需要借助于次数密度指标来消除组距不同的影响，即可将各组次数换算为次数密度，再根据次数密度来绘制直方图。

(2) 组限与组中值：组限是圈定一组标志值变动范围的两个数，即每组两端的标志值。每组的最大值为上限，最小值为下限。在组距式分组中常有最小组无下限和最大组无上限的情况，这样的组叫开口组，其中只有上限无下限的称为下开口组，有下限无上限的组称为上开口组。

确定组限应满足两方面的要求：一是组限应是决定各组事物之间不同性质的数量界限；二是组限应能正确反映总体内各个单位的实际分布特点。因此，在编制组距式分布数列之前，应对标志值的分布情况进行仔细审查，在分布较集中的标志值中确定出组距的中心位置，然后再根据组距的大小定出组限，做到最小组的下限不应低于最小的变量值，最大组的上限不应高于最大的变量值，尽可能使总体内各单位的分布特征表现出来。

在编制组距数列时，作为各组名称的变量可以是离散变量，也可以是连续变量，这两种变量组限的表示方法有所不同。按连续变量分组划分组限时，相邻两组的组限必须重叠。如表 3-12 所示，某县城居民按人均月消费支出分组，第一组的上限 350 同时又是第二组的下限。这是由于连续变量相邻两个变量值之间可以作无限的分割，如果上下限是两个不同的数值的话，那么相邻两组上下限之间就可能有很多数值无组可归，不符合穷尽性原则。因此，相邻两组上下限必须用同一个数值表示，这样才不至于发生遗漏。在统计工作中，如果遇到某单位的标志值刚好等于相邻两组上下限数值时，为避免重复计算，一般遵循“上组限不在内”的原则。例如，某县城居民按人均月消费支出分组，有 350～400、400～450 两组，如果某户居民人均月消费支出为 400 元，则应计入 400～450 这一组。按离散变量划分组限时，相邻两组的组限可以以整数断开。因为离散变量不能用小数表示，相邻两个变量值可以以整数断开，因此，如果相邻两组的组限不重叠的话，也不会导致遗漏。例如，企业按职工人数分组可以表示为 10 人以下、11～50 人、51～100 人、101～500 人、501～1000 人、1001 人以上。也可以按“上组限不在内”原则分为重叠式组限，如上例的职工人数分组可以写成：10 人以下、10～50 人、50～100 人、100～500 人、500～1000 人、1000 人以上。

组中值是各组标志值波动范围的中点值，也就是每组上限和下限之间的中点数值。由于组距数列使用变量值变动的一段区间来表现变量值的取值，因而掩盖了分布在各组内各单位的实际变量值，为了反映各组中个体单位变量值的一般水平，统计中往往要计算组中值来代表。其计算公式如下：

$$组中值=(上限+下限)/2 \tag{3-4}$$

例如，表 3-12 中，300～350 一组的组中值为 325 元。

动脑筋：组中值能否代替每组数据的平均值？

3.3.3 次数分布的主要类型

（1）钟形分布。钟形分布的特征是“两头小、中间大”，即靠近中间的变量值分布的次数多，靠近两端的变量值分布的次数少，如果将变量值与其对应的频数在直角坐标系中对应的点连接起来绘制成曲线图，宛如一口钟，所以又称钟形分布。

钟形分布又分为对称分布和偏态分布。对称分布的特征是中间变量值分布的次数最多，两侧变量值的分布次数随着与中间变量值距离的增大而渐次减少，并且围绕中心变量值两侧呈对称分布，这种分布称为正态分布，如图 3-4（a）所示。

偏态分布的特征是中间变量值分布的次数最多，两侧变量值分布的次数逐渐减少，且两侧减少的速度快慢不同，致使分布曲线向某一方向偏斜，分为右偏和左偏。右偏（正偏）是当变量值存在极端大值时，次数分布曲线就会向右延伸，称为右偏形分布。如图 3-4（b）所示。左偏（负偏）是当变量值存在极端小值时，次数分布曲线就会向左延伸，称为左偏形分布。如图 3-4（c）所示。

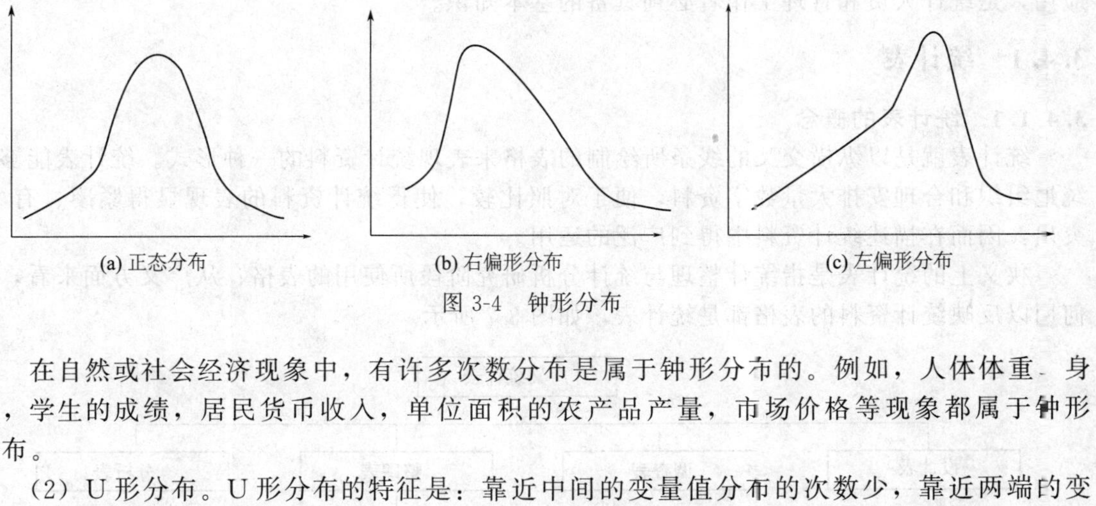
(a) 正态分布　　(b) 右偏形分布　　(c) 左偏形分布

图 3-4　钟形分布

在自然或社会经济现象中，有许多次数分布是属于钟形分布的。例如，人体体重、身高，学生的成绩，居民货币收入，单位面积的农产品产量，市场价格等现象都属于钟形分布。

（2）U 形分布。U 形分布的特征是：靠近中间的变量值分布的次数少，靠近两端的变量值分布的次数多，形成“两头大，中间小”的分布特征。将这种分布绘成曲线，像英文字母“U”的形状，故称 U 形分布。如图 3-5 所示。

例如，人口死亡率的分布，一般是婴幼儿死亡率和老年人死亡率均较高，而中年人死亡率最低，所以人口年龄分组的死亡率是呈 U 形分布的。另外，失业人口按年龄的分布等均呈 U 形分布。

（3）J 形分布。J 形分布的特征是“一边小，一边大”，即大部分变量值集中在某一端分布，有两种类型。

① 正 J 形分布。正 J 形分布是次数随着变量值的增大而增多。如投资额按利润率大小分布，一般是正 J 形分布。如图 3-6（a）所示。

② 反 J 形分布。反 J 形分布是次数随着变量值的增大而减小。如成年人数量按年龄大小分组，表现出年龄越高，人数越少。如图 3-6（b）所示。

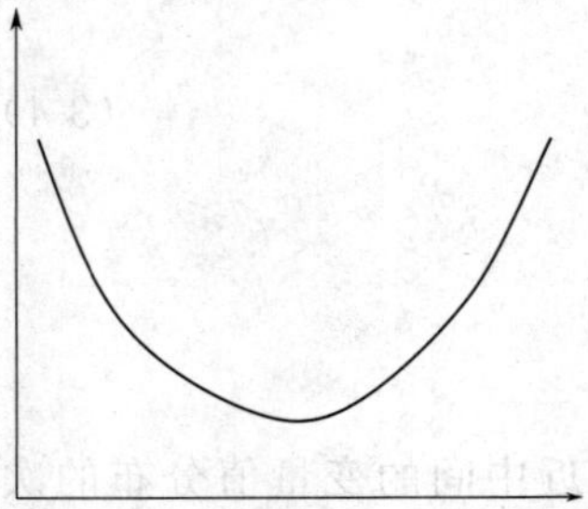

图 3-5　U 形分布

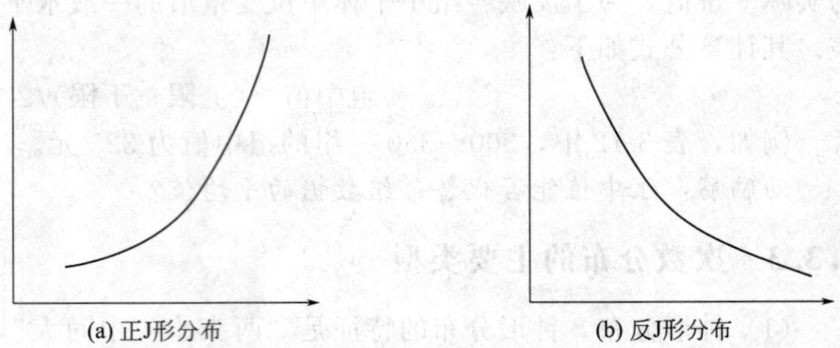

图 3-6　J 形分布

3.4　统计表和统计图

通过统计整理得到的反映社会经济现象总体特征的综合资料，是统计工作的初步成果，需要运用一定的形式将其展示出来，以便于人们分析和利用，统计表和统计图就是表现统计资料的常用基本形式，也是应用最广泛的形式。统计部门主要是通过统计表和统计图的形式向各级领导和管理部门以及社会各方面提供统计资料。因此，掌握统计表和统计图的编制和应用，是统计人员和管理工作者必须具备的基本知识。

3.4.1　统计表

3.4.1.1　统计表的概念

统计表就是以纵横交叉的线条所绘制的表格来表现统计资料的一种形式。统计表能够系统地组织和合理安排大量数字资料，便于对照比较，使得统计资料的表现显得紧凑、有力、突出，因而在描述统计资料中得到广泛的运用。

狭义上的统计表是指统计整理与统计分析研究阶段所使用的表格；从广义方面来看，任何用以反映统计资料的表格都是统计表，如图 3-7 所示。

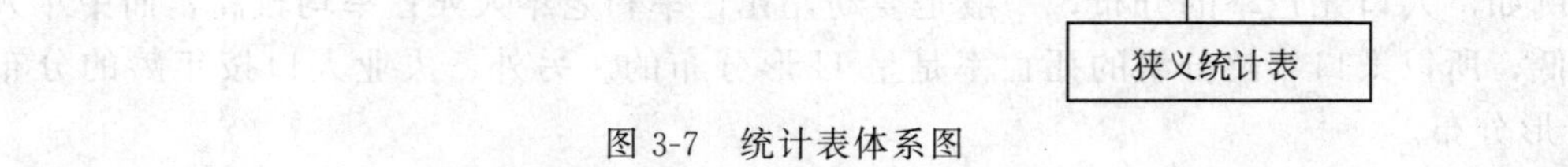

图 3-7　统计表体系图

3.4.1.2　统计表的作用

统计表有以下几方面作用：

(1) 能使大量的统计资料系统化、条理化，因而能更清晰地表述统计资料的内容。

(2) 利用统计表便于比较各项目（指标）之间的关系，而且也便于计算。

(3) 采用统计表表述统计资料显得紧凑、简明、醒目，使人一目了然。

（4）利用统计表易于检查数字的完整性和正确性。

3.4.1.3　统计表的结构

从外表形式上看，统计表是由以下四部分构成。

① 总标题：它是表的名称，用于概括统计表中要说明的内容。

② 横行标题：它是各组的名称，反映总体各组成部分的。

③ 纵栏标题：它是分组标志或指标的名称，说明纵行所列各项资料的内容。

④ 指标数值：也称数字资料，它是统计表的具体内容。必要时可以在统计表的下方加上表外附加。

从统计表的内容来看，由主词和宾词两个部分组成。主词是统计表所说明的总体，总体的各组或各组的名称。宾词是用于说明主词的各种指标。通常，统计表的主词列在表的左方，宾词列在表的右方。统计表的主词和宾词的位置一般如上所述，但不是固定不变的，有时为了编排合理与阅读方便，可以将主词和宾词的位置互换。

表 3-13 展示了统计表的结构。

表 3-13　中国主要河流基本情况 ← 总标题

纵栏标题

名　称	流域面积(平方公里)	河长(公里)	年径流量(亿立方米)
长　江	1808500	6300	9513
黄　河	752443	5464	661
松花江	557180	2308	762
辽　河	228960	1390	148
珠　江	453690	2214	3338
海　河	263631	1090	228
淮　河	269283	1000	622

横行标题　　指标数值

资料来源：《中国统计年鉴 2013》，7 页。北京：中国统计出版社，2014 ← 附加

主词　　宾词

3.4.1.4　统计表的设计

（1）统计表标题的设计。统计表标题的设计要注意以下几个方面：

① 放在表的正上方。

② 言简意明。

③ 只能用楷体、宋体、隶体、黑体书写。

④ 用粗体字书写。

⑤ 可在正标题的下方加副标题。

（2）统计表表线的设计。表线一般分为横线和竖线两种。横线又分为基线和分割线。基线一般分为上基线和下基线，它们一般用粗线或者双线画出。分割线一般不画出。竖线分为端线和分割线。端线一般不画出，分割线一般用细线画出。

（3）统计表形式的设计

① 统计表从形式上看应该是“短”而“宽”。

② 当遇到“长”而“窄”的情况时，有两种处理办法：一是将行与列互换；二是将行等分后将后面的几部分依次连接在原表的右边。

③ 当统计表的列较多时，应将其编号。填写文字的列用（甲）、（乙）、（丙）……编号；填写数值的列用（1）、（2）、（3）……编号。

（4）统计表内容的设计

① 统计表填好后不应有空格。

② 表中的文字、数值应上下对齐。

③ 表中不应出现“同上”、“同下”、“同左”和“同右”等内容。

④ 当某处无内容可填时，应用“—”表示。当某处数值不足一个单位时，可用“…”表示。

⑤ 当某处数值较长时，可每三位使用一个分节号“,”。

3.4.2 统计图

3.4.2.1 统计图的含义

统计图是根据经过整理的统计数字资料，运用几何图形或具体事物的形象绘制的表现研究对象数量关系和数量特征的图形。是人们用来展示统计整理结果的另一种常用形式，与统计表相比，它对问题的表现具有更为鲜明、形象、生动、直观的特点。用统计图来表现统计资料的方法叫做统计图示法。统计图的作用是，有助于统计资料的综合分析，可以说明研究对象之间的相互关系，便于比较同类事物的统计指标，表明总体结构及其变动情况，揭示研究对象的发展过程及其依存关系，表明研究对象的计划执行情况或者各地区的分配情况。

3.4.2.2 统计图的结构及制图通则

（1）统计图的结构。统计图由标题、图号、标目、图形、图注等项构成。每个要素的作用和要求如表 3-14 所示。

表 3-14 统计图结构要素要求

要 素	要 求
标 题	图的名称应简明扼要,切合图的内容,必要时可注明时间、地点
图 号	文章中若有几幅画,则需按其出现的先后次序编上序号,写在图题的左前方
标 目	对于有纵横轴的统计图,应在纵横轴上分别标明统计项目及其尺度
图 形	图形线在图中为最粗,而且要清晰
图 注	图注不是图中必要组成部分

（2）绘制统计图的步骤和规则。绘制统计图的一般步骤是：首先根据统计资料的性质和绘制统计图的目的任务，选定适当的图形，规划图的结构；其次是定坐标、划分尺度，根据统计表上的数据画图形；最后是上墨着色，书写标题和图例说明等。为了把统计图画得准确、合理、美观，必须遵循如下规则。

① 图的标题简明扼要，切合图的内容，有时附加小标题及注解。标题文字应由左向右排列，一般写在图的正下方。图的号数写在标题的前头。

② 有纵横轴的图形，横轴（基线）一般表示被观察的现象，尺度要等距，数字自左向右排列，小的数在左，大的数在右，写在横轴的下方。纵轴一般表示出现的频数；直条图和直方图纵坐标从 0 开始，线图可不必。纵横轴之比以 5∶7 为宜；自下而上，小的数在下，大的数在上，写在纵轴的左侧。两个轴都要注明单位。

③ 图中线条的粗细，应依其重要性而有所区别。图形线条应最粗，基线和尺度线次之。

④ 在同一个图形上比较两个事物时，使用的比例要相同。

⑤ 图中如有必要另加解释的地方，可用图注加以说明。图注的文字应简明扼要，字体要小。图注和资料来源应写在图题的下方。

⑥ 一图内比较不同事物时，须用不同的图案或颜色表示，并附图例说明。

3.4.2.3 常用的统计图及绘制方法

常用的统计图主要有条形图、圆形图、折线图、直方图等。

（1）条形图。条形图是用相同宽度的条形的长短或高低来表示统计指标大小的图形。条形图可以清楚地表明各种数量的多少，是统计图资料分析中最常用的图形。例如，根据表3-13的数据资料，可画条形图以反映我国主要河流的长度，如图3-8所示。

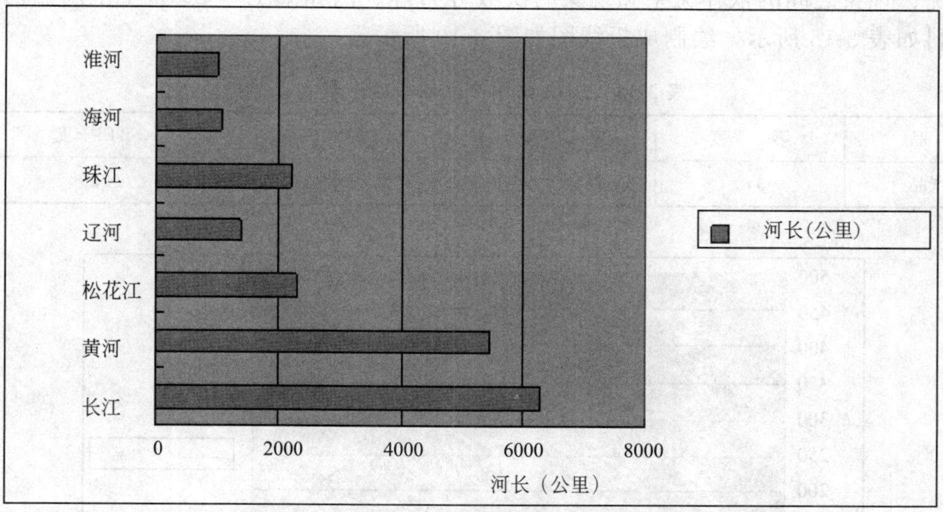

图 3-8　中国主要河流长度

条形图的主要特点：

① 能够使人一眼能够看出各个数据的大小。

② 易于比较数据之间的差别。

③ 能够清楚表示出数量的多少。

（2）圆形图。圆形图是以单位圆内各扇形面积所占整个圆形面积的百分比来表示各统计事项在其总体中所占相应比例的一种图示方法，用来表示间断性资料构成比。用圆的扇形面积代表事物各组成部分所占的构成比，其立体形式是饼图。圆形图以圆形面积表示一组数据的整体，圆中的扇形表示各组成部分所占的比重。各部分比重一般用百分比表示。例如，根据表3-9资料，绘制圆形图以表示各个分数段学生分布情况，如图3-9所示。

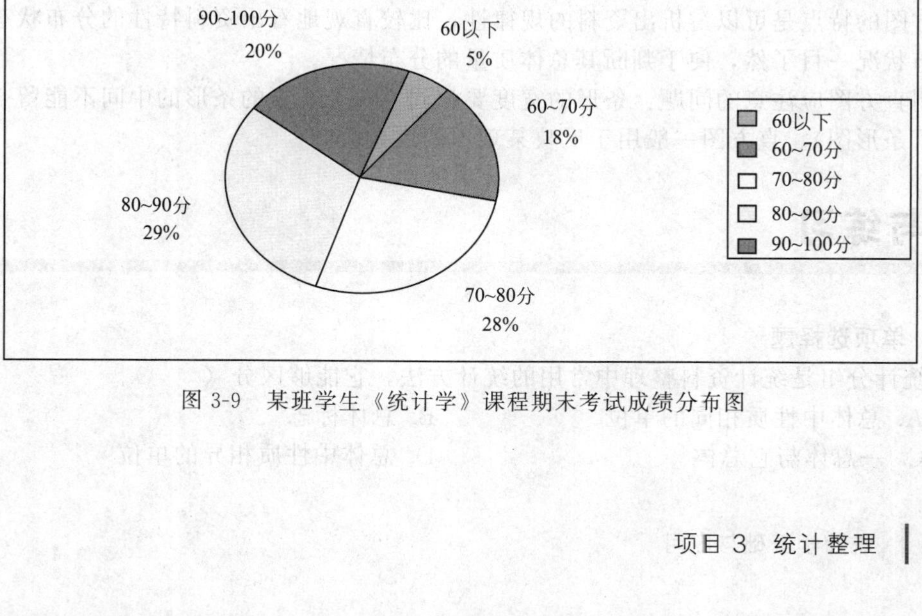

图 3-9　某班学生《统计学》课程期末考试成绩分布图

圆形图的主要特点：

① 用扇形的面积表示部分在总体中所占的百分比。

② 易于显示每组数据相对于总体的大小。

（3）折线图。以折线的上升或者下降来表示统计数量的增减变化的统计图，叫做折线图，也称曲线图。其主要构成要素是直角坐标的纵轴和横轴。多用于表明现象的动态、计划完成情况、现象之间的依存关系和现象的次数分布等。例如某工厂 2013 年甲产品四季度的产量资料如表 3-15 所示，绘制成折线图如图 3-10 所示。

表 3-15　2013 年甲产品四季度产量（套）

产　品	第一季度	第二季度	第三季度	第四季度
甲产品	340	450	350	205

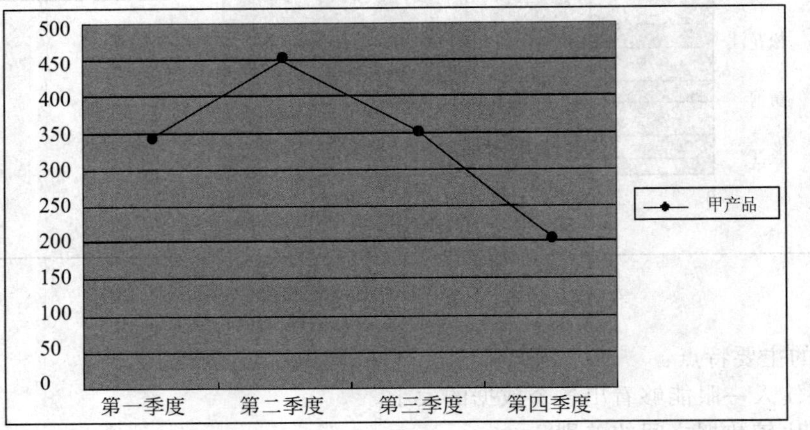

图 3-10　2013 年甲产品四季度产量

折线图的主要特点：

① 能够直观地显示数据的变化趋势。

② 反映事物的变化情况。

（4）直方图。直方图又称质量分布图，柱状图。它是根据统计调查所收集来的数据资料，画成以组距为底边、以频度为高度，用若干长方形条块链接起来，以表明某一现象次数分布状况的图形（见图 3-3）。

直方图的特点是可以辨析出资料的规律性，比较直观地看出资料特性的分布状态，对于资料分布状况一目了然，便于判断其总体质量的分布情况。

绘制直方图应注意的问题：条形的宽度要相同，每个直立的条形的中间不能留空（否则就变成了条形图）。直方图一般用于反映某现象的次数分布。

思考与练习

一、单项选择题

1. 统计分组是统计资料整理中常用的统计方法，它能够区分（　　）。

A. 总体中性质相同的单位　　B. 总体标志

C. 一总体与它总体　　D. 总体中性质相异的单位

2. 统计分组的关键在于确定（　　）。

A. 组中值　　B. 组距
C. 组数　　D. 分组标志和分组界限

3. 全国总人口按年龄分为 5 组，这种分组方法属于（　　）。

A. 简单分组　　B. 复合分组
C. 按品质标志分组　　D. 以二都不对

4. 对某校学生先按年级分组，在此基础上再按年龄分组，这种分组方法是（　　）。

A. 简单分组　B. 复合分组　C. 再分组　D. 平行分组

5. 下列分组按品质标志进行分组的是（　　）。

A. 人口按年龄分组　　B. 产品按等级分组
C. 企业按职工人数分组　　D. 家庭按收入水平分组

6. 统计整理是整个统计工作过程的（　　）。

A. 第一阶段　B. 第二阶段　C. 第三阶段　D. 第四阶段

7. 在分配数列中，频数是指（　　）。

A. 各组单位数与总单位数之比　　B. 各组分布次数的比率
C. 各组单位数　　D. 总单位数

二、多项选择题

1. 统计分组是将统计总体按一定标志区分为若干部分的统计方法。它（　　）。

A. 是统计研究中的基本方法　　B. 是在统计总体内部进行的
C. 是在统计总体之间进行　　D. 对总体而言是分

2. 下列分组中，按数量标志分组的有（　　）。

A. 企业按所有制分组　　B. 企业按产值分组
C. 企业按工人数分组　　D. 企业按计划完成程度分组

3. 统计分组是（　　）。

A. 在统计总体内进行的一种定性分类
B. 在统计总体内进行的一种定量分类
C. 将同一总体区分为不同性质的组
D. 把总体划分为一个个性质不同的、范围更小的总体

4. 选择分组标志应考虑（　　）。

A. 研究目的与任务　　B. 能反映事物本质或主要特征
C. 现象所处历史条件与经济条件　　D. 与过去的分组标志一致

5. 按所起作用不同，统计表可分为（　　）。

A. 调查表　B. 汇总表　C. 简单表　D. 复合分组表

三、思考题

1. 什么是统计整理？它有何意义？
2. 统计整理的步骤有哪些？
3. 什么是统计分组？统计分组有哪些作用？
4. 选择分组标志应遵循哪些原则？
5. 什么是分布数列？它有哪些种类？
6. 次数分布的类型有哪些？
7. 简述统计表的基本结构及分类？
8. 简述常用的统计图的特点。

课内实训

[实训目的]

1. 加深对于统计整理基本操作的理解。

2. 训练统计整理工作的基本技能。

3. 培养学生的团队合作精神，提高归纳分析及与人沟通的能力。

[实训组织]

1. 本着自愿的原则，学生5人一组，每组产生一名组长，由组长负责分工及协调小组内成员的实训任务，并带领大家完成实训任务。

2. 实训以小组讨论形式展开。

[实训项目]

某公司老总想要了解本公司员工的工资收入状况，负责工资核算的小张将员工的某月工资表打印出来了，如表3-16所示，准备交给老总，如果你是小张，将如何做呢？是否应该对工资资料加以整理？该采取什么形式整理？

表3-16 某公司某月员工工资资料

编号	月收入(元)	编号	月收入(元)
1	3250	16	3274
2	3356	17	3541
3	3598	18	3654
4	3241	19	3222
5	3165	20	3122
6	3201	21	3562
7	3302	22	3331
8	3652	23	3666
9	3810	24	3544
10	3902	25	3228
11	3712	26	3088
12	3625	27	3775
13	3426	28	3916
14	3268	29	3410
15	3211	30	4125

[实训要求]

1. 明确小组内成员之间的分工，尽可能调动所有成员参与的积极性，达到实训的效果。

2. 小组讨论过程中，记录每名成员的发言。

[实训考核]

1. 实训过程中职业素养是否得到体现。

2. 小组分工是否明确和均衡，小组成员的能力是否得到充分的发挥。

3. 统计整理的方法选择是否得当，展现形式是否规范。

项目4 统计分析之指标对比分析法

名人小传

恩斯特·恩格尔（Ernst Engel，1821～1896），生于德累斯顿，德国统计学家，因恩格尔定律闻名于世。他早年与法国社会学家弗雷德里克·勒普莱（Frédéric Le Play）交往甚密，勒普莱对家庭问题很感兴趣，这使恩格尔开展了对家庭的调查。这些调查所搜集到的开支数据使恩格尔确信，在家庭的收入与该户分配于食物和其他项目的支出之间，存在着一定联系。这是经济学中最早确立的定量函数关系之一。不仅如此，他还发现，收入较高的家庭用于食物的支出一般多于较穷的家庭，但食物开支在总预算中所占比重一般同收入成反比。从这一经验性规律出发，他进一步推断出，在经济发展过程中，相对于其他经济部门而言，农业将萎缩（恩格尔，1857 年）。1860～1882 年恩格尔在柏林任普鲁士统计局局长期间，以普鲁士统计局的名义为发展和加强官方统计学做了大量工作。他因反对俾斯麦（Bismarck）的保护主义政策而辞职。在研究工作中，他从成本方面特别研究了人类生活的价值。他还调查了价格对需求的影响。他对官方统计学的影响远不仅限于德国，1385 年他参与创立了国际统计学会。他于 1896 年在拉德博伊尔去世。

恩斯特·恩格尔

知识目标

1. 了解指标对比分析法的含义。
2. 掌握总量指标的含义及计算方法。
3. 掌握相对指标的含义及计算方法。
4. 掌握平均指标的含义及计算方法。
5. 掌握标志变异指标的含义及计算方法。

技能目标

1. 培养应用统计基本理论思想在实际工作中的能力。
2. 能够根据收集的数据进行总量指标的分析。

3. 能够根据收集的数据进行相对指标的分析。
4. 能够根据收集的数据进行平均指标的分析。
5. 能够根据收集的数据进行标志变异指标的分析。

项目导入

所谓统计分析，是指通过各种统计指标来反映现象总体的数量特征。指标是分析说明问题的特有语言。在现实工作中，有的时候我们需要了解一下研究对象的总体情况，有的时候需要了解一下研究对象的平均情况，有的时候会把同质的不同研究群组做一下对比分析，有的时候还要关注一下同一群组内不同个体表现情况的离散情况，这些需求该怎么实现呢？

4.1 指标对比分析法的含义

4.1.1 指标对比分析法的概念

指标对比分析法，又称比较法。就是通过技术经济指标的对比，检查计划的完成情况，分析产生差异的原因，进而挖掘内部潜力的方法。这种方法，具有通俗易懂、简单易行、便于掌握的特点，因而得到了广泛的应用。

4.1.2 指标对比分析法的形式

指标对比分析法在实际的应用中的形式主要表现为将实际指标与计划指标对比、本期实际指标与上期实际指标对比和与本行业平均水平、先进水平对比三种形式。

(1) 将实际指标与计划指标对比。通过这种方法可以检查计划的完成情况，分析完成计划的积极因素和影响计划完成的原因，以便及时采取措施，保证成本目标的实现。在进行实际与计划对比时，还应注意计划本身的质量。如果计划本身出现质量问题，则应调整计划，重新正确评价实际工作的成绩，以免挫伤人的积极性。

(2) 本期实际指标与上期实际指标对比。通过这种对比，可以看出各项技术经济指标的动态情况，反映施工项目管理水平的提高程度。在一般情况下，一个技术经济指标只能代表施工项目管理的一个侧面，只有成本指标才是施工项目管理水平的综合反映。因此，成本指标的对比分析尤为重要，一定要真实可靠，而且要有深度。

(3) 与本行业平均水平、先进水平对比。通过这种对比，可以反映本项目的技术管理和经济管理与其他项目的平均水平和先进水平的差距，进而采取措施赶超先进水平。

动脑筋：生活中我们使用过哪种形式的比较法，请举例说明。

4.1.3 注意事项

比较分析法适用于同质指标的数量对比。采用这种分析方法，应注意相比指标的可比性。可比的共同基础包括经济内容、计算方法、计算期和影响指标形成的客观条件等方面。若指标不可比，应先按可比的口径进行调整，然后再进行对比。

4.2 总量指标

4.2.1 总量指标的含义

总量指标是表明社会经济现象在一定时间、地点条件下的规模或水平的统计指标，又称为绝对指标或绝对数。例如，国家统计局 2014 年 1 月 20 日公布，2013 年我国国内生产总值 568 845 亿元。这就是总量指标，利用绝对数说明我国 2013 年国民经济发展的总体规模和总体水平。

总量指标可以表现为总量指标之间相比较，得到的增加量或减少量。例如：某地区社会商品零售额 2014 年比 2013 年增加 150 万元，也是总量指标。

4.2.2 总量指标的分类

总量指标按照不同的分类标准可以表现为不同的形式。

4.2.2.1 按其说明总体的内容不同分为

（1）总体单位总量。该指标是用来反映统计总体内包含总体单位个数多少的总量指标。它用来表明统计总体的容量大小。例如，研究我国的人口状况时，统计总体是全国所有公民，总体单位是每一位公民，那么我国的人口数表明总体单位的个数，是总体单位总量。

（2）总体标志总量。该指标是统计总体各单位某一方面数量标志值的总和。例如，以国有商业企业为总体，所有国有商业企业的职工人数、商品流转额、利税额等指标值就是总体的标志总量。

总体单位总量和总体标志总量的划分，不是一成不变的，其地位随着研究对象的不同而变化。例如上例，当研究国有职工工资情况时，则国有商业企业工人数便成了总体单位总量，而工资总额则成了总体标志总量。

4.2.2.2 按其反映总体的时间状况不同分为

（1）时期指标。该指标是反映社会经济现象在一段时间上发展变化结果的总量。例如我国 2013 年国内生产总值 568 845 亿元，是指在 2013 年这一年的时间内，我国国民经济各行业每天所创增加值的总和。时期指标具有如下特点：

① 具有可加性。时间上相邻的时期指标相加能够得到另一更长时期的总量指标。

② 指标数值的大小与所属时期的长短直接相关。一般来讲，时期越长，指标数值就越大。

③ 必须连续登记而得。时期指标数值的大小取决于整个时期内所有时间上的发展状况，只有连续登记得到的时期指标才会准确。

（2）时点指标。该指标反映社会经济现象在某一时刻或某一时点上的状况的总量。例如人口数、商品库存额、外汇储备额等也都是时点指标。时点指标具有如下特点：

① 不具有可加性。不同时点上的两个时点指标数值相加不具有实际意义。

② 数值大小与登记时间的间隔长短无关。时点指标仅仅反映社会经济现象在一瞬间上的数量，每隔多长时间登记一次对它没有影响。

③ 指标数值是间断计数的。时点指标没有必要进行连续登记，有的也是不可能连续进行登记的。

动脑筋：收集生活中常见的总量指标，并对其进行分类。

4.2.3 总量指标的作用

总量指标在社会经济统计中具有重要的作用。

(1) 总量指标是认识社会经济现象的起点。人们要想了解一个国家或一个地区的国民经济和社会发展状况，首先就要准确地掌握客观现象在一定时间、地点条件下的发展规模或水平，然后才能更深入地认识社会。例如，为了科学地指导国民经济和社会的协调发展，就必须通过总量指标正确地反映社会主义再生产的基本条件和国民经济各部门的工作成果，即反映中国土地面积、人口和劳动资源、自然资源、国民财富、钢产量、工业总产值、粮食产量、农业总产值、国民收入额以及教育文化等方面的发展状况。

(2) 总量指标是实行社会经济管理的依据之一。一个国家或地区为更有效地指导经济建设，保持国民经济协调发展，就必须了解和分析各部门之间的经济关系。它虽然可以用相对数、平均数来反映，但归根结底还是需要掌握各部门在各个不同时间的总量指标。

(3) 总量指标是计算相对指标和平均指标的基础。总量指标是统计整理汇总后，首先得到的能说明具体社会经济总量的综合性数字，是最基本的统计指标。相对指标和平均指标一般都是由两个有联系的总量指标相对比而计算出来的，它们是总量指标的派生指标。总量指标计算是否科学、合理、准确，将会直接影响相对指标和平均指标的准确性。

4.2.4 总量指标的计量单位

总量指标的计量形式都是有名数，都有计量单位。根据总量指标所反映现象的性质不同，其计量单位一般有实物单位、货币单位和劳动单位三种。

(1) 实物单位。实物单位是根据事物的外部特征或物理属性而采用的单位。它又分为：

① 自然单位。如鞋以“双”为单位；桌子以“张”为单位；拖拉机以“台”为单位等。

② 度量衡单位。度量衡单位是以已经确定出的标准来计量实物的重量、长度、面积、容积等的单位。如：吨、公里、米等。

③ 复合单位。复合单位是两个单位的乘积。如货物周转量用“吨公里”计量；电的度数用“千瓦时”计量等。

④ 双重单位。双重单位是用两种或两种以上的单位结合起来进行计量。如起重机的计量单位是“台/吨”；货轮用“艘/马力/吨位”计量。

⑤ 标准实物单位。标准实物单位是按照统一的折算标准来计量事物数量的一种实物单位。它主要用于计量存在差异的工业产品和农产品，为了准确地反映其总量，需要把各产品按照一定的标准折合成标准品再相加。如把含氮量不同的化肥都折合成含氮100%的标准化肥。以实物单位计量的总量指标，叫做实物指标。

(2) 货币单位。货币单位也叫价值单位，它是以货币作为价值尺度来计量社会财产和劳动成果。例如国内生产总值、城乡居民储蓄额、外汇收入、财政收入都必须用货币单位来计量，常见的货币单位有美元、人民币元、欧元等。用货币单位计量的总量指标叫做价值指标。价值指标具有十分广泛的综合能力，在国民经济管理中起着重要的作用。

(3) 劳动单位。劳动单位主要用于企业内部计量工业产品的数量，它是用生产工业产品所必需的劳动时间来计量生产工人的劳动成果。企业首先根据自身的生产状况制定出生产单位产品所需的工时定额，再乘以产品的实物即得以劳动单位计量的产量指标——劳动指标，也叫做定额工时总产量。

4.2.5 总量指标的计算

总量指标的计算方法主要有直接计算法和间接推算法两种。

（1）直接计算法。它是对研究对象用直接的计数、点数和测量等方法，登记各单位的具体数值加以汇总，得到总量指标。如统计报表或普查中的总量资料，基本上都是用直接计算法计算出来的。

（2）间接推算法。它是采用社会经济现象之间的平衡关系、因果关系、比例关系或利用非全面调查资料进行推算总量的方法。如利用样本资料推断某种农产品的产量，利用平衡关系推算某种商品的库存量等。

4.2.6 使用总量指标时需要注意的问题

（1）明确规定每项指标的含义和范围。正确统计总量指标的首要问题就是要明确规定每项总量指标的含义和范围。例如要计算国内生产总值、工业增加值等总量指标，首先应清楚这些指标的含义、性质，才能据以确定统计范围、统计方法。要解决好这个问题，必须正确理解被研究现象的性质、含义，同时要熟悉党的方针政策和统计制度的有关规定，才能统一计算口径，正确计算出它们的总量。

（2）注意现象的同质性。在计算实物指标的总量时，只有同质现象才能计算。同质性是由事物的性质或用途决定的。例如，我们可以把各种煤炭如无烟煤、烟煤、褐煤等看作一类产品来计算它们的总量，但不能把煤炭与钢铁混合起来计算。

（3）正确确定每项指标的计量单位。具体核算总量指标时，究竟采用哪一种计量单位，要根据被研究现象的性质、特点以及统计研究的目的而定，同时要注意与国家统一规定的计量单位一致，以便于汇总并保证统计资料的准确性。

扩展阅读

国民经济统计中几个重要的生产总量指标

1. 国内生产总值。国内生产总值（简称 GDP）是指在一定时期内（一个季度或一手），一个国家或地区的经济中所生产出的全部最终产品和劳务的价值，常被公认为衡量国家经济状况的最佳指标。

2. 国内生产净值。国内生产净值（简称 NDP）是指在一个国家或地区里，在一定时期内所生产的最终产品和劳务按市场价格计算的净值，及新增加的产值。

3. 国民生产总值。国民生产总值（简称 GNP）是最重要的宏观经济指标，指一个国家（地区）所有常驻机构单位在一定时期内（年或季）收入初次分配的最终成果。是一国所拥有的生产要素所生产的最终产品价值，是一个国民概念。GNP 是三个英文单词首字母的组合：gross，即毛的、总的；national，即国民的；product，即产值，翻译成汉语就是“国民生产总值”。

4. 国民收入。国民收入（National Income）是指物质生产部门劳动者在一定时期所创造的价值。从社会总产值中扣除物质消耗后的剩余部分就是国民收入。

4.3 相对指标

4.3.1 相对指标的意义

要分析一种社会经济现象，仅仅利用总量指标是远远不够的。如果要对事物做深入的了解，就需要对总体的组成和其各部分之间的数量关系进行分析、比较，这就必须计算相对指标。

相对指标也称相对数，它是两个有联系的指标对比得到的一种抽象的比值。例如，比重、比例、速度等。

4.3.2 相对指标的表现形式

相对指标的表现形式有两种：无名数和有名数。

(1) 无名数。无名数是一种抽象化的数值，分为分数、倍数、成数、百分数、千分数以及翻番等。例如，2014 年国内生产总值比 2013 年增长了 7.5%。

在经济分析中，还经常用到百分数的概念，常用于两个百分数相减的场合。

(2) 有名数。有名数是将相对指标中的分子和分母指标数值计量单位同时使用的一种表示方法，主要用于部分强度相对指标。如人口密度用：人/平方公里；商业网点密度用：人口数/每个商业网点。

4.3.3 相对指标的作用

(1) 相对指标通过数量之间的对比，可以表明事物相关程度、发展程度，它可以弥补总量指标的不足，使人们清楚了解现象的相对水平和普遍程度。例如，某学院 2013 年共招收新生 3 254 名，2014 年共招收新生 3 952 名，则 2014 年招收新生人数比 2013 年增长了 21.5%，这是总量指标不能说明的。

(2) 把现象的绝对差异抽象化，使原来无法直接对比的指标变为可比。不同的企业由于生产规模条件不同，直接用总产值、利润比较评价意义不大，但如果采用一些相对指标，如资金利润率、资金产值率等进行比较，便可对企业生产经营成果做出合理评价。

(3) 说明总体内在的结构特征，为深入分析事物的性质提供依据。例如计算一个国家的第一、二、三产业的比例，可以说明该国家社会经济现代化程度等。

4.3.4 相对指标的种类与计算

(1) 结构相对指标。研究社会经济现象总体时，不仅要掌握其总量，不要揭示总体内部的组成数量表现，亦即要对总体内部的结构进行数量分析，这就需要计算结构相对指标。

结构相对指标就是在分组的基础上，以各组（或部分）的单位数与总体单位总数对比，或以各组（或部分）的标志总量与总体的标志总量对比求得的比重，借以反映总体内部结构的一种综合指标。一般用百分数、成数或系数表示，可以用公式表述如下：

$$\text{结构相对数}=\frac{\text{总体某部分或组的数值}}{\text{总体全部数值}}\times 100\% \tag{4-1}$$

概括地说，结构相对数就是部分与全体对比得出的比重或比率。由于对比的基础是同一总体的总数值，所以各部分（或组）所占比重之和应当等于 100%或 1。

【例 4-1】据国家统计局统计资料显示，我国 2013 年国内生产总值现价总量为 568 845 亿元，第一产业增加值为 56 957 亿元，第二产业增加值为 249 684 亿元，第三产业增加值为 262 204 亿元。试计算各产业所占比重。

解：根据公式（4－1）可得：

$$\text{第一产业所占比重}=\frac{56957}{568845}\times 100\%=10\%$$

$$\text{第二产业所占比重}=\frac{249684}{568845}\times 100\%=43.9\%$$

$$第三产业所占比重=\frac{262204}{568845}\times100\%=46.1\%$$

(2) 比例相对数。比例相对数是反映总体中各个组成部分之间的比例关系和均衡状况的综合指标。它是同一总体中某一部分数值与另一部分数值静态对比的结果。比例相对指标的数值，一般用百分数或几比几的形式表示。计算公式为：

$$比例相对数=\frac{总体中某一部分数值}{总体中另一部分数值}\times100\% \tag{4-2}$$

【例 4-2】某学院现在共有教师 542 人，在校学生 6 521 人。试计算该学院的师生人数比例。

解：根据公式 (4-2) 可得：

$$该院师生比=\frac{542}{6521}\times100\%=8.3\%$$

根据统计资料，计算各种比例相对数，反映有关事物之间的实际比例关系，有助于我们认识客观事物是否符合按比例协调发展的要求，参照有关标准，可以判断比例关系是否合理。在宏观经济管理中，这对于研究分析整个国民经济和社会发展是否协调均衡具有重要的意义。

(3) 比较相对数。就是将不同地区、单位或企业之间的同类指标数值作静态对比而得出的综合指标，表明同类事物在不同空间条件下的差异程度或相对状态。比较相对指标可以用百分数、倍数和系数表示。其计算公式可以概括如下：

$$比较相对数=\frac{甲地区(单位或企业)某类指标数值}{乙地区(单位或企业)同类指标数值}\times100\% \tag{4-3}$$

【例 4-3】A 市有甲、乙两个生产太阳能产品的企业，甲企业全员劳动生产率为 18 542 元/(人·年)，乙企业全员劳动生产率为 21 560 元/(人·年)，试计算两个企业全员劳动生产率的比较相对数。

解：根据公式 (4-3) 可得：

$$两个企业全员劳动生产率的比较相对数=\frac{18542}{21560}\times100\%=86\%$$

用来对比的两个性质相同的指标数值，其表现形式不一定仅限于绝对数，也可以是其他的相对数或平均数。在经济管理工作中，广泛应用比较相对数，例如用各种质量指标在企业之间、车间或班组之间进行对比，把各项技术经济指标与国家规定的标准条件对比，与同类企业的先进水平或世界先进水平对比，借以找差距，挖潜力，定措施，为提高企业的经营管理水平提供依据。

计算比较相对数应注意对比指标的可比性。此外，比较基数的选择要根据资料的特点及研究目的而定。如上例是以乙企业的全员劳动生产率作为比较标准，计算结果说明甲企业全员劳动生产率是乙企业的 86%；如以甲企业全员劳动生产率作为比较标准，则表明乙企业全员劳动生产率是甲企业的 116.28%。这两种计算方法的角度不同，但都能说明问题。具体以哪个指标作为比较的基础，应根据研究目的以及哪种方法能更确切地说明问题的实质而定。

(4) 强度相对指标。就是在同一地区或单位内，两个性质不同而有一定联系的总量指标数值对比得出的相对数，是用来分析不同事物之间的数量对比关系，表明现象的强度、密度和普遍程度的综合指标。其计算公式可以概括为：

$$强度相对数=\frac{某一总量指标数值}{另一个有联系而性质不同的总量指标数值} \tag{4-4}$$

强度相对数通常以双重计量单位表示，是一种复名数，例如，按全国人口数计算的人均钢产量、人均粮食产量等，这种强度相对指标的数值越大，表示一个国家的经济发展程度越高，经济实力越强。

【例 4-4】 据国家统计局统计资料显示，截至 2013 年年末，我国人口总数为 136 072 万人，我国的国土面积是 960 万平方公里，试计算我国的人口密度。

解：根据公式（4-4）可得：

$$我国的人口密度=\frac{136072}{960}=142\ 万人/万平方公里$$

（5）动态相对指标。就是将同一现象在不同时期的两个数值进行动态对比而得出的相对数，借以表明现象在时间上发展变动的程度。一般用百分数或倍数表示，也称为发展速度。其计算公式如下：

$$动态相对数=\frac{报告期指标数值}{基期指标数值}\times 100\% \tag{4-5}$$

通常，作为比较标准的时期称为基期，与基期对比的时期称为报告期。

【例 4-5】 某学院 2013 年在校学生人数为 5 621 人，2014 年在校学生人数为 6 521 人，试计算该高校在校学生人数的动态相对指标。

解：根据公式（4-5）可得：

$$该高校在校学生人数的动态相对指标=\frac{6521}{5621}\times 100\%=116\%$$

（6）计划完成程度相对指标。计划完成程度相对指标是社会经济现象在某时期内实际完成数值与计划任务数值对比的结果，一般用百分数来表示。基本计算公式为：

$$计划完成程度相对指标=\frac{实际完成数}{计划任务数}\times 100\% \tag{4-6}$$

由于计划数在实际计算中可以表现为绝对数、相对数、平均数等多种形式，因此计算计划完成程度相对指标的方法也不尽相同。

① 计划数为绝对数和平均数时。使用绝对数和平均数计算计划完成程度相对指标时，可直接用公式（4-6）计算。

【例 4-6】 某企业 2014 年计划营业额 100 万元，2014 年年底统计显示实际营业额 126 万元，试计算该企业营业额的完成情况。

解：根据公式（4-6）可得：

$$该企业营业额的完成率=\frac{126}{100}\times 100\%=126\%$$

【例 4-7】 某企业劳动生产率计划达到 8 000 元/人，某种产品计划单位成本为 100 元，该企业实际劳动生产率达到 9 200 元/人，该产品实际单位成本为 90 元，试计算该企业计划完成情况。

解：根据公式（4-6）可得：

$$劳动生产率计划完成程度相对指标=\frac{9200}{8000}\times 100\%=115\%$$

$$单位成本计划完成程度相对指标=\frac{90}{100}\times 100\%=90\%$$

② 计划数为相对数时。计划数为相对数时计划完成程度计算公式为：

$$计划完成程度相对指标=\frac{实际达到的百分数}{计划规定的百分数}\times 100\% \tag{4-7}$$

【例 4-8】 某企业 A 产品产量计划要求增长 10%，同时该种产品单位成本计划要求下降

5%，而实际产量增长了12%，实际单位成本下降了8%，试计算该企业计划完成情况。

解：根据公式（4-7）可得：

$$\text{产量计划完成程度相对指标}=\frac{100\%+12\%}{100\%+10\%}\times100\%=101.82\%$$

$$\text{单位成本降低计划完成程度相对指标}=\frac{100\%-8\%}{100\%-5\%}\times100\%=96.84\%$$

计算结果表明，产量计划完成程度大于100%，说明超额完成计划。而单位成本计划完成程度小于100%，说明实际成本比计划成本有所降低，也超额完成了成本降低计划。

4.3.5 相对指标的应用原则

要使相对指标在统计分析中起到应有的作用，在计算和应用相对指标时应该遵循以下的原则：

（1）可比性原则。相对指标是两个有关的指标数值之比，对比结果的正确性，直接取决于两个指标数值的可比性。如果违反可比性这一基本原则计算相对指标，就会失去其实际意义，导致不正确的结论。

对比指标的可比性，是指对比的指标在含义、内容、范围、时间、空间和计算方法等口径方面是否协调一致，相互适应。如果各个时期的统计数字因行政区划、组织机构、隶属关系的变更，或因统计制度方法的改变不能直接对比的，就应以报告期的口径为准，调整基期的数字。许多用金额表示的价值指标，由于价格的变动，各期的数字进行对比，不能反映实际的发展变化程度，一般要按不变价格换算，以消除价格变动的影响。

（2）定性分析与定量分析相结合的原则。计算对比指标数值的方法是简便易行的，但要正确地计算和运用相对数，还要注重定性分析与定量分析相结合的原则。因为事物之间的对比分析，必须是同类型的指标，只有通过统计分组，才能确定被研究现象的同质总体，便于同类现象之间的对比分析。这说明要在确定事物性质的基础上，再进行数量上的比较或分析，而统计分组在一定意义上也是一种统计的定性分类或分析。即使是同一种相对指标在不同地区或不同时间进行比较时，也必须先对现象的性质进行分析，判断是否具有可比性。同时，通过定性分析，可以确定两个指标数值的对比是否合理。

动脑筋：如果统计某一地区的文盲率，我们该怎么处理呢？

（3）相对指标和总量指标结合运用的原则。绝大多数的相对量指标都是两个有关的总量指标数值之比，用抽象化的比值来表明事物之间对比关系的程度，而不能反映事物在绝对量方面的差别。因此在一般情况下，相对指标离开了据以形成对比关系的总量指标，就不能深入地说明问题。

动脑筋：张三的工资收入2014年比2013年上涨了50%，我们能够判断张三的工资收入是高还是低吗？

（4）各种相对指标综合应用的原则。各种相对指标的具体作用不同，都是从不同的侧面来说明所研究的问题。为了全面而深入地说明现象及其发展过程的规律性，应该根据统计研究的目的，综合应用各种相对指标。例如，为了研究工业生产情况，既要利用生产计划的完成情况指标，又要计算生产发展的动态相对数和强度相对数。又如，分析生产计划的执行情况，有必要全面分析总产值计划、品种计划、劳动生产率计划和成本计划等完成情况。此外，把几种相对指标结合起来运用，可以比较、分析现象变动中的相互关系，更好地阐明现象之间的发展变化情况。由此可见，综合运用结构相对数、比较相对数、动态相对数等多种相对指标，有助于我们剖析事物变动中的相互关系及其后果。

4.4 平均指标

4.4.1 平均指标的意义

4.4.1.1 平均指标的含义

平均指标又称平均数，它是统计分析中最常用的统计指标之一。它反映了社会经济现象中某一总体各单位某一数量在一定时间、地点条件下所达到的一般水平，或者反映某一总体、某一指标在不同时间上发展的一般水平。平均指标在认识社会经济现象总体数量特征方面有重要的作用：

(1) 可以用来比较同类现象在不同地区、部门、单位（即不同总体）发展的一般水平，用以说明经济发展的高低和工作质量的好坏。

(2) 可以用来对统一总体某一现象在不同时期上进行比较，以反映该现象的发展趋势或规律。如对同一地区人均年收入逐年进行比较来反映该地区居民生活水平的发展趋势或规律。

4.4.1.2 平均指标的特点

平均指标具有以下三个方面的特点。

第一，同质性，即总体内各单位的性质是相同的。

第二，抽象性，即总体内各同质单位虽然存在数量差异，但在计算平均数时并不考虑这种差异，即把这种差异平均掉了。

第三，代表性，即尽管各总体单位的标志值大小不一，但我们可以用平均数这一指标值来代表所有标志值。

4.4.1.3 平均指标的种类

平均指标的计算方法主要有两种：一是从总体各单位变量值中抽象出具有一般水平的量，这个量不是各个单位的具体变量值，但又要反映总体各单位的一般水平，这种平均数称为数值平均数。数值平均数有算术平均数、调和平均数、几何平均数等形式。二是先将总体各单位的变量值按一定顺序排列，然后取某一位置的变量值来反映总体各单位的一般水平，把这个特殊位置上的数值看作是平均数，称作位置平均数。位置平均数有众数和中位数等形式。

4.4.2 算术平均数

算术平均数是一种应用最为广泛的平均数。算术平均数就是对总体各单位的某一数量标志进行的平均即总体各单位某一标志值的算术和除以总体单位数。在实际工作中，由于资料的不同，算术平均数有两种计算形式，即简单算术平均数和加权算术平均数。

(1) 简单算术平均数。根据未经分组整理的原始数据计算的均值。设一组数据为 x_1，$x_2 \cdots x_n$，则简单算术平均数的计算公式如下：

$$\overline{x}=\frac{x_1+x_2+\cdots+x_n}{n}=\frac{\sum x}{n} \tag{4-8}$$

式中，$\overline{x}$ 为算术平均数；x 为各单位的标志值；n 为总体单位数。

【例 4-9】某班某学习小组 8 名学生的《统计学基础与应用》课程的期末考试成绩分别为 85 分、87 分、92 分、84 分、86 分、95 分、75 分和 82 分，试计算该学习小组期末考试成绩的平均分。

解：根据公式（4-8）可得：

$$该学习小组期末考试成绩的平均分=\frac{85+87+92+84+86+95+75+82}{8}=86.7（分）$$

（2）加权算术平均数。如果平均数的大小既受其变量值本身大小的影响，又受其次数的影响就要采用加权算术平均数的方法计算其平均数了。计算公式如下：

$$\overline{x}=\frac{x_1f_1+x_2f_2+\cdots+x_nf_n}{f_1+f_2+\cdots+f_n}=\frac{\sum xf}{\sum f} \tag{4-9}$$

式中，f 代表各组变量值出现的频数。

【例 4-10】某班学生一学期阅读的课外图书数量如表 4-1 所示，试计算该班学生一学期阅读课外书的平均数量。

表 4-1 某班学生一学期阅读的课外图书数量

阅读课外书数量/本	学生数/个
10	6
11	4
12	10
13	6
14	4
15	6
16	4
合计	40

解：根据公式（4-9）可得：

阅读课外书的平均数量＝

$$\frac{\sum xf}{\sum f}=\frac{10\times6+11\times4+12\times10+13\times6+14\times4+15\times6-16\times4}{40}=12.8（本）$$

这种根据已分组整理的数据计算的算术平均数就称为加权算术平均数。这时，算术平均数的大小，不仅取决于研究对象的变量值，而且受各变量值重复出现的频数（f）或频率（$f/\sum f$）大小的影响，如果某一组的频数或频率较大，说明该组的数据较多，那么该组数据的大小对算术平均数的影响就大，反之则小。可见各组频数的多少（或频率的高低）对平均的结果起着一种权衡轻重的作用，因而这一衡量变量值相对重要性的数值称为权数。这里所谓权数的大小，并不是以权数本身值的大小而言的，而是指各组单位数占总体单位数的比重，即权数系数（$f/\sum f$）。权数系数亦称为频率，是一种结构相对数。

4.4.3 调和平均数

调和平均数是被研究对象中各单位标志值倒数的算术平均数的倒数，因而也称为倒数平均数。与算术平均数一样，由于掌握的资料不同，分为简单调和平均数和加权调和平均数。

（1）简单调和平均数。简单调和平均数是标志值倒数的简单算术平均数的倒数。在各个标志值相应的标志总量均为一个单位的情况下求平均数时，用简单式。其计算公式为：

$$H=\frac{1+1+\cdots+1}{\frac{1}{x_1}+\frac{1}{x_2}+\cdots+\frac{1}{x_n}}=\frac{n}{\sum\frac{1}{x}} \tag{4-10}$$

式中，H 代表调和平均数，n 代表标志总量，其余符号与前相同。

【例 4-11】某商品在淡季、平季、旺季的价格分别是 100 元、116 元、140 元，假设分别以淡季、平季、旺季的价格购买一元的这种商品，求该商品的平均价格。

$$H=\frac{n}{\sum\frac{1}{x}}=\frac{3}{\frac{1}{100}+\frac{1}{116}+\frac{1}{140}}=\frac{3}{0.02576}=116.46\text{（元）}$$

从形式上看，调和平均数和算术平均数有明显的区别，但从计算内容上来看，两者是一致的，均为总体标志总量与总体单位总量的对比。

（2）加权调和平均数。如果掌握的资料是各组的标志值和标志总量，而未掌握各组单位数，则用加权调和平均数计算平均指标。其计算公式为：

$$H=\frac{m_1+m_2+\cdots+m_n}{\frac{m_1}{x_1}+\frac{m_2}{x_2}+\cdots+\frac{m_n}{x_n}}=\frac{\sum m}{\sum\frac{m}{x}} \tag{4-11}$$

式中，m 代表各组标志总量，其余符号与前相同。

【例 4-12】某食堂购进某种蔬菜，相关资料如表 4-2 所示，试计算这种蔬菜的平均价格。

表 4-2　某种蔬菜价格资料及其计算表

	价格(元/千克)	购买金额(元)	购买量(千克)
早午晚	x	m	$\frac{m}{x}$
	1.00 1.20 1.10	10.0 15.0 20.0	10.0 12.5 18.2
合计	—	45.0	40.7

解：根据公式（4-11）可得：

$$H=\frac{\sum m}{\sum\frac{m}{x}}=\frac{10.0+15.0+20.0}{40.7}=\frac{45.0}{40.7}=1.106\text{（元/千克）}$$

（3）调和平均数特点。调和平均数在实际工作应用中表现出以下四个方面的特点。

① 调和平均数易受极端值的影响，且受极小值的影响比受极大值的影响更大。

② 只要有一个变量值为零，就不能计算调和平均数。

③ 当组距数列有开口组时，其组中值即使按相邻组距计算了，假定性也很大，这时，调和平均数的代表性就很不可靠。

④ 调和平均数应用的范围较小。

4.4.4　几何平均数

几何平均数也称几何均值，它是 n 个变量值乘积的 n 次方根。根据统计资料的不同，几何平均数也有简单几何平均数和加权几何平均数之分。

（1）简单几何平均数。直接将 n 项变量连乘，然后对其连乘积开 n 次方根所得的平均数即为简单几何平均数。它是几何平均数的常用形式。计算公式为：

$$G=\sqrt[n]{x_1\cdot x_2\cdot x_3\cdots x_n}=\sqrt[n]{\prod_{i=1}^{n}x_i} \tag{4-12}$$

式中，G 代表几何平均数；Π 代表连乘符号。

【例 4-13】某班学生某一周内出勤率分别为 95%、92%、90%、85%、80%，试计算该班学生本周平均出勤率。

解：根据公式（4-12）可得：

$$G=\sqrt[5]{0.95\times0.92\times0.90\times0.85\times0.80}$$
$$=\sqrt[5]{0.5349}=88.24\%$$

（2）加权几何平均数。与算术平均数一样，当资料中的某些变量值重复出现时，相应地，简单几何平均数就变成了加权几何平均数。计算公式为：

$$\overline{x}_G=\sum f\sqrt{x_1{}^{f_1}\cdot x_2{}^{f_2}\cdot x_3{}^{f_3}\cdots x_n{}^{f_n}}=\sum f\sqrt{\prod_{i=1}^{n}x_i{}^{f_i}} \tag{4-13}$$

式中：f_i 代表各个变量值出现的次数。

【例 4-14】 某银行某项投资年利率是按复利计算的。20 年的利率分配如表 4-3 所示　试计算 20 年的平均年利率。

表 4-3　投资年利率分组表

年限	年利率(%)	本利率(%)x_i	年数(个)f_i
第 1 年	5	105	1
第 2 年至第 4 年	8	108	3
第 5 年至第 15 年	15	115	11
第 16 年至第 20 年	18	118	5
合　计	—	—	20

解：根据公式（4-13）可得：

$$\overline{x}_G=\sqrt[20]{1.05^1\times1.08^3\times1.15^{11}\times1.18^5}=114.14\%$$

（3）几何平均数特点

① 几何平均数受极端值的影响较算术平均数小。

② 如果变量值有负值，计算出的几何平均数就会成为负数或虚数。

③ 它仅适用于具有等比或近似等比关系的数据。

4.4.5　众数和中位数

（1）众数。众数（Mode）是统计学名词，在统计分布上具有明显集中趋势点的数值，代表数据的一般水平（众数可以不存在或多于一个）。修正定义，即是一组数据中出现次数最多的数值，叫众数，有时众数在一组数中有好几个，用 M 表示。理性理解，即简单地说，就是一组数据中占比例最多的那个数。

根据掌握资料的不同，计算众数时一般采用以下两种方法进行。

① 根据单项数列求众数，不需要任何计算，可以直接从分配数列中找出出现次数或频率最高的一组标志值，就是所求的众数。

动脑筋：某班某学习小组学生一周内课余时间体育锻炼的时间分别为：10 小时、11 小时、12 小时、12 小时、12 小时、14 小时、15 小时，那么这组统计数据中众数是什么？

② 根据组距数列确定众数。在组距数列中，众数不能直接看出来，需要先确定众数所在组，然后根据公式求得众数的近似值。其计算公式如下：

$$M_0=L+\frac{\Delta_1}{\Delta_1+\Delta_2}\times d \tag{4-14}$$

$$M_0=U-\frac{\Delta_2}{\Delta_1+\Delta_2}\times d$$

式中，L 为众数所在组下限；U 为众数所在组上限；$\Delta 1$ 为众数所在组次数与其下限的邻组次数之差；$\Delta 2$ 为众数所在组次数与其上限的邻组次数之差；d 为众数所在组组距。

【例 4-15】 某企业员工按照零件数进行分组，资料如表 4-4 所示。试计算员工加工零件的总数。

表 4-4 某企业员工按照零件数分组资料

按零件数分组/件	员工数/个
105～110	3
110～115	5
115～120	8
120～125	14
125～130	10
130～135	6
135～140	4
合　计	50

解：根据公式（4-14）可得：

$$M_0 = 120 + \frac{14-8}{(14-8)+(14-10)} \times 5 = 123(\text{件})$$

或：$$M_0 = 125 - \frac{14-10}{(14-8)+(14-10)} \times 5 = 123(\text{件})$$

众数是一种位置平均数，是总体中出现次数最多的变量值，因而在实际工作中有时有它特殊的用途。但是必须注意，从分布的角度看，众数是具有明显集中趋势点的数值，一组数据分布的最高峰点所对应的数值即为众数。当然，如果数据的分布没有明显的集中趋势或最高峰点，众数也可能不存在；如果有多个最高峰点，也可以有多个众数。只有在总体单位比较多，而且又明显地集中于某个变量值时，计算众数才有意义。

扩展阅读

众数的特点

1. 众数是以它在所有标志值中所处的位置确定的全体单位标志值的代表值，它不受分布数列的极大或极小值的影响，从而增强了众数对分布数列的代表性。

2. 当分组数列没有任何一组的次数占多数，也即分布数列中没有明显的集中趋势，而是近似于均匀分布时，则该次数分配数列无众数。若将无众数的分布数列重新分组或各组频数依序合并，又会使分配数列再现出明显的集中趋势。

3. 如果与众数组相比邻的上下两组的次数相等，则众数组的组中值就是众数值；如果与众数组比邻的上一组的次数较多，而下一组的次数较少，则众数在众数组内会偏向该组下限；如果与众数组比邻的上一组的次数较少，而下一组的次数较多，则众数在众数组内会偏向该组上限。

4. 缺乏敏感性。这是由于众数的计算只利用了众数组的数据信息，不像数值平均数那样利用了全部数据信息。

（2）中位数。中位数是将总体各单位的标志值按大小顺序排列，处于数列中点位置的标志值为中位数。中位数将数列分为相等的两部分，一部分的标志值小于中位数，另一部分的标志值大于中位数。在许多情况下，不易计算平均值时，可用中位数代表总体的一般水平。

例如，人口年龄中位数，可表示人口总体年龄的一般水平。

确定中位数，必须将总体各单位的标志值按大小顺序排列，最好是编制出变量数列。这里有两种情况：

① 对于未分组的原始资料，首先必须将标志值按大小排序。设排序的结果为：

$$x_1 \leqslant x_2 \leqslant x_3 \leqslant \cdots \leqslant x_n$$

则中位数就可以按下面的方式确定：

$$M_e = \begin{cases} x_{\frac{n+1}{2}} & (n \text{ 为奇数}) \\ \dfrac{x_{\frac{n}{2}} + x_{\frac{n}{2}+1}}{2} & (n \text{ 为偶数}) \end{cases} \tag{4-15}$$

例如，根据例 4.15 的数据，计算 50 名工人日加工零件数的中位数。中位数的位置在(50＋1)/2＝25.5，中位数在第 25 个数值(123) 和第 26 个数值(123) 之间，即 Me＝(123＋123)/2＝123(件)。

② 由分组资料确定中位数。由组距数列确定中位数，应先按 $\dfrac{\sum f}{2}$ 的公式求出中位数所在组的位置，然后再按下限公式或上限公式确定中位数。

$$\text{下限公式：} M_e = L + \frac{(\sum f/2) - S_{m-1}}{f_m} \times d$$

$$\text{上限公式：} M_e = U - \frac{(\sum f/2) - S_{m+1}}{f_m} \times d \tag{4-16}$$

式中，M_e 为中位数；L 为中位数所在组下限；U 为中位数所在组上限；f_m 为中位数所在组的次数；$\sum f$ 为总次数；d 为中位数所在组的组距；S_{m-1} 为中位数所在组以下的累计次数；S_{m+1} 为中位数所在组以上的累计次数。

【例 4-16】根据例 4.15 的数据，计算 50 名工人日加工零件数的中位数。

解：

表 4-5　某企业 50 名工人加工零件中位数计算表

按零件数分组(件)	频数(人)	向上累计(人)	向下累计(人)
105～110	3	3	50
110～115	5	8	47
115～120	8	16	42
120～125	14	30	34
125～130	10	40	20
130～135	6	46	10
135～140	4	50	4

由表 4-5 可知，中位数的位置＝50/2＝25，即中位数在 120～125 这一组，L＝120，S_{m-1}＝16，U＝125，S_{m+1}＝20，f_m＝14，d＝5，根据公式（4-16）得：

$$M_e = 120 + \frac{\frac{50}{2} - 16}{14} \times 5 = 123.21(\text{件})$$

$$\text{或 } M_e = 125 - \frac{\frac{50}{2} - 20}{14} \times 5 = 123.21(\text{件})$$

扩展阅读

中位数的特点

1. 中位数是以它在所有标志值中所处的位置确定的全体单位标志值的代表值，不受分布数列的极大或极小值影响，从而在一定程度上提高了中位数对分布数列的代表性。

2. 有些离散型变量的单项式数列，当次数分布偏态时，中位数的代表性会受到影响。

3. 缺乏敏感性。

动脑筋：算术平均数、众数和中位数存在什么内在关系呢？

4.5 标志变异指标

4.5.1 标志变异指标的意义

标志变异指标又称标志变动度指标，它反映了总体各单位某数量标志值之间的差异程度，是度量统计分布离中趋势的综合指标。平均指标反映总体一般数量水平的同时，掩盖了总体各单位标志值的数量差异。标志变异指标弥补了这方面的不足，它综合反映了总体各单位标志值的差异性，从另一方面说明了总体的数量特征。平均指标说明总体各单位标志值的集中趋势，而标志变异指标则说明标志值的分散程度或离中趋势。

标志变异指标是衡量平均指标代表性的尺度。一般来讲，数据分布越分散，标志变异指标越大，平均指标的代表性越小；数据分布越集中，标志变异指标越小，平均指标的代表性越大。常用的变异指标有：全距、平均差、方差和标准差、变异系数。

测定标志变异指标是应用平均指标进行统计分析的重要方法之一。标志变异指标的主要作用可以归纳如下：

（1）衡量平均数的代表性。很明显，如果总体各单位标志值的差异程度大，则平均数的代表性小。反之，标志值变动范围或程度小，则平均数的代表性就大。

（2）标志变异指标可以反映经济活动过程的均衡性、节奏性或稳定性。一般来说，标志变异指标的数值越大，总体各单位变量值的分布的离散趋势越明显、均衡性越低；反之，离散趋势越不明显、均衡性就越高。

（3）确定抽样数目和计算抽样误差的依据。标志变异指标的大小有助于确定必要的抽样单位数，是影响抽样误差的重要因素，也是相关回归分析中计算估计标准误差的重要依据。

4.5.2 标志变异指标的种类

一般而言，反映标志变异程度的指标主要有全距、平均差、标准差和离散系数等。

4.5.2.1 全距

全距也称为极差，是指总体各单位的两个极端标志值之差，即：

$$R=\text{最大标志值}-\text{最小标志值} \tag{4-17}$$

因此，全距（R）可反映总体标志值的差异范围。

【例 4-17】某次活动中，甲、乙小组进行限时问答问题比赛，每个小组分别都有 5 名成员，他们回答问题的数量如下，试分析两组学生回答问题数量的差异情况。

甲小组：25，30，36，43，51

乙小组：33，35，37，39，41

解：根据上述资料可知，甲乙两个小组学生的平均回答问题数量均为37，但是利用公式（4-17）计算可得：

$R_{甲}=51-25=26$

$R_{乙}=41-33=8$

这说明第一组资料的标志变动度或离中趋势远大于第二组资料的标志变动度。

根据组距计算极差，是测定标志变动度的一种简单方法，但受极端值的影响，因而它往往不能充分反映社会经济现象的离散程度。

在实际工作中，全距常用来检查产品质量的稳定性和进行质量控制。在正常生产条件下，全距在一定范围内波动，若全距超过给定的范围，就说明有异常情况出现。因此，利用全距有助于及时发现问题，以便采取措施，保证产品质量。

4.5.2.2　平均差

平均差是总体各单位标志对其算术平均数的离差绝对值的算术平均数。它综合反映了总体各单位标志值的变动程度。平均差越大，则表示标志变动度越大，反之则表示标志变动度越小。

在资料未分组的情况下，平均差的计算公式为：

$$A.D=\frac{\sum|x-\overline{x}|}{N} \tag{4-18}$$

采用标志值对算术平均数的离差绝对值之和，是因为各标志值对算术平均数的离差之代数和等于零。仍以甲组学生回答问题的数量为例，计算平均差如下：

$$A.D=\frac{|25-37|+|30-37|+|36-37|+|43-37|+|51-37|}{5}=8(\text{个})$$

在资料已分组的情况下，要用加权平均差公式：

$$A.D=\frac{\sum|x-\overline{x}|f}{\sum f} \tag{4-19}$$

【例4-18】 某学院某专业大一新生180人按月伙食费水平分组的组距数列见表4-6中前两列，计算平均差。

表4-6　按月伙食费水平分组的组距数列

伙食费(元)	学生人数(f)	组中值(x)	xf	$x-\overline{x}$	$\|x-\overline{x}\|f$
250～270	15	260	3 900	−50	750
270～290	25	280	7 000	−30	750
290～310	35	300	10 500	−10	350
330～350	65	320	20 800	10	650
	40	340	13 600	30	1 200
合计	180	—	55 800	—	3 700

解：根据公式列表计算，得到

$$\overline{X}=\frac{\sum xf}{\sum f}=\frac{55800}{180}=310(\text{元})$$

$$A.D=\frac{\sum|x-\overline{x}|f}{\sum f}=\frac{3700}{180}=20.6\ (\text{元})$$

从计算过程可知，平均差是根据全部变量值计算出来的，可以全面反映总体各单位标志值的变异程度，但由于其计算时涉及绝对值，不能直接用代数方法处理，使用起来不方便，因此在统计分析中很少应用。

4.5.2.3 方差与标准差

方差和标准差是测度数据变异程度的最重要、最常用的指标。方差是各个数据与其算术平均数的离差平方的平均数，通常以 σ^2 表示。方差的计量单位和量纲不便于从经济意义上进行解释，所以实际统计工作中多用方差的算术平方根——标准差来测度统计数据的差异程度。标准差又称均方差，一般用 σ 表示。方差和标准差的计算也分为简单平均法和加权平均法，另外，对于总体数据和样本数据，公式略有不同。

(1) 总体方差和标准差。设总体方差为 σ^2，对于未经分组整理的原始数据，方差的计算公式为：

$$\sigma^2=\frac{\sum_{i=1}^{n}(x_i-\overline{x})^2}{n} \tag{4-20}$$

对于分组数据，方差的计算公式为：

$$\sigma^2=\frac{\sum_{i=1}^{k}(x_i-\overline{x})^2 f_i}{\sum_{i=1}^{k} f_i} \tag{4-21}$$

方差的平方根即为标准差，其相应的计算公式为：

未分组数据：$$\sigma=\sqrt{\frac{\sum_{i=1}^{n}(x_i-\overline{x})^2}{n}} \tag{4-22}$$

分组数据：$$\sigma=\sqrt{\frac{\sum_{i=1}^{k}(x_i-\overline{x})^2 f_i}{\sum_{i=1}^{k} f_i}} \tag{4-23}$$

(2) 样本方差和标准差。样本方差与总体方差在计算上的区别是：总体方差是用数据个数或总频数去除离差平方和，而样本方差则是用样本数据个数或总频数减 1 去除离差平方和，其中样本数据个数减 1 即 $n-1$ 称为自由度。设样本方差为 S_{n-1}^2，根据未分组数据和分组数据计算样本方差的公式分别为：

未分组数据：$$S_{n-1}^2=\frac{\sum_{i=1}^{n}(x_i-\overline{x})^2}{n-1} \tag{4-24}$$

分组数据：$$S_{n-1}^2=\frac{\sum_{i=1}^{k}(x_i-\overline{x})^2 f_i}{\sum_{i=1}^{k} f_i-1} \tag{4-25}$$

未分组数据：$$S_{n-1}=\sqrt{\frac{\sum_{i=1}^{n}(x-\overline{x})^2}{n-1}} \tag{4-26}$$

分组数据：$$S_{n-1}=\sqrt{\frac{\sum_{i=1}^{k}(x-\overline{x})^2 f_i}{\sum_{i=1}^{k} f_i-1}} \tag{4-27}$$

【例 4-19】考察一台机器的生产能力，利用抽样程序来检验生产出来的产品质量，假设搜集的数据如下：

3.43　　3.45　　3.43　　3.48　　3.52　　3.50　　3.39

3.48　3.41　3.38　3.49　3.45　3.51　3.50

根据该行业通用法则：如果一个样本中的 14 个数据项的方差大于 0.005，则该机器必须关闭待修。问此时的机器是否必须关闭？

解：根据已知数据，计算 $\bar{x}=\frac{\sum x}{n}=3.459$

$$S^2=\frac{\sum(x-\bar{x})^2}{n-1}=0.002<0.005$$

因此，该机器工作正常。

方差和标准差也是根据全部数据计算的，它反映了每个数据与其均值相比平均相差的数值，因此它能准确地反映出数据的离散程度。方差和标准差是实际中应用最广泛的离散程度测度值。

4.5.2.4　离散系数

上面介绍的各离散程度测度值都是反映数据分散程度的绝对值，其数值的大小一方面取决于原变量值本身水平高低的影响，也就是与变量的均值大小有关。变量值绝对水平越高，离散程度的测度值自然也就越大，绝对水平越低，离散程度的测度值自然也就越小；另一方面，它们与原变量值的计量单位相同，采用不同计量单位计量的变量值，其离散程度的测度值也就不同。因此，对于平均水平不同或计量单位不同的组别的变量值，是不能直接用上述离散程度的测度值直接进行比较的。为了消除变量值水平高低和计量单位不同对离散程变测度值的影响，需要计算离散系数。

离散系数通常是就标准差来计算的，因此，也称为标准差系数，它是一组数据的标准差与其相应的均值之比，是测度数据离散程度的相对指标，其计算公式为：

$$V_\sigma=\frac{\sigma}{x} \text{ 或 } V_s=\frac{S}{x} \tag{4-28}$$

式中，V_σ 和 V_s 分别表示总体离散系数和样本离散系数。

离散系数要是用于对不同组别数据的离散程度进行比较，离散系数大的说明该组数据的离散程度也就大，离散系数小的说明该组数据的离散程度也就小。

【例 4-20】 某企业销售部门有 8 个销售小组，2014 年 12 月每个小组 A 产品销售数据如表 4-7 所示。试比较 A 产品销售额与销售利润的离散程度。

表 4-7　某企业销售部门 8 个销售小组 A 产品的销售数据

企业编号	产品销售额(万元)x_1	销售利润(万元)x_2
1	170	8.1
2	220	12.5
3	390	18.0
4	430	22.0
5	480	26.5
6	650	40.0
7	950	64.0
8	1 000	69.0

解：由于销售额与利润额的数据水平不同，不能直接用标准差进行比较，需要计算离散系数。由表 4-7 中数据计算得

$\bar{x}_1=536.25$(万元)　$S_1=309.19$(万元)　$V_1=\frac{309.19}{536.25}=0.577$

$\overline{x}_2 = 32.5215$(万元)　$S_2 = 23.09$(万元)　$V_2 = \frac{23.09}{32.5125} = 0.710$

计算结果表明，$V_1 < V_2$，说明产品销售额的离散程度小于销售利润的离散程度。

思考与练习

一、单项选择题

1. 下列指标中属于时点指标的是（　　）。

A. 国内生产总值　　B. 流通费用率

C. 人均利税额　　D. 商店总数

2. 下列指标属于比例相对指标的是（　　）。

A. 工人出勤率　　B. 农轻重的比例关系

C. 每百元产值利税额　　D. 净产值占总产值的比重

3. 下列指标属于总量指标的是（　　）。

A. 人均粮食产量　　B. 资金利税率

C. 产品合格率　　D. 学生人数

4. 一个企业产品销售收入计划增长 8%，实际增长 20%，则计划超额完成程度为(　　)。

A. 12%　　B. 150%

C. 111.11%　　D. 11.11%

5. 众数是总体中下列哪项的标志值（　　）。

A. 位置居中　　B. 数值最大

C. 出现次数较多　　D. 出现次数最多

6. 某工厂新工人月工资 400 元，工资总额为 200000 元，老工人月工资 800 元，工资总额 80000 元，则平均工资为（　　）。

A. 600 元　　B. 533.33 元

C. 466.67 元　　D. 500 元

7. 标准差指标数值越小，则反映变量值（　　）。

A. 越分散，平均数代表性越低　　B. 越集中，平均数代表性越高

C. 越分散，平均数代表性越高　　D. 越集中，平均数代表性越低

二、多项选择题

1. 下列指标属于总量指标的有（　　）。

A. 国内生产总值　　B. 人均利税总额

C. 利税总额　　D. 职工人数

2. 常用的相对指标有（　　）。

A. 动态相对指标　　B. 结构相对指标

C. 强度相对指标　　D. 比较与比例相对指标

3. 根据标志值在总体中所处的特殊位置确定的平均指标有（　　）。

A. 算术平均数　　B. 几何平均数

C. 众数　　D. 中位数

4. 标志变异指标有（　　）。

A. 全距　　B. 平均差

C. 标准差

D. 标准差系数

5. 几何平均数的计算公式有（　　）。

A. $\sqrt[n]{x_1 \cdot x_2 \cdots x_{n-1} \cdot x_n}$

B. $\dfrac{x_1 \cdot x_2 \cdots x_{n-1} \cdot x_n}{n}$

C. $\dfrac{\dfrac{x_1}{2}+x_2+\cdots+x_{n-1}+\dfrac{x_n}{2}}{n-1}$

D. $\sqrt[\Sigma f]{\Pi x^f}$

6. 不受极值影响的平均指标有（　　）。

A. 算术平均数

B. 调和平均数

C. 几何平均数

D. 中位数

三、思考题

1. 什么是总量指标？总量指标有什么作用？
2. 相对指标在应用时应该遵循什么原则？
3. 平均指标的特点是什么？
4. 标志变异指标的作用有哪些？
5. 离散系数消除了统计中什么影响？

课内实训

［实训目的］

1. 加深对各种统计指标概念和计算方法的理解。
2. 训练计算统计指标的基本技能，并能够正确分析统计数据。
3. 培养学生的团队合作精神，提高归纳分析及与人沟通的能力。

［实训组织］

1. 本着自愿的原则，学生5人一组，每组产生一名组长，由组长负责分工及协调小组内成员的实训任务，并带领大家完成实训任务。

2. 实训以小组讨论形式展开。

［实训项目］

选取一家当地的生产制造企业，该企业应该具备多台同样型号执行同样生产任务的设备或者具有多条同型号执行同样生产任务的生产线，以企业的生产活动为研究对象，收集相关数据，对企业生产情况进行如下分析。

(1) 统计一下该企业一天的生产量；

(2) 选取一个班组，统计该班组成员的学历情况，并计算班组成员学历情况的结构相对指标；

(3) 选取两个班组，统计两个班组的生产数量，计算两个班组的劳动生产率的比较相对数；

(4) 选取一个班组，研究一下班组的日平均生产能力，并找出该班组生产能力的中位数；

(5) 选取一台设备或者一条生产线，抽取样品检验其质量合格情况，评估机器设备是否需要维修。(根据该行业通用法则：如果一个样本中的数据项的方差大于0.005，则该机器必须关闭待修。)

[实训要求]

1. 明确小组内成员之间的分工，尽可能调动所有成员参与的积极性，达到实训的效果。

2. 小组讨论过程中，记录每名成员的发言。

[实训考核]

1. 实训过程中职业素养是否得到体现。

2. 小组分工是否明确和均衡，小组成员的能力是否得到充分的发挥。

3. 统计数据收集是否正确，采取的计算方法是否合适，计算结果是否正确。

项目5 统计分析之动态分析法

名人小传

格奥尔格·冯·梅尔

格奥尔格·冯·梅尔（Georg von Mayr，1841～1925），德国统计学家和社会学家，德意志帝国统一建设时期政府统计工作的新近指导者，社会统计学体系和社会统计学派的建立者，国际统计学会的早期成员之一，1911～1923年曾任国际统计学会副会长。

梅尔是一位既有统计实践经验，又有统计理论修养的学者。他曾设想建立一个“统计学与社会学说”的宏伟理论体系。他先后出版的主要著作有：《社会生活的规律性》和《统计学与社会学》。前者出版于1877年，后者分为三卷：第一卷《理论统计学》和第二卷《人口统计学》，分别于1895年和1897年在弗赖堡出版；第三卷《伦理统计学》，1909～1917年在蒂宾根出版。梅尔在他的前一著作中，阐明了他对统计学的基本观点；而后一著作，则涉及整个统计理论和人口统计学、伦理统计学等范畴，并对十九世纪末到二十世纪初统计学所取得的一切成果，都做出了概括的评价。他还在1890年指导编写了《一般统计文献》，到1906年共出了七卷，主要论述经济统计问题。

梅尔在统计理论方面作出重大贡献，他坚持认为统计学是一门独立的科学。他给统计学下的定义是：“统计学是根据对集团现象大量观察的基础上，对人类生活实际状态及其所生产的规律性作有系统表述和说明”。他认为统计学的研究对象是社会经济现象的规律。作为科学的统计学，不仅仅是确定客观事物数量的记述统计学，还必须深入因果关系的领域，研究事物的规律性，成为分析的统计学；脱离规律的研究，就不能获得科学的认识。

梅尔强调统计学是“以集团的定量观察为基础”。他说：“统计学者，以社会的集团中发现之状态及现象，用数量以确定之谓也。作为观察及推考之形式的统计方法者，乃以数量为根据之详尽的大量观察，应用之于社会及其集团是也。是我社会之集团，即人类之集合体。夫人类常有新陈代谢而变化不穷者，但集合体之本身并不变，是故社会之集合有动静二态，均须依其性质和数量而观察之。”梅尔认为，统计学的理论部分是讨论其科学基础以及方法与技术问题；而其实用部分则论述在广泛的社会现象各个领域中进行统计调查得出的结果。

知识目标

1. 了解动态数列的概念、作用、种类、编制方法与编制原则。
2. 理解时期数列与时点数列之间的区别。
3. 理解序时平均数的概念，熟练掌握序时平均数的计算方法。

4. 熟练掌握增长量、发展速度、增长速度、增长1%的绝对值、平均发展速度和平均增长速度等指标的含义和计算方法。

5. 掌握长期趋势和季节变动的测定方法。

技能目标

1. 培养应用动态数列基本理论思想在实际工作中的能力。

2. 能够根据收集的数据，应用动态数列分析方法研究社会经济现象的发展趋势、发展速度及变化规律，预测未来的现象。

项目导入

动态分析是依据动态数列所作的统计分析，它是统计分析的基本方法之一。动态分析法可以根据历史资料分析社会经济现象的发展水平、发展速度，得到他的一般水平或趋势，还可能显示一种季节轨迹，能反映客观事物的发展变化，揭示客观事物演变的趋势和规律。那么，如何才能正确地使用动态分析法呢?

5.1 动态数列概述

5.1.1 动态数列的概念

动态，是指现象在时间上的发展变化。动态数列，是指把反映某种现象动态的同一指标的不同数值，按时间先后顺序排列而成的一种统计数列，又称为时间数列或时间序列。动态数列是动态分析的依据。

编制一个动态数列，应具备两个基本要素：一个是时间序列；另一个是反映现象在所属时间上的指标数值。只要具备上述两个基本要素，即可构成一个动态数列。如表5-1所示，则包含了三个动态数列。

表5-1 某公司某年的上半年有关资料

月份	1	2	3	4	5	6
主营业务收入(万元)	1000	1200	1160	1300	1400	1470
职工平均工资(元)	1150	1200	1190	1240	1290	1300
销售计划完成程度(%)	98.25	100.00	94.00	105.30	108.60	110.00

动态数列对于研究和分析现象在时间上的发展变化，具有重要意义。动态数列主要作用表现为：第一，它可以用来描述被研究现象的发展变化过程和结果；第二，它可以用来分析现象的发展变化速度和趋势，用以探索现象发展变化的规律性；第三，利用动态数列，可以对现象的发展变化进行趋势预测；第四，通过对比不同的时间数列，还可以实现现象的不同空间对比和现象的相关分析。

5.1.2 动态数列的分类

根据统计指标的表现形式不同，可将动态数列分为绝对数动态数列、相对数动态数列和平均数动态数列三种。其中，绝对数动态数列为基本数列，相对数动态数列和平均数动态数列为派生数列。

5.1.2.1 绝对数动态数列

绝对数动态数列，是指将某一绝对数在时间上的不同数值序时排列而形成的数列。如表5-1中的"主营业务收入"数列。根据绝对数反映现象的时间状况不同，绝对数动态数列又可分为时期数列和时点数列。

(1) 时期数列。时期数列，是指将某个时期指标的具体数值进行序时排列而形成的数列。在时期数列中，每一个指标数值均表示一个时段内现象的发展总和，表明现象发展的总规模或总水平。时期数列具有以下三个特点：第一，时期数列中的各个指标数值具有可加性，相加后表示更大的规模或水平，具有一定的实际意义；第二，时期数列中各个指标数值的大小，与时期长短直接相关，具有正比关系；第三，时期数列中的各个指标数值是通过连续登记的结果。

扩展阅读

时期数列中的"时期"

在时期数列中，每一个指标值所体现的时间长短，称为时期。时期可以是日、月、季、年或更长的日期，如5年、10年等，这要根据具体研究的目的来确定。对于那些发展变动节奏较快的现象，时期可以短一些；对历史资料的研究或制定长期的发展规划，时期可以长一些。例如我国国民经济的发展计划就为5年为一个时期。还有国民经济发展的10年规划、20年规划等。

(2) 时点数列。时点数列，是指将某个时点指标的具体数值进行序时排列而形成的数列。在时点数列中，每一个指标数值只能表示某一时刻上现象发展所达到的总规模或总水平。时点数列也具有三个特点：第一，时点数列中的各个指标数值不具有可加性，即相加后没有任何实际意义；第二，时点数列中各个指标数值的大小，与时间间隔长短没有直接关系；第三，时点数列中的各个指标数值是通过间断登记的结果。

5.1.2.2 相对数动态数列

相对数动态数列，是指将某一相对数在时间上的不同数值序时排列而形成的数列，它反映了数量对比关系的发展变化过程。如表5-1中的"销售计划完成程度"数列，表明了销售计划完成的程度在各月间是有差异的。在相对数动态数列中，指标的各具体数值是不能相加的。相对数动态数列中的相对数，除上述的计划完成程度外，还可以是其余五种相对数中的任何一种相对数，如结构相对数、比例相对数、比较相对数、强度相对数或动态相对数等。

5.1.2.3 平均数动态数列

平均数动态数列，是指将某一平均数在时间上的不同数值序时排列而形成的数列，它反映了现象一般水平的发展变化过程。如表5-1中的"职工平均工资"数列，表明了职工平均工资随主营业务收入的增减而有相应的变化。

5.1.3 编制动态数列的原则

编制动态数列的目的，就是通过对比动态数列中的指标数值，来观察和分析被研究现象的发展变化过程及其发展变化的趋势和规律性，为了实现这一目的，编制动态数列时必须遵循一定原则。编制动态数列的基本原则是保证动态数列中指标的各个数值具有可比性，编制动态数列的具体原则可概括如下：

(1) 现象的总体范围应一致。这是对现象总体的空间范围所作的界定。当现象总体的空间范围在研究过程中发生变化时，为了保持指标数值的可比性，必须加以调整，使其空间范围一致，否则，会歪曲现象发展变化的趋势和规律性。例如，要研究某市的人口数、粮食产量、企业数、GDP总量等的发展变化情况，需要编制这些统计指标的动态数列，当该市的行政区划在研究过程中发生过变化时，就必须将变化前后的指标数值加以调整，否则不能直接对比。

(2) 指标的经济内容应相同。这是对指标反映现象的性质所作的界定。当指标所反映现象的性质发生改变时，虽然指标名称相同，也要做出调整，否则也会得出错误的结论。例如表5-1中的“主营业务收入”，当该公司的主营业务发生变化时，指标的数值也必须进行调整，才能反映变化前后主营业务的业绩。

(3) 指标数值的时间间隔长短应力求相等。指标数值的时间间隔长短，虽与分析的精确性没有直接的关系，但为了方便分析和直观反映现象的变动规律，还是将指标数值的时间间隔长短排列一致为好。

(4) 指标的计算方法、计算价格和计量单位应统一。动态数列中指标的各个数值计算方法、计算价格和计量单位应该一致，如果不一致，同样也不具可比性。

在实际工作中，动态数列要反映一段较长的时期过程，各个时期的统计资料难免发生指标所属时间、总体范围、计算方法、计算价格、计量单位乃至经济内容等的不一致，在编制动态数列时，我们必须对指标数值加以调整，保证资料的可比性。

5.2 动态数列的水平指标

对现象进行动态分析，需要计算一系列动态分析指标，包括动态水平指标和动态速度指标。动态水平指标用以分析现象在时间上的数量特征、增减规模。常用的动态水平指标有：发展水平、平均发展水平、增长量、平均增长量等四个指标。动态水平指标是本节需要阐述的内容，动态速度指标将在下一节阐述。

5.2.1 发展水平与平均发展水平

5.2.1.1 发展水平

发展水平，是动态数列中指标在各时间上的具体数值，它反映了现象发展变化的规模、程度和水平，可以是绝对数，也可以是相对数和平均数。不论是编制动态数列或是计算各种动态指标，都要求正确地计算发展水平，进行发展水平分析。发展水平，可表现为总量指标，如工资总额、工业增加值、年末职工人数等，也可表现为相对指标或平均指标，如人口出生率、工人劳动生产率等。

动脑筋：想一想，描述表5-1中的发展水平。

发展水平是最基本的动态分析指标。按在动态数列中所处的位置不同，发展水平可分为最初水平（用a_0表示）、最末水平（用a_n表示）、中间水平（用a_1、a_2、…、a_{n-1}表示）。如要分析某公司某年上半年的职工规模，则该年一月初的职工人数为最初水平，该年六月末的职工人数为最末水平，该年上半年的其他各时间点上的职工人数为中间水平。按在分析时所起的作用不同，可将发展水平分为报告期水平和基期水平，报告期水平是指需要分析研究的那个时间上的指标值，基期水平是指作为对比基础的那个时间上的指标值。

同一时期的发展水平，随着动态分析目的及任务的改变而随时变动自己的位置：今年是报告期水平，将来可能是基期水平；一个数列的期末水平，可能是另一个数列的期初水平。

应当注意，发展水平在文字上习惯用“增加到”“增加为”“增加了”“降低到”“降低为”“降低了”等来描述。例如，我国国民总收入 2009 年为 341 401.5 亿元，2010 年增加到 403 260 亿元。“增加”和“降低”后面勿遗漏一个“到”或“为”字，以示与“增加了”和“降低了”相区别。

5.2.1.2　平均发展水平

平均发展水平，是指将动态数列中各期的发展水平加以平均而得到的平均数，又称动态平均数或序时平均数。序时平均数与前述的一般平均数（静态平均数）既有相同点，也有区别，相同点表现为：两者都具有集中性、代表性和抽象性。区别点表现为：第一，两者的计算依据不同，序时平均数是根据动态数列计算的，而一般平均数则是根据变量数列计算的；第二，两者的平均对象不同，序时平均数是对指标值进行的平均，而一般平均数则是对变量值进行的平均；第三，两者的作用不同，序时平均数表明了动态一般水平，而一般平均数则表明了静态一般水平。

序时平均数在动态分析中被广泛运用，对其进行计算显得非常重要。序时平均数的计算需要根据动态数列的类型不同，分别采用以下不同的方法。

（1）根据绝对数动态数列计算序时平均数。因绝对数动态数列包括了时期数列和时点数列，对两种动态数列计算序时平均数的方法存在较大差别，需分别加以说明：

① 根据时期数列计算。根据时期数列计算序时平均数的方法比较简单，采用简单平均法即可。

设时期数列的各个水平指标分别为 a_1，a_2，a_3，…，a_{n-1}，a_n，$\overline{a}$ 为序时平均数，n 为求平均时要求的时间长度的个数，则：

$$\overline{a}=\frac{a_1+a_2+\cdots+a_{n-1}+a_n}{n}=\frac{\sum a}{n} \tag{5-1}$$

【例 5-1】根据表 5-1，计算某公司某年上半年平均每季主营业务收入、平均每月主营业务收入、平均每日主营业务收入。

解：根据公式（5-1）得：

平均每季主营业务收入$=\frac{1000+1200+1160+1300+1400+1470}{2}=\frac{7530}{2}=3765$（万元）

平均每月主营业务收入$=\frac{7530}{6}=1255$（万元）

平均每日主营业务收入$=\frac{7530}{180}=41.83$（万元）

② 根据时点数列计算。根据时点数列计算序时平均数的方法比较多，应针对不同时点数列分别采用不同的计算方法。

方法一：由连续的时点数列计算

所谓连续，即时点指标在每日均有指标数值。但每日的指标数值具体排列时又有两种形式：其一是自然排列；其二是归纳排列。

自然排列，即将日历日数按自然数的形式进行排列。对自然排列所形成的时间数列，计算时采用公式（5-1），这里不再赘述。

归纳排列，即将连续出现相同指标值的日数先归纳再排列。对归纳排列所形成的时间数列，计算时需采用如下加权平均数公式：

$$\overline{a}=\frac{\sum af}{f} \tag{5-2}$$

式中，f 表示日数。

【例 5-2】 2005 年第二季度某工业企业某产品库存资料如表 5-2 所示。计算第二季度的平均库存量。

表 5-2　某工业企业某产品库存量资料

日期	每日库存量(件)
4 月 1～8 日	100
4 月 9～20 日	80
4 月 21 日～5 月 10 日	90
5 月 11 日～5 月 16 日	121
5 月 17 日～6 月末	109
合计	—

解：则某工业企业某产品第二季度的平均库存量应根据公式（5-2）计算，即：

$$\overline{a}=\frac{\sum af}{\sum f}=\frac{100\times 8+80\times 12+90\times 20+121\times 6+109\times 45}{91}=101\text{（件）}$$

方法二：由间隔相等的时点数列计算

所谓间隔相等，是指时点指标的指标值按相等的时间间隔长度登记排列，如按每月初或每月末、每季初或每季末、每年初或每年末等进行登记排列，均属于间隔相等。在实际经济管理过程中，有许多时点数都可以编制出间隔相等的动态数列，如固定资产原值、银行存款余额、商品库存量、职工人数等。设 a_0，a_1，$a_2 \cdots a_{n-1}$，a_n 为间隔相等的时点数列，计算其序时平均数时，应采用“首末折半法”，其计算公式如下：

$$\overline{a}=\frac{\frac{a_0}{2}+a_1+\cdots+a_{n-1}=\frac{a_n}{2}}{n} \tag{5-3}$$

该公式是在先求出各间隔时段代表值的基础上，再按简单平均法推算而得的，公式中 n 表示间隔期的个数。值得说明的是，由于求得的各间隔时段的代表值，是以间隔期两个端点值之间存在均匀变动为前提的，具有假定性，且间隔期与假定性呈正比关系，与计算结果的准确性呈反比关系。因此，用该公式计算而得的序时平均数只是一个近似值。

【例 5-3】 2005 年某单位银行存款基本账户余额资料如表 5-3 所示。计算第二、三季度平均余额。

表 5-3　某单位银行存款基本账户余额资料

日期	2.28	3.31	4.30	5.31	6.30	7.31	8.31	9.30
银行存款余额(万元)	50	40	35	42	30	36	34	38

解：则某单位银行存款基本账户第二、三季度平均余额应根据公式（5-3）计算，即：

$$\overline{a}=\frac{\frac{a_0}{2}+a_1+\cdots+a_{n-1}=\frac{a_n}{2}}{n}=\frac{\frac{40}{2}+35+42+30+36+34+\frac{38}{2}}{6}=36\text{（万元）}$$

方法三：由间隔不等的时点数列计算

所谓间隔不等，是指时点数的指标值按不相等的时间间隔长度登记排列。由间隔不等的时点数列计算序时平均数应以时间间隔长度（f）作为权数，采用加权平均法计算。计算公式为：

$$\overline{a}=\frac{\frac{a_0+a_1}{2}f_1+\frac{a_1+a_2}{2}f_2+\cdots+\frac{a_{n-1}+a_n}{2}f_n}{f_1+f_2+\cdots+f_n}=\frac{\sum\frac{a_{n-1}+a_n}{2}f}{\sum f} \tag{5-4}$$

【例 5-4】2014 年某商场某商品 6 次盘点的盘存量资料如表 5-4 所示。计算该商品的平均盘存量。

表 5-4 某商场某商品盘存量资料

日期	1.1	2.1	4.30	8.31	9.30	12.31
商品盘存量	500	480	400	360	400	340

解：则某商场某商品平均盘存量应根据公式（5-4）计算，即：

$$\overline{a}=\frac{\sum\frac{a_{n-1}+a_n}{2}f}{\sum f}$$

$$=\frac{\frac{500+480}{2}\times1+\frac{480+400}{2}\times3+\frac{400+360}{2}\times4+\frac{360+400}{2}\times1+\frac{400+340}{2}\times3}{12}$$

$=402$（件）

使用公式（5-4）计算的结果与使用公式（5-3）的计算结果一样，具有假定性，也只是一个近似值。在实际工作中，要提高数据的精确性，应尽量缩短资料的间隔期。

（2）根据相对数动态数列计算序时平均数。根据相对数动态数列计算序时平均数，应将相对数动态数列分为静态相对数动态数列和动态相对数动态数列，它们的计算方法是不同的。本节只讨论静态相对数动态数列序时平均数的计算方法，关于动态相对数动态数列序时平均数的计算，将在下节阐述。

由于相对数动态数列中的指标值不具有可加性，因而在计算序时平均数时，不能对相对数的数值采用直接的平均方法，而应先对构成相对数的分子、分母数列计算出序时平均数（$\overline{a}$、$\overline{b}$），再通过对比求得相对数的序时平均数 $\overline{c}$，即：

$$\overline{c}=\frac{\overline{a}}{\overline{b}} \tag{5-5}$$

公式中分子、分母数列计算序时平均数的方法与前述的根据时期数列、时点数列计算序时平均数的方法相同，这里不再赘述。

【例 5-5】2005 年上半年某企业销售额和利润率资料如表 5-5 所示。计算该企业 2005 年上半年的平均利润率。

表 5-5 某企业销售额和利润率资料

月份	1	2	3	4	5	6
销售额（万元）b	500	560	600	620	700	780
利润额（万元）a	150	179.2	210	223.2	238	273
利润率（%）c	30	32	35	36	34	35

解：则某企业 2005 年上半年的平均利润率应根据公式（5-5）计算，即：

$$\overline{c}=\frac{\overline{a}}{\overline{b}}=\frac{\frac{\sum a}{n}}{\frac{\sum b}{n}}=\frac{\frac{150+179.2+210+223.2+238+273}{6}}{\frac{500+560+600+620+700+780}{6}}=\frac{1273.4}{3760}=33.87\%$$

需要说明的是，其一，构成相对数的分子、分母平均数，可以同时根据时期数列计算（见例 5-5），也可以同时根据时点数列计算（如平均工人数所占比重等），还可以一个根据时期数列计算，另一个根据时点数列计算（如平均每月全员劳动生产率等）；其二，在计算时，如果分子或分母数列缺少，应根据已知的数列资料将所缺的数列先行补出，再计算、对比而得相对数序时平均数。

【例 5-6】 某企业 2014 年上半年职工人数资料如表 5-6 所示。计算该企业 2014 年上半年的平均工人所占比重。

表 5-6 某企业职工人数资料

月份	1	2	3	4	5	6	7
月初职工总数（人）b	800	850	840	800	820	840	820
月初工人所占比重（%）c	80	82	80	81	84	82	83

则某企业 2014 年上半年的平均工人所占比重应根据式 5-5 计算，但已知资料中缺少分子数列，应根据已知的数列资料将所缺的数列先行补出（$a=bc$），得出表 5-7。

表 5-7 某企业职工人数资料

月份	1	2	3	4	5	6	7
月初工人数（人）a	640	697	672	648	689	689	681

因分子、分母数列均为间隔相等的时点数列，故做以下计算：

$$\bar{c}=\frac{\dfrac{\dfrac{a_0}{2}+a_1+\cdots+a_{n-1}+\dfrac{a_n}{2}}{n}}{\dfrac{\dfrac{b_0}{2}+b_1+\cdots+b_{n-1}+\dfrac{b_n}{2}}{n}}=\frac{\dfrac{\dfrac{640}{2}+697+672+648+689+689+\dfrac{681}{2}}{6}}{\dfrac{\dfrac{800}{2}+850+840+800+820+840+\dfrac{820}{2}}{6}}=81.64\%$$

（3）根据平均数动态数列计算序时平均数。平均数动态数列可分为静态平均数动态数列和序时平均数动态数列两种。对序时平均数动态数列计算序时平均数，可采用两种方法：当各序时平均数代表的时间长度相等时，采用简单平均法，如已知各月或各季、各年的平均人数求总平均人数等；当各序时平均数代表的时间长度不等时，采用加权平均法，即以序时平均数代表的时间长度个数为权数，对各序时平均数进行加权平均。

对静态平均数动态数列计算序时平均数，其计算方法与计算相对数序时平均数的方法相同。

5.2.2 增长量和平均增长量

对现象进行水平分析，除利用前述的描述性指标（发展水平、平均发展水平）外，还需要运用增长量和平均增长量进行变动规模分析。

5.2.2.1 增长量

增长量是指时间数列中某指标的报告期水平与基期水平的差额，表明某种现象在一段时期内增减变动的绝对量。增长量计算的基本公式为：

$$增长量=报告期水平-基期水平 \tag{5-6}$$

增长量可能出现三种结果：正值、负值、零。若为正值，表明现象增长；若为负值，表明现象减少；若为零，表明现象没有变化。

根据在分析时采用的基期不同，增长量可分为逐期增长量（a_n-a_{n-1}）和累计增长量（a_n-a_0）两种。逐期增长量，是指某指标的报告期水平与其前一期水平的差额，表明报告期在其前一期的基础上增减变化的绝对规模，通常又称之为个别增长量。累计增长量，是指某指标的报告期水平与某一固定基期水平（通常为最初水平）的差额，表明报告期在某一固定期的基础上增减变化的绝对规模，通常又称之为总增长量。

【例 5-7】根据表 5-3 资料，计算逐期增长量和累计增长量如表 5-8 所示。

表 5-8 据表 5-3 资料计算

日期	2.28	3.31	4.30	5.31	6.30	7.31	8.31	9.30
逐期增长量(万元)	—	−10	−5	7	−12	6	−2	4
累计增长量(万元)	0	−10	−15	8	−20	−14	−16	−2

逐期增长量和累计增长量除可以利用发展水平直接进行计算外，还可以利用它们之间的关系实现换算：逐期增长量之和等于相应的累计增长量；相邻的两个累计增长量之差等于相应的逐期增长量。

上述换算关系证明如下：

$$(a_1-a_0)+(a_2-a_1)+(a_3-a_2)+\cdots+(a_n-a_{n-1})=a_n-a_0$$

$$(a_n-a_0)-(a_{n-1}-a_0)=a_n-a_{n-1}$$

【例 5-8】根据逐期增长量和累计增长量的换算关系填写见表 5-9。

表 5-9 根据逐期的累计增长量换算关系填写

年份	2000	2001	2002	2003	2004
逐期增长量(万元)	—	500	②	③	200
累计增长量(万元)	0	①	800	1100	④

①＝500（万元）。

②＝800－500＝300（万元）。

③＝1100－800＝300（万元）。

④＝500＋300＋300＋200＝1300（万元）或＝1100＋200＝1300（万元）。

在实际分析中，为排除季节变动的影响，还会使用年距增长量进行增减变动量分析。所谓年距增长量，即某指标的报告期水平与上年同季节水平的差额。

需要指出的是，不论增长量为哪一种形式，也不论增长量是根据时期数列还是根据时点数列计算的，增长量均为时期指标。

5.2.2.2 平均增长量

平均增长量，是某种现象各逐期增长量的序时平均数，它表明该现象在一定时间内各相等时段平均增减变动的绝对量。

平均增长量＝各逐期增长量之和÷逐期增长量个数

＝累计增长量÷增长期个数　　(5-7)

5.3 动态数列的速度指标

动态速度指标用以分析现象在时间上的发展变化程度，常用的动态速度指标有：发展速度、平均发展速度、增长速度、平均增长速度和增长 1%的绝对值五个指标。

5.3.1 发展速度

发展速度，是现象的报告期水平与基期水平的比值，表明了现象在时间上的发展变化程度。即：

$$发展速度=\frac{报告期水平}{基期水平} \tag{5-8}$$

发展速度的表现形式通常为百分数，也可以为倍数或翻番数。当发展速度的数值大于100%或1时，表明现象在增长，反之，则表明现象在下降。

由于采用的基期不同，发展速度可以分为环比发展速度和定基发展速度。环比发展速度又称为个别发展速度，是报告期水平与前一期水平的比值，表明各期在前一期基础上发展变化的程度，用环比发展速度的动态数列，可以表明现象逐期发展变化的过程。定基发展速度又称为发展总速度，是报告期水平与某一固定基期水平的比值（通常是最初水平），表明现象在某一时期发展变化的总程度。

以上两种发展速度可以利用发展水平数列直接进行计算，见例5-8。

【例5-9】某地区粮食产量及其发展速度见表5-10。

表5-10 某地区粮食产量及其发展速度

年份		2000	2001	2002	2003	2004
粮食产量(万吨)		300	320	350	340	360
发展速度	环比(%)	—	106.67	109.38	97.14	105.88
	定基(%)	100	106.67	116.67	113.33	120

以上两种发展速度还可以利用相互关系进行推算。两种发展速度之间的关系为：同一动态数列中各环比发展速度的连乘积，等于相应的定基发展速度；相邻的两个定基发展速度的比值等于相应的环比发展速度。

上述换算关系证明如下：

$$\frac{a_1}{a_0}\cdot\frac{a_2}{a_1}\cdot\frac{a_3}{a_2}\cdots\frac{a_n}{a_{n-1}}=\frac{a_n}{a_0}$$

$$\frac{a_n}{a_0}\div\frac{a_{n-1}}{a_0}=\frac{a_n}{a_{n-1}}$$

【例5-10】根据两种发展速度之间的换算关系填写见表5-11。

表5-11 根据两种发展速度之间的换算关系填写

年份	2000	2001	2002	2003	2004
环比发展速度(%)	—	120	②	③	130
定基发展速度(%)	100	①	125	140	④

①=120。

②=(125÷120)×100=104.17。

③=(140÷125)×100=112。

④=(120%×104.17%×112%×130%)×100=182；

或=(140%×130%)×100=182。

5.3.2 增长速度

增长速度，是现象的增长量与基期水平的比值，表明了现象在时间上的增减程度。即：

$$增长速度=\frac{增长量}{基期水平} \tag{5-9}$$

增长速度可能出现三种结果：正值、负值、零。若为正值，表明现象增长；若为负值，表明现象减少；若为零，表明现象没有变化。

增长速度由于采用的基期不同，可以分为环比增长速度和定基增长速度。环比增长速度又称为个别增长速度，是现象的逐期增长量与前一期水平的比值，表明各期在前一期基础上增减变化的程度。定基增长速度又称为增减总程度，是累计增长量与某一固定基期水平的比值（通常是最初水平），表明现象在某一时期增减变化的总程度。两种增长速度的计算公式如下：

$$\text{环比增长速度}=\frac{\text{逐期增长量}}{\text{前一期水平}} \tag{5-10}$$

$$\text{定基增长速度}=\frac{\text{累计增长量}}{\text{某一固定基期水平}} \tag{5-11}$$

环比增长速度和定基增长速度还可以利用发展速度进行推算，即将相应的发展速度减100%或1。当然利用环比增长速度和定基增长速度，也可以推算出相应的发展速度，即将相应的增长速度加100%或1。

需要指出的是，两种增长速度之间不存在直接的换算关系，如果需要换算，须先将增长速度换算成相应的发展速度，由发展速度之间的换算关系推算出未知的发展速度，再减去100%或1而得。

在实际分析中，为排除季节变动的影响，还会使用年距发展速度和年距增长速度进行变动程度分析。所谓年距发展速度，是现象报告年度某月（季）水平与上一年度同月（季）水平的比值。年距增长速度是现象报告年度某月（季）的年距增长量与上一年度同月（季）水平的比值，或用年距发展速度减100%或1推算而得。

为进一步分析现象的增减变动程度，还需使用一种特殊的速度指标——增长1%的绝对值。增长1%的绝对值表明了增减变动程度的绝对含量，它可以使速度分析更加全面，以避免高速度低水平现象。增长1%的绝对值计算公式为：

$$\text{增长}1\%\text{的绝对值}=\text{前一期水平}\times 1\% \tag{5-12}$$

扩展阅读

“同比”与“翻番”

在实际工作中，我们经常使用所谓“同比”指标进行现象变动速度分析，它是本期发展水平与去年同期发展水平对比的结果。“同比”中的“同”，指对比两期——报告期与基期的时间长短完全在年历上同一时期内，它可以是今年与去年比，今年的某日、某月、某季与去年的某日、某月、某季比，也可以是今年的某几天、某几月、某几季与去年的某几天、某几月、某几季比较。同比中的“比”，可以是基期、报告期两期同期指标值相减或相除。同比指标又称年距速度指标，包括年距发展速度、年距增长速度和年距增长量。其中年距增长速度是最常使用的同比指标，通俗表述为“同比增长”百分之几。

此外，我们在报纸上还经常见到“翻番”一词，它也是速度指标。具体说。翻一番，指标数值为原来的两倍，即增长一倍，称为一个倍增（增长速度100%）。但是，翻两番并非比原来增加两倍，而是在原来增加一倍的基础上再增加一倍，即为原来的四倍，实则比原来增加三倍。可见，翻多番的速度是惊人的。

5.3.3 平均发展速度和平均增长速度

5.3.3.1 平均速度指标的意义

平均速度指标可分为平均发展速度和平均增长速度两种。平均发展速度，是某种现象各环比发展速度的动态平均数，说明某种现象在一个较长时期中平均单位时间发展变化的程度。平均增长速度，是某种现象各环比增长速度的动态平均数，说明某种现象在一个较长时期中平均单位时间增减变化的程度。

平均速度指标在实际分析中应用得很广泛，是十分重要的统计分析指标，其作用主要表现在以下几个方面：可以概括说明现象在一段时期内一般发展变化情况；可以为制定长期计划和检查长期计划的执行情况提供依据；可以用来进行指标推算，借以实现有关经济预测；平均速度指标还是进行国际对比的重要指标。

5.3.3.2　平均发展速度的计算方法

平均发展速度的平均对象是各环比发展速度，是各环比发展速度的动态平均数，但由于各环比发展速度不能相加得到总速度，因此计算平均发展速度不能使用前述的计算序时平均数的方法。在实际统计分析中，计算平均发展速度的方法有两种：几何平均法和高次方程法。

(1) 几何平均法，又称水平法。几何平均数是 n 个变量值连乘积的 n 次方根。因各环比发展速度的连乘积等于总速度，故计算平均发展速度适合使用几何平均法。

用几何平均法计算平均发展速度用以下公式：

$$\bar{x}=\sqrt[n]{x_1\cdot x_2\cdot x_3\cdots x_n}=\sqrt[n]{\prod x} \tag{5-13}$$

$$=\sqrt[n]{\frac{a_1}{a_0}\cdot\frac{a_2}{a_1}\cdot\frac{a_3}{a_2}\cdots\frac{a_n}{a_{n-1}}}=\sqrt[n]{\frac{a_n}{a_0}} \tag{5-14}$$

$$=\sqrt[n]{R} \tag{5-15}$$

$$=\sqrt[n]{2^m} \tag{5-16}$$

式中，$\bar{x}$、R、m 分别代表平均发展速度、总速度、翻番数；$x_1\cdot x_2\cdot x_3\cdots x_n=\prod x$ 代表各环比发展速度的连乘积。

以上四个计算公式，各适用于特定的计算条件：当已知各环比发展速度时，使用公式(5-13)；当已知发展水平时，使用公式（5-14)；当已知总速度时，使用公式（5-15)；当已知翻番数时，使用公式（5-16)。

【例 5-11】某外贸企业商品出口额资料如表 5-12 所示。计算该外贸企业某商品出口额的平均发展速度。

表 5-12　某外贸企业某商品出口额资料　　　　**单位：万美元**

年份	2000 年	2001 年	2002 年	2003 年	2004 年
商品出口额（按可比价格计算）	500	600	800	850	1200

解：则该外贸企业某商品出口额的平均发展速度应根据公式（5-14）计算：

$$\bar{x}=\sqrt[n]{\frac{a_1}{a_0}\cdot\frac{a_2}{a_1}\cdot\frac{a_3}{a_2}\cdots\frac{a_n}{a_{n-1}}}=\sqrt[n]{\frac{a_n}{a_0}}$$

$$=\sqrt[4]{\frac{1200}{500}}$$

$$=1.245$$

在计算平均发展速度时，通常需要开高次方，可以借助的工具有多功能计算器、反对数表、水平法平均增长速度查对表等，本教材不作详述。

【例 5-12】某工业企业某产品的生产量，2001 年的发展速度为 120%，2002 年的发展速度为 130%，2003 年、2004 年的发展速度为 203%，现该企业计划到 2010 年，实现产量比

2004年翻三番。计算该工业企业某产品生产量10年间平均每年发展速度。

解：则该工业企业某产品生产量10年间平均每年发展速度应作如下计算：

$$\overline{x}=\sqrt[10]{120\%\times130\%\times203\%\times2^3}$$

$$\approx1.382$$

（2）高次方程法，又称累计法。它是将某一时期内各相等时段的发展水平相加的和与基期水平对比，计算出总速度，然后再计算平均发展速度的方法。因本方法不常用，故本教材不作详述。

需要指出的是，水平法和累计法的适用条件是不同的。水平法适用于从基期水平出发，经若干期发展达到报告期水平的现象平均发展速度计算问题，而累计法则适用于从基期水平出发，经若干期发展至报告期累计达到的总水平为多少的现象平均发展速度计算问题。

5.4 趋势分析及季节分析

进行动态统计分析，不仅要通过编制动态数列，来描述现象的发展状况，或通过计算各种动态分析指标，来分析现象发展变化的水平或程度，还要能对现象的发展趋势和季节变动规律进行揭示，为经济管理提供预见性数据，较好地发挥统计的服务功能。

5.4.1 长期趋势分析

5.4.1.1 长期趋势的概念

长期趋势，是指现象在较长时间内所表现出来的不断增长或不断下降的总趋势。现象在发展变化的过程中，所受影响的因素很多，有些因素是长期起作用，有些因素只是短期或偶然起作用。排除这些短期、偶然因素的影响，研究现象变动的总趋势，是现象发展长期趋势动态分析工作的另一项重要任务。为此，有必要对原来的动态数列进行科学地整理和加工（在统计中叫做动态数列的修匀），以此进行现象发展长期趋势的测定。

5.4.1.2 长期趋势分析法

长期趋势分析的方法很多，常用的有：时距扩大法、移动平均法、最小平方法等。下面将分别介绍：

（1）时距扩大法。就是通过扩大时距，把原来动态数列所包括的各个时期资料加以合并，得出较长时距的资料，用以消除偶然性因素影响，体现现象发展长期趋势的方法。

【例5-13】某工厂2014年各月销售额资料如表5-13所示。

表5-13 某工厂2014年各月销售额（万元）

月份	1	2	3	4	5	6	7	8	9	10	11	12
销售额	100	90	98	97	93	110	102	120	116	125	122	128

从上述原始动态数列中可以看出，该工厂各月销售额有上升的发展趋势，但月与月之间，有升降交替的现象，趋势并不显著。如果将各月的销售额资料加以合并，即扩大时距，则可编制出以下新的动态数列（见表5-14）。

表5-14 某厂2014年各季销售额（万元）

季度	1	2	3	4
销售额	288	300	338	365

在修匀后的新数列中，销售额的完成情况，上升趋势十分明显。运用时距扩大法来修匀动态数列，要求所扩大的时距在各期应该相等，以便相互比较，观察现象的变动趋势。在确定时距时，时距既不能过长，也不能过短。过长，会使修匀后的新数列指标值偏少，不利于观察现象的具体变动趋势；过短，则不利于消除现象变动中的偶然因素，体现不了现象发展的明显趋势。

(2) 移动平均法。这种方法，是把原来的动态数列时距扩大，经过逐项移动计算序时平均数，得出的序时平均数构成一个新的动态数列。通过这种修匀后，也可以消除原数列中由于偶然性因素所引起的不规则变动，达到反映现象发展总趋势的目的（见表 5-15）。

表 5-15　某地区 2004～2014 年棉花产量（万吨）

年份	2004	2005	2006	2007	2008	2009	2010	2011	2012	2013	2014
棉花产量	30	34	32	35	38	36	40	45	43	46	48
三年移动平均	—	32	33.7	35	36.3	38	40.3	42.7	44.7	45.7	—
五年移动平均	—	—	33.8	35	36.2	38.8	40.4	42	44.4	—	—

表 5-15 中的棉花产量动态数列，是原动态数列，其中有些年的发展水平，受偶然因素影响较大，与上年相比下降了，因而现象的变化趋势欠明朗，表中另外两个移动平均数列，是做了修匀的，从表 5-15 中可见，该地区棉花产量的发展趋势是明显上升的。

表中第一个三年移动平均数$=\frac{30+34+32}{3}=32$，第二个三年移动平均数$=\frac{34+32+35}{3}=33.7$。

其余类推。五年移动平均与三年移动平均方法相同。

进行移动平均时，为了排列修匀后的动态数列指标值，一般将移动期取为奇数，至于取三期，还是取五期、七期或九期，要视原数列和现象的具体情况而定。一般来说，移动期越长，修匀的效果越好。

(3) 最小平方法，也叫最小二乘法。它是使各实际值与趋势值之间的距离平方和为最小，以此去配合趋势线的方法，即 $\sum(y-y_c)^2=$最小值。能够满足$\sum(y-y_c)^2=$最小值的直线趋势方程是 $y=a+bt$，其中 a、b 为参数，t 为时间变量，y_c 为趋势值。求解 a、b 可通过以下方程组：

$$\begin{cases}\sum y=na+b\sum t\\ \sum ty=a\sum t+b\sum t^2\end{cases}\tag{5-17}$$

【例 5-14】某地区 2010～2014 年家用轿车销售量资料如表 5-16 所示。

表 5-16　某地区 2010～2014 年家用轿车销售量资料（百辆）

年份	销售量 y	t	t^2	$t\cdot y$	y_c
2010	10	1	1	10	9.8
2011	13	2	4	26	13.3
2012	17	3	9	51	16.8
2013	20	4	16	80	20.3
2014	24	5	25	120	23.8
合计	84	15	55	287	84

将表中有关数据代入上述方程组，解得 $a=6.3$，$b=3.5$

配合直线方程式为：$y_c=6.3+3.5t$

将 $t=1$，2，3，4，5 分别代入方程式，可得与 y 相对应的趋势值 y_c（见表 5-16）。

利用配合的直线方程式，可预测现象未来的发展水平。例如，预测该地区 2005 年家用轿车销售量为：

$$Y=6.3+3.5\times6=27.3\text{（百辆）}$$

为了简化求参数的过程，还可以灵活设置 t 序列，使 t 序列之和等于零，以减少上述方程组的项数，大大简化计算的工作量。

动脑筋：利用简化的方法重新计算上述例题。

5.4.2 季节变动分析

5.4.2.1 季节变动的概念

季节变动，是指某些现象由于受有关因素的影响，在一年之内随季节的转换而出现的有规律的变动。例如季节性消费品的销售额，季节性农产品的购销额，我国旅客运输量等均存在明显的季节变动。搞好季节变动分析，有利于掌握现象的季节变动规律，有利于安排好季节计划，对克服盲目性，加强计划的科学性具有重要意义。

季节变动具有三个明显的特征：一是季节变动每年重复进行；二是季节变动按一定的周期重复进行；三是季节变动每个周期变化强度大体相同。

研究季节变动的目的在于了解季节变动对人们经济生活的影响，以便更好地组织生产和安排生活。分析季节变动，还可以根据季节变动规律，配合适当的季节变动模型，结合长期趋势，进行经济预测，规划未来行动。

5.4.2.2 季节变动的测定

统计用以反映季节变动的指标是“季节比率”，又称为“季节指数”，是现象的各月（季）的发展水平与全期平均月（季）发展水平的比值。计算季节比率，必须使用三年或三年以上资料，因为年数太少，不能明确反映季节的变动规律。季节比率的计算公式如下：

$$\frac{\text{季节比率}}{(I)}(\%)=\frac{\text{资料期同月(季)平均发展水平}(\overline{y_i})}{\text{资料期月(季)平均发展水平}(\overline{\overline{y_i}})}\times100\% \qquad (5\text{-}18)$$

上式中：$\overline{y_i}=\frac{\sum y_i}{n}$，$\overline{\overline{y}}=\frac{\sum\overline{y_i}}{N}$。

【例 5-15】 某地区 2012～2014 年各季的汗衫背心销售量资料如表 5-17 所示。

表 5-17 某地区 2012～2014 年汗衫背心销售量（万件）

季 \ 年	2012	2013	2014	三年合计	同季平均数	季节比率(%)
1	400	670	1420	2 490	830	22.0
2	3 800	6 850	10 700	21 350	7 117	188.2
3	3 200	7 700	9 300	20 200	6 733	178.0
4	200	430	710	1 340	447	11.8
合计（或平均）	7 600	15 650	22 130	45 380	3 782	100

根据表 5-17 资料，计算过程如下：

(1) 计算各年同季平均数。使用简单平均法，计算资料年内相同季平均数。如第一季度为：第一季度平均销售额 $=\frac{400+670+1420}{3}=\frac{2490}{3}=830$（万件）

其他季度平均销售额以此类推。

(2) 计算资料期季总平均数。同样使用简单平均法，计算资料年内季总平均数。

$$季总平均数=\frac{45380}{12}=3782\text{（万件）}$$

(3) 计算季节比率。如第一季度为：

$$\begin{aligned}第一季度季节比率（\%）&=\frac{第一季度平均销售额}{季总平均数}\times 100\%\\&=\frac{830}{3782}\times 100\%\\&=22\%\end{aligned}$$

其他季度季节比率以此类推。

通过各季节比率排列成的动态数列，可以清楚地表明汗衫背心的销售量存在着季节变动，即二、三季度销售最旺，一、四季度为销售淡季。该种商品的季节变动规律被明显地反映出来。

值得注意的是，如果按季计算，季节比率之和应等于400%，如果按月计算，季节比率之和应等于1200%，如果不等，应进行调整。调整方法为：将400%或1200%除以季节比率之和，得到一个调整系数，然后，将此调整系数分别乘各季节原来的季节比率，即可得到调整后的季节比率。

扩展阅读

影响动态数列的因素分析

编制动态数列，不仅是描述现象的发展变化过程，更重要的是探索现象发展变化的规律，预测未来发展趋势。因此，在趋势分析过程中需要把动态数列受各种因素的影响分别测定出来，理清研究对象发展变化的原因及发展规律，为预测未来和决策提供依据。构成动态数列各项水平变化的因素，按它们的性质和作用不同，归纳起来，可以分为以下四类。

(1) 长期趋势

长期趋势是指客观现象在一个相当长的时期内，持续发展变化的总趋势，如持续向上、向下或基本持平。例如，我国人口数时间序列呈现长期递增趋势。长期趋势变动是由于现象受各个时期普遍的、持续的、决定性的基本因素影响的结果。认识和掌握事物的长期趋势，可以把握事物发展变化的基本特点。

(2) 季节变动

季节变动是指客观现象受自然界季节气候更替影响而发生的年复一年的有规律的变化。例如农产品的生产、某些消费品的销售都具有很典型的季节变动表现。在实际分析中，季节变动概念已有了扩展，一年内由于社会、政治、经济、自然因素影响形成的有规律的周期性的重复变动都称为季节变动。例如，学校寒暑假制度所带来的客运部门客流量在一年中的规律性变化，上下班制度对城市市内交通所带来的一天中车流量高峰的规律性变化等都称为季节变动。季节变动的影响有以一年为周期的，也有以一日、一周、一月、一季度为周期的。认识和掌握季节变动，对于近期行动决策有重要的指导意义。

(3) 循环变动

循环变动是指客观现象以若干年为周期的涨落起伏相间的有规律变动。如企业周期的繁荣、衰退、萧条、复苏四个阶段的循环变动。测定循环变动、掌握变动规律对于人们认识事物，控制和克服其产生的影响具有重要的意义。

循环变动不同于长期趋势，它所表现的不是单一方向的持续运动，而是涨落相间的波浪式发展。循环变动也不同于季节变动，季节变动一般是以一年、一季或一个月、一日等为一个周期，其变动情况一般是可以预见的。而循环变动的变动周期较长并且又没有固定的循环周期，一般在数年以上，且各循环周期和幅度的规律性也较难把握。

(4) 不规则变动

不规则变动亦称随机变动，它是动态数列中除了上述三种变动之外剩余的一种变动，是各种偶然的（或突发性的）因素，如自然灾害、战争以及无法预料和具体解释的随机性因素影响的结果。不规则变动与时间无关，是无法预知的。

上述四种因素，按照它们的影响方式的不同，可以设定不同的组合模型，其中最常见的有乘法模型和加法模型。乘法模型是假定四个因素对现象发展的影响是相互的；加法模型则假定各因素的影响是独立的。

$$乘法模型：Y=T\cdot S\cdot C\cdot I$$

$$加法模型：Y=T+S+C+I$$

式中，Y 表示时间序列指标数值；T 表示长期趋势；S 表示季节变动；C 表示循环变动；I 表示不规则变动。

思考与练习

一、单项选择题

1. 在下列数列中，哪个属于动态数列（　　）。
   A. 学生按身高分组所形成的数列　　B. 企业按经济性质分组形成的数列
   C. 职工人数按月份排列形成的数列　　D. 职工按工资高低排列形成的数列
2. 下列数列中属于时点数列的是（　　）。
   A. 2000～2004 年各年末的人口数　　B. 某工厂近 10 年每年新增的设备数
   C. 安徽省近 5 年各年末的企业数　　D. 某商场每天的库存额
3. 对时间数列进行分析的最基础的动态指标是（　　）。
   A. 发展水平　　B. 平均发展水平
   C. 发展速度　　D. 平均发展速度
4. 已知 3、4、5、6 月份的平均职工人数分别是 120 人、140 人、134 人、140 人，则第二季度的平均职工人数是（　　）。
   A. 132　　B. 140
   C. 138　　D. 134
5. 绝对数列包括（　　）。
   A. 时期数列　　B. 时点数列
   C. 平均数列　　D. 相对数列
6. 累计增长量等于（　　）。
   A. 报告期水平－基期水平　　B. 报告期水平－固定基期水平
   C. 相应的各逐期增长量之和　　D. 固定基期水平＋逐期增长量
7. 已知各时期环比发展速度和时期期数，便能计算（　　）。
   A. 平均发展速度　　B. 平均发展水平
   C. 累计增长量　　D. 各定基发展速度
8. 在下列等式中，正确的有（　　）。

A. 增长速度＝发展速度－1　　B. 定基发展速度＝定基增长速度－1

C. 平均增长速度＝平均发展速度－1　　D. 定基增长速度＝定基发展速度－1

二、判断题

1. 时间数列中排列的是统计指标。（　）
2. 时间数列中指标的数值与时间长短成正比。（　）
3. 速度指标都可以表现为百分数。（　）
4. 增长速度＝发展速度－1。（　）
5. 平均发展水平与一般平均数一样具有代表性。（　）
6. 一定时期内现象每个小时段都增长，则全期必增长。（　）
7. 时间数列中的指标数值都可以相加表示总规模、总水平。（　）
8. 环比增长速度的连乘积等于相应的定基增长速度。（　）
9. 逐期增长量不可以用负值表示。（　）
10. 时间数列中的各指标值的间隔必须相等。（　）
11. 对动态指标求平均数，均可以用几何平均法。（　）

三、思考题

1. 编制时间数列的原则是什么？
2. 水平指标和速度指标各有哪些？
3. 用几何平均法计算平均发展速度的公式有哪些？
4. 序时平均数和一般平均数有何异同？

四、计算题

1. 某企业某年 3、4、5、6 月某产品的生产量分别是 1 000 件、1 200 件、1 440 件、1 584件。

要求：计算第二季度各月发展速度、平均每月产量、平均每月增长量。

2. 2014 年第一季度某企业职工人数资料如表 5-18 所示。

表 5-18　2014 年第一季度某企业职工人数

日期	每天工人数(人)
1 月 1 日～1 月 15 日	110
1 月 16 日～1 月 25 日	120
1 月 26 日～2 月 14 日	114
2 月 15 日～3 月 16 日	125
3 月 17 日～3 月 31 日	130
合计	——

要求：计算第一季度平均职工人数。

3. 已知某企业仓库 2014 年 A 商品库存数量资料如表 5-19 所示。

表 5-19　某企业仓库 2014 年 A 商品库存数量

月份	1	2	3	4	5	6	7
月初库存量(个)	500	480	450	520	550	600	580

要求：计算第一季度、第二季度及上半年平均库存量。

4. 某企业 2014 年职工人数资料如表 5-20 所示。

表 5-20　某企业 2014 年职工人数资料

月份	1	2	3	4
月初工人数(人)	800	820	840	810
月初工人比重(%)	80	81	82	85

要求：计算第一季度工人平均比重。

5. 根据增长量之间的关系，计算填写表 5-21。

表 5-21　某企业 2014 年第一季度生产情况

月份	1	2	3	4
逐期增长量(件) 累计增长量(件)	-100	50	 0	-50

另：计算出第一季度平均每月增长量。

课内实训

[实训目的]

1. 加深对动态数列概念和计算方法的理解。

2. 训练计算序时平均数、增长量、发展速度、增长速度、增长 1%的绝对值、平均发展速度和平均增长速度等的基本技能，并能够正确分析统计数据。

3. 培养学生的团队合作精神，提高归纳分析及与人沟通的能力。

[实训组织]

1. 本着自愿的原则，学生 5 人一组，每组产生一名组长，由组长负责分工及协调小组内成员的实训任务，并带领大家完成实训任务。

2. 实训以小组讨论形式展开。

[实训项目]

在当地选取一种经济现象进行统计资料的收集，应用动态数列分析方法研究该社会经济现象的发展趋势、发展速度及变化规律，预测现象未来的发展趋势。

[实训要求]

1. 明确小组内成员之间的分工，尽可能调动所有成员参与的积极性，达到实训的效果。

2. 小组讨论过程中，记录每名成员的发言。

[实训考核]

1. 实训过程中职业素养是否得到体现。

2. 小组分工是否明确和均衡，小组成员的能力是否得到充分的发挥。

3. 统计数据收集是否正确，采取的计算方法是否合适，计算结果是否正确。

项目6 统计分析之指数分析法

名人小传

皮尔森

皮尔森（Karl Pearson，1857～1936），1879 年毕业于剑桥大学数学系，曾参与激进的政治活动。出版过几本文学作品，并且作了三年的律师实习。1884 年进入伦敦大学学院（University College，London），教授数学与力学，从此待在该校一直到 1933 年。

K. Pearson 最重要的学术成就，是为现代统计学打下基础。自从达尔文演化论问世后，关于演化的本质争论不断，在这方面他深受 Galton（达尔文表哥，“优生学”一词的发明者）与 Weldon 影响。Weldon 1893 年提出：所谓变异，遗传与天择事实上只是“算术”。这促使 K. Pearson 在 1893～1912 年间写出 18 篇《在演化论上的数学贡献》的文章，而这门“算术”，也就是今日的统计。许多熟悉的统计名词如标准差，成分分析，卡方检定都是他提出的。

K. Pearson、Galton 与 Weldon 为了推广统计在生物上的应用，于 1901 年创立统计的元老期刊《Biometrika》，但是 K. Pearson 的主观性强，经常对他本人认为有争议的文章，删改或退稿，并因此与英国本世纪最有才华的统计学家 Fisher 结下私怨。

1906 年 Weldon 死后，K. Pearson 不再注意生物问题，而专心致力于将统计发展成一门精确的科学。

知识目标

1. 理解统计指数含义和作用，指数体系和因素分析的概念。
2. 掌握综合指数和平均指数的编制方法和编制特点。
3. 能运用指数体系进行两因素分析。

技能目标

1. 培养具有统计综合指数和平均数指数的编制能力。
2. 具有运用指数体系进行分析社会经济问题的能力。

项目导入

CPI是居民消费价格指数（Consumer Price Index）的简称。居民消费价格指数，是一个反映居民家庭一般所购买的消费商品和服务价格水平变动情况的宏观经济指标。2014年2月14日国家统计局发布的报告显示，1月份全国居民消费价格总水平同比上涨2.5%，涨幅与上月持平。调查显示，1月份全国食品价格同比上涨3.7%，影响CPI同比上涨约1.23个百分点。2014年6月CPI同比上涨2.3%。其中，城市上涨2.4%，农村上涨2.1%；食品价格上涨3.7%，非食品价格上涨1.7%；消费品价格上涨2.2%，服务价格上涨2.6%。上半年，CPI比去年同期上涨2.3%。

这些数据就是指数分析。指数分析是动态分析的延伸和深化。在对社会经济现象进行动态对比分析时，可直接对单项事物对比，比如对某一种商品报告期和基期的销售量直接对比，计算发展速度或增长速度，但当要研究复杂现象，比如多种商品销售量的变动程度时，就需要用统计指数的方法加以研究。

6.1 统计指数的含义

统计指数是一种常用且重要的统计指标，运用统计指数可以分析和认识很多社会经济问题。

6.1.1 统计指数的概念

指数的编制是从物价的变动产生的。18世纪中叶，由于金银大量流入欧洲，欧洲的物价飞涨，引起社会不安，于是产生了反映物价变动的要求，这就是物价指数产生的根源。随着历史的推移，统计指数的应用不断推广到经济领域的各个方面，因而统计指数的概念也不断扩大和完善。

当今在我国统计界一般认为：统计指数是研究社会经济现象数量方面时间变动状况和空间对比关系的分析方法。

同时，统计指数有广义和狭义之别。从广义来说，凡是用来反映所研究社会经济现象时间变动和空间对比状况的相对数，如动态相对数、比较相对数和计划完成情况相对数，都可称为指数。但从狭义来说，统计指数则是用来综合反映所研究社会经济现象复杂总体数量时间变动和空间对比状况的一种特殊相对数。所谓复杂总体是指不同度量单位或性质各异的若干事物所组成的、数量不能直接加总或不可以直接加总的总体。需要明确的是，统计指数法中的统计指数概念，是指狭义指数而不是广义指数。

6.1.2 统计指数的性质

正确应用指数的统计方法，必须要对指数性质有深刻地了解，概括地讲，指数具有以下性质。

(1) 相对性。指数是总体各变量在不同场合下对比形成的相对数，它可以度量一个变量在不同时间或不同空间的相对变化，如一种商品的价格指数或数量指数，这种指数称为个体指数；它也可用于反映一组变量的综合变动，如消费价格指数反映一组指定商品和服务的价格变动水平，这种指数称为综合指数。总体变量在不同时间上对比形成的指数称为时间性指数，在不同空间上对比形成的指数称为区域性指数。

(2) 综合性。指数是反映一组变量在不同场合下的综合变动水平，这是就狭义的指数而言的，它也是指数理论和方法的核心问题。实际中所计算的主要是这种指数。没有综合性，指数就不可能发展成为一种独立的理论和方法论体系。综合性说明指数是一种特殊的相对数，它是由一组变量或项目综合对比形成的。比如，由若干种商品和服务构成的一组消费项目，通过综合后计算价格指数，以反映消费价格的综合变动水平。

（3）平均性。指数是总体水平的一个代表性数值。平均性的含义有二：一是指数进行比较的综合数量是作为个别量的一个代表，这本身就具有平均的性质；二是两个综合量对比形成的指数反映了个别量的平均变动水平，比如物价指数反映了多种商品和服务项目价格的平均变动水平。

动脑筋：我国的CPI指数反映了哪些商品和服务项目价格的平均变动水平？

6.1.3 统计指数的种类

统计指数可以从不同的角度进行分类，常用的有以下几种。

6.1.3.1 按所反映的时间状态不同，分为动态指数和静态指数

动态指数是将不同时期或时点上的同类现象水平进行比较的结果，反映社会经济现象发展变化的程度。

静态指数包括空间指数和计划完成情况指数两种。空间指数是将不同空间的同类现象水平在同一时间对比的结果。反映现象在不同区域的差异程度；计划完成情况指数则是将某种现象的实际水平与计划水平对比的结果，反映计划的完成程度。

动态指数是出现最早、应用最多的指数，也是理论上最为重要的统计指数。其他指数都是动态指数原理与方法的扩展与推广。

6.1.3.2 按所反映对象的范围不同，分为个体指数和总指数

个体指数是反映单个项目或简单现象总体数量变动的相对数，如前例中猪肉的价格指数和销售量指数等都是个体指数。

总指数是反映由多个项目组成的复杂现象总体综合变动情况的相对数，如全部商品的价格指数以及全部商品的销售量指数等。

总值指数作为一类特殊的指数，其考察范围与总指数一致，但计算方法和分析性质则与个体指数相同，它们都属于一般相对数的范畴。因此，总值指数就考察范围而言，可以视为总指数，就计算方法而言，也可以视为个体指数，这两种理解并不矛盾。

6.1.3.3 按所反映现象的性质不同，分为数量指标指数和质量指标指数

统计指数通常是反映不同时间社会经济现象数量变动的相对数，我们要反映其变动的指标称为指数化指标。比如价格指数反映价格的变动，价格称为指数化指标，商品销售量指数反映销售量的变动，销售量称为指数化指标。

若指数化指标是数量指标，则称为这种指数为数量指标指数，如产品产量指数、商品销售量指数、职工人数指数等。若指数化指标是质量指标，则称为这种指数为质量指标指数，如价格指数、劳动生产率指数、单位成本指数等。一般来说，总量指标是数量指标，相对指标和平均指标是质量指标。

但是，诸如商品的销售额指数、产品成本总额指数或总产值指数等，它们所反映的是数量指标的变动，却具有“价值总额”的特殊形式，因此，我们可以将其单独列为一类，称为“总值指数”。

6.1.3.4 按采用的基期不同，分为定基指数和环比指数

由不同时间的指数所形成的时间序列称为指数数列。在指数数列中，如果各期指数都以某一固定时期为基期，这种指数称定基指数。比如，以2000年作为基期计算的2000～2015年各年的国内生产总值指数就属于定基指数。定基指数反映现象的长期变化与发展过程。

如果各期指数都以其前一期作为基期，则为环比指数。比如，以上年作为基期计算的2000～2015年各年的国内生产总值指数就属于环比指数。环比指数反映现象逐期变化的情况。

6.1.3.5 按照常用的计算总指数的方法或形式，分为综合指数和平均指数

综合指数是计算总指标的一种形式，由包括两个以上因素的总量指标对比而形成的指数。它将其中一个或者一个以上的因素指标固定下来，观察另一因素指标的综合变动。

平均指数是从个体指数出发通过加权计算平均数而形成的指数。常用的有加权算数平均指数、加权调和平均指数。

动脑筋：我们常用到的CPI指数属于哪类指数呢？

6.1.4 统计指数的作用

统计指数主要有以下几个方面的作用：

6.1.4.1 反映复杂社会经济现象总体的综合变动程度

统计研究社会现象总体变动时，除了说明个别现象，如个别产品产量、个别产品成本、个别商品价格等的变动情况外，还要综合研究多种产品产量，多种商品价格总的变动情况。因为这些个别的不同商品或产品的单价、单位成本，虽然都是用货币表示，但它们的使用价值不同，生产单位产品所需要的物力、劳力不一样，同样不能简单对比。因此，就要利用指数，将这些不能直接相加、对比的现象，过渡到能够相加并综合对比，以反映其总的变动情况。

6.1.4.2 分析和测定复杂社会经济现象总变动中各个因素的变动对其影响程度和差异

复杂社会经济现象的总体是由多个因素构成的，其变动是由构成的诸多因素变动综合影响的结果。如商品销售额是由商品销售量和销售价格两个因素组成。

商品销售额的多少，取决于商品销售量的多少和商品销售价格的高低。诸如此类现象，就要编制指数来分析和测定社会经济现象总体中各个构成因素对其总变动的影响程度。

6.1.4.3 测定平均水平对比分析中各组平均水平与总体结构变动对其的影响程度

在对现象总体进行分组的条件下，平均水平数值大小，既受现象水平高低的影响，又受现象总体内部结构不同的影响。如职工平均工资的变化，既受各组平均工资水平高低的影响，又受各组工人人数在全体职工中所占比重大小的影响，要分析平均水平中两个因素的变动情况和影响程度，可以通过编制平均指标指数来研究。

6.1.4.4 分析复杂经济现象总体的长期变化趋势

借助连续编制的动态指数形成的指数数列，可以反映现象在长时间的变化趋势。如果把两个相互联系的指数数列加以比较，还可以进一步认识复杂现象总体之间数量上的变动关系。

6.1.4.5 反映计划综合执行情况

在检查计划完成情况时，经常要涉及不能直接相加的复杂社会经济现象。有时，还要将它们在不同地区间、不同空间进行对比分析，这时就需要运用统计指数。

扩展阅读

CPI的功能

1. 度量通货膨胀（通货紧缩）。CPI是度量通货膨胀的一个重要指标。通货膨胀是物价水平普遍而持续的上升。CPI的高低可以在一定水平上说明通货膨胀的严重程度。

2. 国民经济核算。在国民经济核算中，需要各种价格指数。如消费者价格指数（CPI）、生产者价格指数（PPI）以及GDP平减指数，对GDP进行核算，从而剔除价格因素的影响。

3. 契约指数化调整。例如在薪资报酬谈判中，因为雇员希望薪资（名义）增长能相等或高于CPI，希望名义薪资会随CPI的升高自动调整等。其调整之时机通常于通货膨胀发生之后，幅度较实际通货膨胀率为低。

4. 反映货币购买力变动：货币购买力是指单位货币能够购买到的消费品和服务的数量。消费者物价指数上涨，货币购买力则下降；反之则上升。消费者物价指数的倒数就是货币购买力指数。

5. 反映对职工实际工资的影响：消费者物价指数的提高意味着实际工资的减少，消费者物价指数的下降意味着实际工资的提高。因此，可利用消费者物价指数将名义工资转化为实际工资。

6. CPI 对股市的影响：一般情况下，物价上涨，股价上涨；物价下跌，股价也下跌。

6.2 综合指数

6.2.1 综合指数的含义

综合指数是计算总指标的一种形式，由包括两个以上因素的总量指标对比而形成的指数。它将其中一个或者一个以上的因素指标固定下来，观察另一因素指标的综合变动。

综合指数的编制是先综合后对比。编制综合指数首先必须明确两个概念：一是“指数化指标”，二是“同度量因素”。所谓指数化指标就是编制综合指数所要测定的因素。所谓同度量因素是指媒介因素，借助媒介因素，把不能直接加总的因素过渡到可以加总，所以称其为同度量因素。编制综合指数的目的是测定指数化指标的变动，因此，在对比的过程中对同度量因素应加以固定。综合指数的基本公式如下：

$$K_q = \frac{\sum q_1 p_i}{\sum q_0 p_i} \tag{6-1}$$

$$K_p = \frac{\sum q_i p_1}{\sum q_i p_0} \tag{6-2}$$

式中，p 表示质量指标；q 表示数量指标；下标 1 表示报告期；下标 0 表示基期；i 为同度量因素固定的时期。

公式（6-1）是数量指标综合指数形式，公式（6-2）是质量指标综合指数形式。编制综合指数的目的是测定指数化指标的变动。因此，对同度量因素的时期应加以固定。根据不同的研究目的和研究现象的特点，同度量因素可以固定在基期，也可以固定在报告期。

扩展阅读

同度量因素固定在基期的公式是 1864 年由德国学者拉斯贝尔（Laspeyres）首次提出，因而也称为拉氏公式，同度量因素固定在报告期的公式是 1874 年由德国学者派许（Paasche）首次提出，因而也称为派氏公式。

如何设计综合指数的形式，关键是在经济联系中寻找同度量因素，而后再把它固定不变，以反映所要研究总体的某种因素的变化情况。归纳起来要解决以下两个问题：首先，用什么因素为同度量因素是合理的？其次，把同度量因素固定在哪个时期是恰当的？

同度量因素是把不能直接加总的指标过渡为可以相加的那个媒介因素。例如，要求计算社会商品零售价格总指数，但商品的单价不能相加而无法计算，此时只要用同度量因素把单价过渡为销售额就可以相加了。又如，要计算社会商品销售量指数，但由于实物计量单位不同，故不能相加，这时，只要用同度量因素把它过渡为销售额就可以相加了。

计算商品销售价格指数时以商品销售量为同度量因素；计算商品销售量指数时，以商品销售价格为同度量因素。

6.2.2 综合指数的编制方法

综合指数有两种，即数量指标综合指数和质量指标综合指数。两种综合指数在计算形式上基本道理是一样的，但是在处理方法上有联系也有区别。

6.2.2.1 数量指标综合指数的编制

数量指标综合指数是反映数量指标总变动程度的指数。其编制原理是：应以相同的数据期质量指标为同度量因素。同度量因素使不能直接相加的经济现象转化为能够相加的经济现象的因素。

常见的数量指标综合指数有职工人数指数、商品销售量指数、产品产量指数等。

【例 6.1】某企业生产 A、B、C 产品的报告期和基期产量、出厂价格资料如表 6-1 所示，编制该企业的产量综合指数。

表 6-1 某企业产品产量与价格

产品	产量		出厂价(万元)	
	基期	报告期	基期	报告期
A/吨	200	300	12.0	12.5
B/套	500	600	6.5	6.0
C/件	400	350	8	9

解：从表 6-1 中可以看出，由于产品的计量单位不同，销售量不能相加，因此无法直接对其产值进行对比。此时，引入一个同度量因素——价格，把产品产量通过价格转化为产值，这时就可以相加和对比了。详情见表 6-2 所示。

表 6-2 某企业产品产量与产值

产品	产量		出厂价(万元)		产值			
	基期 q_0	报告期 q_1	基期 p_0	报告期 p_1	q_0p_0	q_1p_0	q_0p_1	q_1p_1
A/吨	200	300	12.0	12.5	2400	3600	2500	3750
B/套	500	600	6.5	6.0	3250	3900	3000	3600
C/件	400	350	8	9	3200	2800	3600	3150
合计					8850	10300	9100	10500

(1) 把同度量因素 P 固定在基期（拉氏指数）

$$\frac{\sum q_1p_0}{\sum q_0p_0}=\frac{12\times300+6.5\times600+8\times350}{12\times200+6.5\times500+8\times400}=\frac{10300}{8850}=116.4\%$$

$$\sum q_1p_0-\sum q_0p_0=10300-8850=1450(\text{万元})$$

计算结果表明：

① 三种商品的产值平均增加了 16.4%。

② 由于产量增加而使产值总额增加的绝对额为 1450 万元。

(2) 把同度量因素 P 固定在报告期（派氏指数）

$$\frac{\sum q_1p_1}{\sum q_0p_1}=\frac{12.5\times300+6\times600+9\times350}{12.5\times200+6\times500+9\times400}=\frac{10500}{9100}=115.4\%$$

$$\sum q_1p_1-\sum q_0p_1=10500-9100=1400(\text{万元})$$

计算结果表明：

① 三种商品的产值平均增加了 15.4%。

② 由于产量增加而使产值总额增加的绝对额为 1400 万元。

这种差距是由于价格的变动引起的。那么应该采用哪一期的价格为同度量因素，更符合实际要求呢？经学术界人士研究并规定：用综合指数法编制数量指数总指数时，应采用拉氏指数公式，即以相关基期的质量指标为同度量因素。

6.2.2.2 质量指标综合指数

质量指标综合指数是反映数量指标总变动程度的指数。

以例题 6.1 资料为例，编制该企业的综合价格指数。

解：不同商品的价格是不能直接相加和比较，必须引入产量作为同度量因素，转化为产值，就可以相加和比较了。

(1) 把同度量因素 q 固定在基期（拉氏指数）。根据表 6-2 可得：

$$\frac{\sum q_0 p_1}{\sum q_0 p_0}=\frac{9100}{8850}=102.82\%$$

$$\sum q_0 p_1-\sum q_0 p_0=9100-8850=250(\text{万元})$$

计算结果表明：

① 三种商品的产值平均增加了 2.82%。

② 由于价格变化而使产值总额增加的绝对额为 250 万元。

(2) 把同度量因素 q 固定在报告期（派氏指数）

$$\frac{\sum q_1 p_1}{\sum q_1 p_0}=\frac{10500}{10300}=101.94\%$$

$$\sum q_1 p_1-\sum q_1 p_0=10500-10300=200(\text{万元})$$

计算结果表明：

① 两种商品的产值平均增加了 1.94%。

② 由于价格变化而使产值总额增加的绝对额为 200 万元。

究竟用哪个指数才更具有现实意义呢？由于物价的变化与国家、企业、个人的生活水平影响很大，他们关注的是报告期的价格，并且决定了报告期的购买量，而与之前的基期的购买量没有关系。因此，经学术界人士研究并规定：用综合指数法编制质量指标总指数时，应采用派氏指数公式，即以相关报告期的数量指标为同度量因素。

扩展阅读

股票价格指数

股价指数是反映股票市场中股票价格变动总体水平的重要尺度，是分析和预测股票价格发展趋势进而决定投资行为的主要依据，也是反映经济景气状况的敏感指标，常被人们称为市场经济的“晴雨表”。

要体现股市总水平变动的综合信息，股票价格指数的编制方法比较灵活，涵盖了指数编制的各个方面。一个市场可以有多个股票指数并存，各个指数的侧重点不同，可以取长补短，但综合指数法仍是其中最主要的方法。以下介绍最常用的股价指数。

1. 上海证券交易所股票综合指数（上证综指）

上证综指最初是中国工商银行上海分行信托投资公司静安证券业务部根据上海股市的实际情况，参考 S&P500 方法编制而成。上证综指以 1990 年 12 月 19 日为基期，1991 年 7 月 15 日开始公布。以上海股市的全部 A、B 股票为对象，基点数位乘 100，以股票的发行量为权重的拉氏综合指数。

2. 深圳证券交易所股票成分指数（深证成指）

深圳成指由深圳证券交易所编制。取 40 家成份股作样本（其中有 17 家工业，3 家商业，3 家金融，5 家房地产，4 家公用事业，8 家综合）编制。深圳成指是以 1993 年 7 月 20 日为基期，基点数位乘 1000，以成分股报告期的成交量为权重编制的派氏综合指数。

我国最有代表性的是上证综指，其次是深证成指，另外还有上证 50 指数、上证 180 指数、深证综合指数和沪深 300 指数等。

6.3 平均指数

在统计实践中，有时由于受到资料的限制，无法利用综合指数进行计算，这时可以采用总指数的另一种形式——平均指数进行分析。

6.3.1 平均指数的含义

通过以个体指数为基础，采用加权平均形式编制的总指数统计称为平均指数。它与综合指数相比，只是由于掌握资料不同，所采用的计算方法不同而已，其计算结果与经济意义是一样的。平均指数实质上是综合指数的变形。

平均指数与综合指数的区别在于以下几点：

（1）性质表现不同。综合指数直接反映了现象的综合变动情况；平均指数不仅仅反映了现象的综合变动，还反映了个体指数对总指数的影响。

（2）使用的权数不同。综合指数是以同度量因素为权数，同度量因素可以是基期也可以是报告期相应的数量指标或者质量指标；平均指数是以价值量指标为权数的。

（3）对资料的要求不同，编制综合指数需要全面的资料，即基期和报告期的指数化因素及同度量因素的全部资料；平均指数的编制只需要个体指数和相应的权数资料即可。

除了区别，平均指数与综合指数之间也有联系：

（1）都是总指数的编制方法，反映的内容一致，即反映了现象的综合变动程度。

（2）在特定的权数条件下，两者之间具有变形关系。

6.3.2 平均指数的编制

平均指数的编制思路为“先对比、后平均”。所谓“先对比”是指先通过对比计算个体指数：$k_q=\dfrac{q_1}{q_0}$ 或 $k_p=\dfrac{p_1}{p_0}$；所谓“后平均”则是指将个体指数赋予适当的权数 q_0p_0 或 q_1p_1，加以平均得到总指数。

按指数化因素的性质和平均方法不同，可以分为加权算术平均数指数和加权调和平均数指数两种。

6.3.2.1 加权算术平均数指数

已知个体指数为数量指标个体指数，求总指数时，就用加权算术平均数求得。其计算形式像加权算术平均数计算的总指数，它是以各种产品（商品）的数量指标个体指数（$k_q=\dfrac{q_1}{q_0}$）为变量值，以基期的总量 q_0p_0 为权数，加权算术平均而计算的数量指标总指数：

$$K_q=\frac{\sum k_q q_0 p_0}{\sum q_0 p_0}=\sum k_q\cdot\frac{q_0 p_0}{\sum q_0 p_0} \tag{6-3}$$

仍然以例 6.1 的企业资料，内容如表 6-3 所示，计算该企业的产量总指数。

表 6-3 某企业产品产量与价格

产品	产量		价格	个体指数	产值	
	基期 q_0	报告期 q_1	基期 p_0	k_q	q_0p_0	$q_0p_0/\sum q_0p_0$
A/吨	200	300	12.0	1.5	2400	0.27
B/套	500	600	6.5	1.2	3250	0.37
C/件	400	350	8	0.875	3200	0.36
合计	—	—	—	—	8850	1

解：企业的产量总指数

$$K_q=\sum k_q\cdot\frac{q_0p_0}{\sum q_0p_0}=1.5\times0.27+1.2\times0.37+0.875\times0.36=116.4\%$$

$$\sum k_qq_0p_0-\sum q_0p_0=1.5\times2400+1.2\times3250+0.875\times3200-8850=1450(\text{万元})$$

三种产品的产量报告期比基期提高了16.4%，由于产量的提高使总产值共增加1450万元。

其结果与数量指数综合指数的结果相同，可认为数量指标加权算术平均指数是综合指数的变形。

6.3.2.2 加权调和平均数指数

加权调和平均数指数是形式上像加权调和平均数的总指数，它是以各种产品或者商品的质量指标个体指数为变量值，以报告期的总值 q_1p_1 资料为权数，进行加权调和平均而计算的质量指标总指数。

设 k_p 为各种产品或商品的质量指标个体指数，q_1p_1 为报告期实际总值，则有：

$$K_p=\frac{\sum q_1p_1}{\sum\frac{1}{k}q_1p_1}\tag{6-4}$$

此外，也可以按各种产品或商品的数量指标个体指数来编制加权调和平均数指数，但是由于其权数也采用假定值，因而其应用也受到限制，在实际工作中很少使用。

仍然以例6.1的企业资料，内容如表6-4所示，计算该企业的产量价格总指数。

表 6-4 某企业产品产量与产值

产品	产量	价格		报告期产值	价格个体指数	
	报告期 q_1	基期 p_0	报告期 p_1	q_1p_1	$k_p=p_1/p_0$	q_1p_1/k_p
A/吨	300	12.0	12.5	3750	1.042	3600
B/套	600	6.5	6.0	3600	0.923	3900
C/件	350	8	9	3150	1.125	2800
合计	—	—	—	10500	—	10300

解：价格加权调和平均数指数为：

$$K_p=\frac{\sum q_1p_1}{\sum\frac{1}{k}q_1p_1}=\frac{10500}{10300}=101.94\%$$

$$\sum q_1p_1-\sum\frac{1}{k}q_1p_1=10500-10300=200(\text{万元})$$

计算结果表明，三种产品的价格总指数为101.94%，即报告期比基期价格平均上涨1.94%，由于价格上涨而增加的产值为200万元。

从上面加权调和平均数指数的计算结果来看，它们与综合指数法所计算的结论是相同的，即价格指数为101.94%。但是这种相同是有条件的，即当质量指标的加权调和平均数指数在采用报告期总值 q_1p_1 为权数的特定条件下，和数量指标综合指数的计算结论相同。即：

$$K_p=\frac{\sum q_1p_1}{\sum \frac{1}{k}q_1p_1}=\frac{\sum q_1p_1}{\sum \frac{p_0}{p_1}p_1q_1}=\frac{\sum q_1p_1}{\sum q_1p_0} \quad (6\text{-}5)$$

因此可以说，以报告期总值指标为权数计算的质量指标加权调和平均数指数是综合指数的变形。

扩展阅读

道琼斯指数

道琼斯指数，是一种算术平均股价指数。道琼斯指数是世界上历史最为悠久的股票指数，它的全称为股票价格平均指数。

道琼斯指数最早是在1884年由道琼斯公司的创始人查尔斯·亨利·道（Charles Henry Dow 1851～1902年）开始编制的。

最初的道琼斯股票价格平均指数是根据11种具有代表性的铁路公司的股票，采用算术平均法进行计算编制而成，发表在查理斯·道自己编辑出版的《每日通讯》上。该指数目的在于反映美国股票市场的总体走势，涵盖金融、科技、娱乐、零售等多个行业。

自1897年起，道琼斯股票价格平均指数开始分成工业与运输业两大类，其中工业股票价格平均指数包括12种股票，运输业平均指数则包括20种股票，并且开始在道琼斯公司出版的《华尔街日报》上公布。在1929年，道琼斯股票价格平均指数又增加了公用事业类股票，使其所包含的股票达到65种，并一直延续至今。

通常人们所说的道琼斯指数有可能是指道琼斯指数四组中的第一组道琼斯工业平均指数(Dow Jones Industrial Average)。道琼斯指数亦称 $US30，即道琼斯股票价格平均指数，是世界上最有影响、使用最广的股价指数。它以在纽约证券交易所挂牌上市的一部分有代表性的公司股票作为编制对象，由四种股价平均指数构成。

这四种股价平均指数分别是：

① 以30家著名的工业公司股票为编制对象的道琼斯工业股价平均指数；

② 以20家著名的交通运输业公司股票为编制对象的道琼斯运输业股价平均指数；

③ 以15家著名的公用事业公司股票为编制对象的道琼斯公用事业股价平均指数；

④ 以上述三种股价平均指数所涉及的65家公司股票为编制对象的道琼斯股价综合平均指数。

在四种道琼斯股价指数中，以道琼斯工业股价平均指数最为著名，它被大众传媒广泛地报道。并作为道琼斯指数的代表加以引用。道琼斯指数由美国报业集团——道琼斯公司负责编制并发布，登载在其属下的《华尔街日报》上。

6.4 指数体系及因素分析

指数不仅可以反映社会经济现象数量的变动程度，而且还可以用于分析影响总量变动的各个因素的作用。因素分析是借助于指数体系来进行的。

6.4.1 指数体系的含义

指数体系有广义和狭义之分。

广义的指数体系类似于指标体系的概念，泛指由若干个内容上相互关联的统计指数所结成的体系。根据考察问题的需要，构成这种体系的指数可多可少，如，工业品批发价格指数、农产品收购价格指数、消费品零售价格指数等，构成了市场物价指数体系。

狭义的指数体系是指若干指数在一定的经济基础上所结成的较为严密的数量关系式。其最为典型的表现形式为：一个总值指数等于若干个（两个或者两个以上）因素指数的乘积。

社会经济现象之间的相互联系、相互影响的关系是客观存在的。有些社会经济现象之间的联系可以用经济方程表现出来，如：

商品销售额=商品销售量×商品销售价格；

产品产值=产品出厂价格×产品产量。

上述的这种关系，按指数形式表现时，同样也存在这种对等关系。即：

商品销售额指数=商品销售量指数×商品销售价格指数；

产品产值指数=产品出厂价格指数×产品产量指数。

这种数量对等关系也表现在绝对数之间。即：

商品销售额实际增减额=销售量变动的影响额+价格变动的影响额；

产品产值实际增减额=出厂价格变动的影响额+产量变动的影响额。

指数体系一般保持两个对等关系，一是各影响因素指数的连乘积等于总变动指数；二是各因素对总额变动影响差额的总和等于实际发生的总差额。

上述指数体系，按编制综合指数的一般原理，以符号用公式可写成：

$$\frac{\sum p_1q_1}{\sum p_0q_0}=\frac{\sum p_1q_1}{\sum p_0q_1}\times\frac{\sum p_0q_1}{\sum p_0q_0} \tag{6-6}$$

$$\sum p_1q_1-\sum p_0q_0=\left(\sum p_1q_1-\sum p_0q_1\right)+\left(\sum p_0q_1-\sum p_0q_0\right) \tag{6-7}$$

6.4.2 指数体系的作用

统计指数体系具有科学的依据、客观的联系、简便的等式，在统计工作和经济活动中起着重要的作用，具体作用如下。

（1）指数体系是因素分析的依据。用指数体系可以从数量方面研究分析社会经济现象总体变动中各个因素变动的影响程度和绝对额，即进行因素分析。利用指数体系进行因素分析主要分析两方面的问题，即：①分析现象总量指标的变动受各种因素变动的影响程度。例如，分析销售量和销售价格的变动对销售总额变动的影响程度和绝对额。②分析社会经济现象总体平均指标变动受各种因素变动的影响程度。比如，可以分析企业中，由于各类别职工工资水平变动和职工构成变动分别对企业总平均工资变动的影响方向和影响程度。

（2）利用指数体系可以根据已知指数推算未知指数。

6.4.3 因素分析

6.4.3.1 因素分析的概念和分类

运用指数之间的数量对等关系，从相对量和绝对量角度对总量变动中各个因素的影响作用进行分析，称为因素分析。因素分析在实际工作中具有重要作用，这是指数方法应用的主要方面。

因素分析法按分析对象包含的因素多少可分为两因素分析和多因素分析。两因素分析是指研究对象仅包含两个因素的变动分析，它是因素分析的基本方法。如销售额受销售价格和销售量的影响分析。多因素分析是指研究对象包含有两个以上医素变动的分析。如原材料消耗额受产量、原材料单耗、原材料价格的影响。

因素分析法按分析的指标种类不同可分为总量指标因素分析和平均指标因素分析。总量指标因素分析是指对总量指标变动中各影响因素的影响方向和影响程度的分析。如对产值变动中产量、出厂价格变动影响的分析。平均指标因素分析就是对平均指标变动中各影响因素影响方向和影响程度的分析。如同一单位不同时期职工平均工资受各类职工工资水平和职工人数构成因素影响的分析。

6.4.3.2 总量指标因素分析

总量指标因素分析包括总量指标两因素分析和总量指标多因素分析两种。在这里我们仅对总量指标两因素分析进行详细讲解。

两因素分析最关键的是确定同度量因素的时期，一般应遵循的原则是：一个因素指数的同度量因素固定在报告期，则另一个因素指数的同度量因素固定在基期，即两个指数的同度量因素不能同时固定在报告期或同时固定在基期。现以实例说明总量指标两因素分析的方法。

仍然以例题 6.1 企业资料为例分析该企业产品产量、单位价格的变动对总产值的影响，见表 6-5。

表 6-5 某企业产品产量与产值

产品	产量		价格(万元)		产值		
	基期 q_0	报告期 q_1	基期 p_0	报告期 p_1	q_0p_0	q_1p_0	q_1p_1
A/吨	200	300	12.0	12.5	2400	3600	3750
B/套	500	600	6.5	6.0	3250	3900	3600
C/件	400	350	8	9	3200	2800	3150
合计	—	—	—	—	8850	10300	10500

解：(1) 三种产品总成本变动为：

$$总成本指数=\frac{\sum q_1p_1}{\sum q_0p_0}=\frac{10500}{8850}=118.64\%$$

$$总成本变动额=\sum q_1p_1-\sum q_0p_0=10500-8850=1650(万元)$$

计算结果表明三种产品的总产值报告期比基期增长 18.64%，在绝对数上增加 1650 万元。

(2) 各因素的影响情况

① 三种产品产量变动及影响程度为：

$$产量总指数=\frac{\sum q_1p_0}{\sum q_0p_0}=\frac{10300}{8850}=116.38\%$$

$$产量变动对总成本的影响额=\sum q_1p_0-\sum q_0p_0=10300-8850=1450(万元)$$

计算结果表明三种产品的产量报告期比基期增长 16.38%，由此导致总成本增加 1450 万元。

② 三种产品价格变动及影响程度为：

$$单位价格总指数=\frac{\sum q_1p_1}{\sum q_1p_0}=\frac{10500}{10300}=101.94\%$$

$$单位价格变动对总产值的影响额=\sum p_1q_1-\sum p_0q_1=10500-10300=200(万元)$$

计算结果表明三种产品的单位价格报告期比基期增长 1.94%，由此导致总产值增加 200

万元。

(3) 用指数体系反映

在相对数上：116.38%×101.94%=118.64%

在绝对数上：1450+200=1650（万元）

由此可见，由于三种产品的产量报告期比基期增长16.38%，使总产值增加1450万元；又由于三种产品的单位价格报告期比基期增长1.94%，使总产值增加200万元。两者共同作用的结果，三种产品的总产值报告期比基期上升18.64%，增加1650万元。

【例6.2】某企业三种产品的资料如表6-6所示，要求据此分析产品产量、单位产品成本的变动对总成本的影响。

表6-6 某企业总成本因素分析资料及计算表

产品名称	产量 q		单位成本 p		总成本 qp		
	基期 q_0	报告期 q_1	基期 p_0	报告期 p_1	q_0p_0	q_1p_1	q_1p_0
甲/台	200	250	20	22	4000	5500	5000
乙/件	500	600	10	8	5000	4800	6000
丙/吨	100	120	40	50	4000	6000	4800
合计	—	—	—	—	13000	16300	15800

具体分析如下。

(1) 三种产品总成本变动

总成本指数 $=\dfrac{\sum q_1p_1}{\sum q_0p_0}=\dfrac{16300}{13000}=125.38\%$

总成本变动额 $=\sum q_1p_1-\sum q_0p_0=16300-13000=3300$(元)

计算结果表明三种产品的总成本报告期比基期增长25.38%，在绝对数上增加3300元。

(2) 各因素的影响情况

① 三种产品产量变动及影响程度为：

产量总指数 $=\dfrac{\sum q_1p_0}{\sum q_0p_0}=\dfrac{15800}{13000}=121.54\%$

产量变动对总成本的影响额 $=\sum q_1p_0-\sum q_0p_0=15800-13000=2800$(元)

计算结果表明三种产品的产量报告期比基期增长21.54%，由此导致总成本增加2800元。

② 三种产品出厂价格变动及影响程度为：

单位成本总指数 $=\dfrac{\sum q_1p_1}{\sum q_1p_0}=\dfrac{16300}{15800}=103.16\%$

单位成本变动对总成本的影响额 $=\sum q_1p_1-\sum q_1p_0=16300-15800=500$(元)

计算结果表明三种产品的单位成本报告期比基期增长3.16%，由此导致总成本增加500元。

(3) 用指数体系反映

在相对数上：121.54%×103.16%=125.38%

在绝对数上：2800元+500元=3300（元）

由此可见，由于三种产品产量报告期比基期上升21.54%，使总成本增加2800元；又由于使三种产品单位成本报告期比基期上升3.16%，使总成本增加500元。两者共同作用的结果，使三种产品的总成本报告期比基期上升25.38%，总成本增加3300元。

扩展阅读

总量指标的多因素分析

总量指标的多因素分析是指三个或三个以上因素指标变动对总量指标影响方向和影响程度的分析。例如，对原材料消耗总额变动中，产量、单位产品原材料消耗量和单位原材料价格三因素影响的分析：

(1) 因素分解：原材料消耗总额指数＝产量指数（q）×单耗指数（m）×价格指数（p）

(2) 相对数分析：$\dfrac{\sum q_1m_1p_1}{\sum q_0m_0p_0}=\dfrac{\sum q_1m_0p_0}{\sum q_0m_0p_0}\times\dfrac{\sum q_1m_1p_0}{\sum q_1m_0p_0}\times\dfrac{\sum q_1m_1p_1}{\sum q_1m_1p_0}$

(3) 绝对数分析：

$\sum q_1m_1p_1-\sum q_0m_0p_0=(\sum q_1m_0p_0-\sum q_0m_0p_0)+(\sum q_1m_1p_0-\sum q_1m_0p_0)+(\sum q_1m_1p_1-\sum q_1m_1p_0)$

6.4.3.3 平均指标的因素分析

由于现象的总平均水平通常是在分组条件，用加权算术平均数计算得到的，既受到各组平均指标变动的影响，又受到各组总体单位数所占比重变动的影响，因此分析总平均水平的变动可以用指数法讨论。

总平均数指数称为可变构成指数，组平均数影响指数称为固定构成指数，各组结构对总平均数影响指数称为结构影响指数。

可变构成指数：

$$K_{\bar{x}}=\frac{\bar{x}_1}{\bar{x}_2}=\frac{\dfrac{\sum x_1f_1}{\sum f_1}}{\dfrac{\sum x_0f_0}{\sum f_0}} \tag{6-8}$$

$$\Delta\bar{x}=\frac{\sum x_1f_1}{\sum f_1}-\frac{\sum x_0f_0}{\sum f_0} \tag{6-9}$$

该平均指标指数受两个因素变动的共同影响：

(1) 各组平均水平 x 变动的影响；

(2) 总体结构 $f/\sum f$ 的影响。

为了了解上述两个因素各自对总平均水平变动所产生影响的程度，可以根据因素分析的原理进行因素分析。

固定构成指数：

$$K_x=\frac{\dfrac{\sum x_1f_1}{\sum f_1}}{\dfrac{\sum x_0f_1}{\sum f_1}} \tag{6-10}$$

$$\Delta_x=\frac{\sum x_1f_1}{\sum f_1}-\frac{\sum x_0f_1}{\sum f_1} \tag{6-11}$$

固定构成指数是单纯反映各组平均水平变动影响程度的指数，同度量因素为总体结构，且固定在报告期。

结构影响指数：

$$K_f=\frac{\dfrac{\sum x_0f_1}{\sum f_1}}{\dfrac{\sum x_0f_0}{\sum f_0}} \tag{6-12}$$

$$\Delta_f=\frac{\sum x_0f_1}{\sum f_1}-\frac{\sum x_0f_0}{\sum f_0} \tag{6-13}$$

结构变动影响指数是反映总体结构变化对总平均水平变动影响程度的指数，同度量因素为各组平均水平，且固定在基期。

可变构成指数、固定构成指数和结构变动指数都是反映复杂现象变动的指数，因此都是总指数。这三个指数存在以下内在的联系。

(1) 可变构成指数＝固定构成指数×结构影响指数

即：$K_{\overline{x}}=K_x\cdot K_f$

$$\frac{\dfrac{\sum x_1f_1}{\sum f_1}}{\dfrac{\sum x_0f_0}{\sum f_0}}=\frac{\dfrac{\sum x_1f_1}{\sum f_1}}{\dfrac{\sum x_0f_1}{\sum f_1}}\times\frac{\dfrac{\sum x_0f_1}{\sum f_1}}{\dfrac{\sum x_0f_0}{\sum f_0}} \tag{6-14}$$

(2) 总平均数变动绝对额＝结构变动影响额＋各组平均数变动影响额

即：$\Delta\overline{x}=\Delta_x+\Delta_f$

$$\frac{\sum x_1f_1}{\sum f_1}-\frac{\sum x_0f_0}{\sum f_0}=\left(\frac{\sum x_1f_1}{\sum f_1}-\frac{\sum x_0f_1}{\sum f_1}\right)+\left(\frac{\sum x_0f_1}{\sum f_1}-\frac{\sum x_0f_0}{\sum f_0}\right) \tag{6-15}$$

由此可知，可变构成指数、固定构成指数与结构影响指数组成一个指数体系。我们称为平均指标指数体系。

【例 6.3】 某企业职工的工资资料如表 6-7 所示。要求：分析职工工资水平和工人结构的变动对总平均工资的影响。

表 6-7 平均工资因素分析表

职工类别	月平均工资(元)		职工人数(人)		工资总额(元)		
	基期 x_0	报告期 x_1	基期 f_0	报告期 f_1	x_0f_0	x_0f_1	x_1f_1
学　徒	450	500	60	180	27000	81000	90000
熟练工人	500	600	180	270	90000	135000	162000
管理人员	1000	1100	240	150	240000	150000	165000
合　计	—	—	480	600	357000	366000	417000

解：(1) 总平均工资的变动

$$\text{可变构成指数}=\frac{\dfrac{\sum x_1f_1}{\sum f_1}}{\dfrac{\sum x_0f_0}{\sum f_0}}=\frac{\dfrac{417000}{600}}{\dfrac{357000}{480}}=\frac{695}{743.75}=93.45\%$$

$$\frac{\sum x_1f_1}{\sum f_1}-\frac{\sum x_0f_0}{\sum f_0}=695-743.75=-48.75(\text{元})$$

计算结果表明该企业全体职工的月平均工资报告期比基期下降 6.55%，人均减少 48.75 元。

(2) 总平均工资受各因素影响的情况

$$\text{固定构成指数}=\frac{\dfrac{\sum x_1f_1}{\sum f_1}}{\dfrac{\sum x_0f_1}{\sum f_1}}=\frac{\dfrac{417000}{600}}{\dfrac{366000}{600}}=\frac{695}{610}=113.93\%$$

$$\frac{\sum x_1f_1}{\sum f_1}-\frac{\sum x_0f_1}{\sum f_1}=695-610=85(\text{元})$$

计算结果表明由于各组工资上涨 13.93%，而使工资人均增加 85 元。

$$结构影响指数=\frac{\frac{\sum x_0 f_1}{\sum f_1}}{\frac{\sum x_0 f_0}{\sum f_0}}=\frac{\frac{366000}{600}}{\frac{357000}{480}}=\frac{610}{743.75}=82.02\%$$

$$\frac{\sum x_0 f_1}{\sum f_1}-\frac{\sum x_0 f_0}{\sum f_0}=610-743.75=-133.75(元)$$

计算结果表明由于职工人数结构变动工资下降 17.98%，而使工资人均减少 133.75 元。

(3) 用指数体系反映

在相对数上：93.45%=113.93%×82.02%

在绝对数上：−48.75（元）=85+（−133.75）

上式表明：由于各组工资水平上涨 13.93%，总平均工资增加 85 元；由于职工人数结构变动工资下降 17.98%，总平均工资减少 133.75 元。两因素共同影响使总平均工资下降 6.55%，减少 48.75 元。

扩展阅读

CPI的调整措施

全国居民消费价格指数（CPI）涵盖全国城乡居民生活消费的食品、烟酒及用品、衣着、家庭设备用品及维修服务、医疗保健和个人用品、交通和通信、娱乐教育文化用品及服务、居住等八大类、262 个基本分类的商品与服务价格。数据来源于全国 31 个省（区、市）500 个市县、6.3 万家价格调查点，包括食杂店、百货店、超市、便利店、专业市场、专卖店、购物中心以及农贸市场与服务消费单位等。

为更好地适应我国经济社会发展和城乡居民消费结构变化，切实保障 CPI 计算的科学性和准确性，我们对 CPI 调查方案进行了例行调整，涉及对比基期、权数构成、调查网点和代表规格品的调整。

一、从 2011 年 1 月起，我国 CPI 开始计算以 2010 年为对比基期的价格指数序列。这是自 2001 年计算 CPI 定基价格指数以来，第二次进行基期例行更换，首轮基期为 2000 年，第二轮基期为 2005 年。调整基期，是为了更容易比较。因为对比基期越久，价格规格品变化就越大，可比性就会下降。选择逢 0 逢 5 年度作为计算 CPI 的对比基期，目的是为了与我国国民经济和社会发展五年规划保持相同周期，便于数据分析与使用。

二、根据 2010 年全国城乡居民消费支出调查数据以及有关部门的统计数据，按照制度规定对 CPI 权数构成进行了相应调整。其中居住提高 4.22 个百分点，食品降低 2.21 个百分点，烟酒降低 0.51 个百分点，衣着降低 0.49 个百分点，家庭设备用品及服务降低 0.36 个百分点，医疗保健和个人用品降低 0.36 个百分点，交通和通信降低 0.05 个百分点，娱乐教育文化用品及服务降低 0.25 个百分点。

三、根据各选中调查市县 2010 年最新商业业态、农贸市场以及服务消费单位状况，按照国家统一规定的原则和方法，增加了 1.3 万个调查网点。采集全国 CPI 价格的调查网点(包括食杂店、百货店、超市、便利店、专业市场、专卖店、购物中心以及农贸市场与服务单位等) 达到 6.3 万个。

四、各选中调查市县根据当地居民的消费水平、消费习惯按照国家统一规定的原则和方法，对部分代表规格品及时进行了更新。

思考与练习

一、单项选择题

1. 编制数量指标综合指数所采用的同度量因素是（　　）。

A. 质量指标　　B. 数量指标　　C. 综合指标　　D. 相对指标

2. 编制综合指数时，应固定的因素是（　　）。

A. 指数化指标　　B. 个体指数

C. 同度量因素　　D. 被测定的因素

3. 之所以称为同度量因素，是因为：（　　）。

A. 它可使得不同度量单位的现象总体转化为数量上可以加总

B. 客观上体现它在实际经济现象或过程中的份额

C. 是我们所要测定的那个因素

D. 它必须固定在相同的时期

4. 甲产品报告期产量与基期产量的比值是 110%，这是（　　）。

A. 综合指数　　B. 总指数　　C. 个体指数　　D. 平均数指数

5. 下列指数中属于数量指标指数的是（　　）。

A. 物价指数　　B. 销售量指数

C. 平均工资指数　　D. 销售额指数

二、思考题

1. 统计指数中，广义指数与狭义指数有何差异？

2. 总指数有哪两种基本编制方式？它们各自又有何特点？

3. 在一定条件下，综合指数与平均指数相互之间可能存在着“变形”关系。为什么说，它们两者仍然是相对独立的总指数编制方法？

4. 根据指数体系的内在联系，人们常常利用已知的指数去推算未知的指数，后者就被称为前者的“暗含指数”。试问，拉氏价格指数的暗含指数是什么？拉氏物量指数的暗含指数又是什么？

5. 相对于简单形式的总指数，加权指数有何优点？

三、练习题

1. 某商业企业有关销售资料如表 6-8 所示。

表 6-8　某企业商品销售统计表

商品名称	计量单位	销售量		销售价格(元)	
		基期	报告期	基期	报告期
甲	千克	1200	1000	20	40
乙	件	8000	9000	4	6
丙	米	10000	12000	15	15

要求：(1) 计算销售量总指数，以及销售量变动对销售额绝对数的影响。

(2) 计算价格总指数，以及价格变动对销售额绝对数的影响。

2. 某地区 2005 年和 2000 年有关资料如表 6-9 所示。

表 6-9　某地区甲乙两类商品收购资料表

商品种类	收购总额(万元)		收购价格类指数(%)
	2000 年	2005 年	
甲 乙	140 60	138.6 78.4	105 98

要求：编制这两类商品收购价格总指数。

3. 某企业有关产量及产值资料如表 6-10 所示。

表 6-10　某企业产品产量及产值统计表

产品名称	实际产值(万元)		2003 年比 2002 年产量增长率(%)
	基期	报告期	
甲 乙 丙	200 450 350	240 485 480	25 10 40

要求：(1) 计算产量总指数及其对总产值绝对额的影响。

(2) 计算总产值发展速度（即总产值指数）及总产值增长量。

(3) 计算价格总指数，以及价格变化对总产值绝对额的影响。

4. 据调查，某地四类代表性商品的各类价格指数分别为 110%、95%、100%、101%，各类代表商品的固定权数分别为 10.30、40、20，试求这四类商品的价格总指数。

5. 某企业 2003 年职工平均工资水平提高了 10%，职工人数增加了 2%，问该企业工资总额增长了多少？

6. 某企业 2003 年产品产量比上一年增长了 12%，总成本增长了 13%，该企业产品单位成本增长了百分之多少？

7. 某工厂生产两种不同种类的产品，有关资料如表 6-11 所示。

表 6-11　某工厂生产两种不同种类产品资料表

产品种类	计量单位	产量		价格(元)	
		基期	报告期	基期	报告期
甲 乙	件 台	20000 108	24600 120	40 500	45 450

要求：(1) 计算该厂工业总产值指数及总产值增长额；(2) 从相对数和绝对数两方面对总产值变动进行因素分析；(3) 用文字说明分析结果。

课内实训

[实训目的]

1. 培养综合运用指数体系解决问题的能力。

2. 培养学生的团队合作精神，提高归纳分析及与人沟通的能力。

[实训组织]

1. 本着自愿的原则，学生 5 人一组，每组产生一名组长，由组长负责分工及协调小组内成员的实训任务，并带领大家完成实训任务。

2. 实训以小组讨论形式展开。

[实训项目]

给出某市场上三种粮食的销售价格和销售量资料如表 6-12 所示。

表 6-12　三种粮食的价格和销售量资料

商品类别	计量单位	商品价格(元)		销售量		个体指数(%)	
		基期	报告期	基期	报告期	p_1/p_0	q_1/q_0
面粉	千克	3.00	3.20	560000	650000	106.67	116.07
大米	千克	2.40	3.60	960000	690000	150.00	71.88
食用油	千克	6.00	7.20	152000	160000	120.00	105.26

试讨论

1. 分别用简单综合法与简单平均法编制粮食价格总指数，试比较它们的异同。

2. 进一步地，若将大米的计量单位和相应价格由“元/千克（公斤）”改变为“元/百公斤”的形式（注意，这里仅仅改变数据表现形式，并未改变实际资料本身），再用简单综合法编制粮食价格总指数，会得到什么结果？这说明什么问题？

3. 根据本章的讨论和以上计算、分析，请归纳一下简单指数的主要缺陷和不足之处，并谈谈你对加权指数编制原理的认识。

4. 试分别用拉氏公式和帕氏公式编制上述食品的价格总指数，比较两者在数值结果和分析涵义方面的差异。并说明，能据此判定它们之间的优劣吗？

5. 拉氏指数与帕氏指数孰大孰小有无一般规律？若有，其条件是什么？

6. 试运用指数方法，对本例中食品销售额的综合变动进行因素分析，并说明在价格变动和销售量变动两者中，哪个是影响销售额变动的主要因素。

[实训要求]

1. 小组成员合作得出统计数据。

2. 小组讨论过程中，记录每名成员的发言。

[实训考核]

1. 实训过程中职业素养是否得到体现。

2. 小组分工是否明确和均衡，小组成员的能力是否得到充分的发挥。

3. 讨论结果是否能体现运用指数体系进行分析问题的能力。

项目7 统计分析之抽样推断分析法

名人小传

威廉·戈赛特

威廉·希利·戈赛特（William Sealy Gosset，1876～1937）出生于英国堪特伯雷，是一位化学家、数学家与统计学家，以笔名“Student”著名。统计学上最常使用的学生 t-分布与学生 t 检验即为他所发明。

戈赛特是英国现代统计方法发展的先驱，由他导出的统计学 T 检验广泛运用于小样本平均数之间的差别测试。他曾在伦敦大学 K·皮尔逊生物统计学验室从事研究（1906～1907），对统计理论的最显著贡献是《平均数的机误》（1908）。这篇论文阐明，如果是小样本，那么平均数比例对其标准误差的分布不遵循正态曲线。由于吉尼斯酿酒厂的规定禁止戈赛特发表关于酿酒过程变化性的研究成果，因此戈赛特不得不于 1908 年首次以“学生”（Student）为笔名，在《生物计量学》杂志上发表了“平均数的概率误差”。戈赛特在文章中使用 Z 统计量来检验常态分配母群的平均数。由于这篇文章提供了“学生 t 检验”的基础，为此，许多统计学家把 1908 年看作是统计推断理论发展史上的里程碑。后来，戈赛特又连续发表了“相关系数的概率误差”（1909）、“非随机抽样的样本平均数分布”（1909）、“从无限总体随机抽样平均数的概率估算表”（1917），等等。

知识目标

1. 了解抽样推断的含义、特点及作用。
2. 理解抽样推断相关基本概念。
3. 掌握抽样平均误差和抽样极限误差的计算方法。
4. 掌握区间估计的计算方法。
5. 理解必要样本容量确定的基本内容。

技能目标

1. 能够熟练的进行抽样平均误差和抽样极限误差分析。
2. 能够将抽样推断的方法应用于统计实践工作中。

项目导入

某企业生产的5000个零件中，按照10%的比例，抽取500件进行检查，发现25件是废品，则废品率为（25/500）×100%=5%，采用抽样调查的结果，废品率是5%，来推算5000个零件的废品率，该方法即是抽样推断。

7.1 抽样推断的概述

7.1.1 抽样推断的概念及特点

7.1.1.1 抽样推断的概念

按照随机原则从总体中抽取部分单位进行观察，利用样本中的实际资料计算样本指标，并据以计算相应数量特征的一种统计分析方法。包括统计调查，即对个体单位进行观察与搜集资料的方法，还包括统计分析，即对总体进行统计估计和分析的方法。

7.1.1.2 抽样推断的特点

（1）抽样推断是建立在随机取样的基础上。按随机原则抽取样本单位，是抽样推断的前提。所谓随机原则就是在抽选调查单位的过程中，完全排除人为的主观因素的干扰，以保证现象总体中的每一个个体都有一定的可能性被选中。换句话讲，哪些单元能够被选作调查单位纯属偶然因素的影响。

扩展阅读

随机取样时需要注意的问题

① 随机并非“随意”。随机是有严格的科学含义的，可用概率来描述，而“随便”仍带有人为的或主观的因素，它不是一个科学的概念；

② 随机原则不等于等概率原则；

③ 随机原则一般要求总体中每个单元均有一个非零的概率被抽中；

④ 抽样概率对总体参数的估计有影响。只有坚持抽取的随机原则，才能使被抽中单位的频数分布类型与调查对象相同，从而增强被抽中单位对总体的代表性，达到推断总体的目的。

（2）抽样推断是由部分推算整体的一种认识方法。即对抽取的调查单位进行调查研究，取得调查单位的实际资料，计算出调查单位的指标数值，并据以推断和估计总体的指标数值。

（3）抽样推断以概率论中的大数法则和中心极限定理为理论依据。

（4）抽样误差可以事先计算和控制。

7.1.2 抽样推断的作用

抽样调查除具有十分明显的特色之外，还在实际应用过程中发挥着突出的作用。

（1）抽样调查能够解决全面调查所无法解决的现象的调查问题。在实际工作中，对某些现象常常可能一方面需要了解其全面情况，另一方面又由于现象自身的特性决定了无法通过全面调查获取资料。此时，只有使用抽样调查。该类现象主要有：①产品质量的破坏性检验。如轮胎的里程寿命试验，青砖的抗折耐压试验，炮弹的杀伤力试验，弹簧的抗拉强度试验等等。②无限总体的调查。无限总体所包含的总体单位数目无限多个，无法一一调查。

③包括未来时序的总体，如生产过程稳定性的检查等。

（2）抽样调查适用于对理论上可以作全面调查，而实际上又难以组织全面调查的现象进行调查。有些现象虽属于有限总体，但由于其总体范围过大，单位数目过多且过于分散，事实上不可能作全面调查，如森林的木材蓄积量调查，大量连续作业的某些产品质量的非破坏性检验，水稻的颗粒重检验等。还有些现象由于受时间或其他条件的制约，不能组织全面调查，如战备物资调查，自然灾害造成损失情况的调查等。

（3）抽样调查对于时效性要求较高、同时又可以对不作全面调查的现象的调查有着特殊的作用。如前所述，抽样调查具有费用低、速度快、精度高的特点，这使得它比其他非全面调查能更有效地满足各有关方面的需要。

（4）抽样调查的结果可被用来检验和修正全面调查结果。由于全面调查涉及面广、工作量大、参加人员多、汇总传递环节多、调查结果容易出现差错。但是，其差错到底有多大，全面调查自身无法回答这一问题。因此，可在全面调查之后再进行一次抽样调查，根据抽样调查结果对全面调查结果进行检查和修正，从而提高全面调查的质量。

（5）抽样调查可对工业生产过程的稳定性进行监测，从而实现质量控制。

（6）利用抽样调查方法还可以对总体的某些假设进行检验，以判断这些假设的真伪，为管理决策提供依据。例如：质量控制时一旦发现异常情况，可以及时采取措施，防止废品大量产生。

动脑筋：生活中我们是否有能够体现抽样推断作用的生活经历呢？

7.1.3 抽样推断相关基本概念

7.1.3.1 总体和样本

（1）总体。总体亦称全及总体，指所要认识的研究对象全体，它是由所研究范围内具有某种共同属性的全体单位所组成的集合体。通常用 N 表示，N 是很大的数。

（2）样本。样本又称子样，也称样本总体，它是全及总体中随机抽取出来的，作为代表这一总体的那部分单位组成的集合体。样本中所包含的单位数称为样本容量，通常用 n 表示，相对于 N 来讲 n 是很小的数（样本容量小于 30 的称为小样本，反之，则称为大样本）。

总体和样本，一个是整体，一个是部分，全及总体是我们的研究内容的对象，因此它是唯一的，确定的；而样本则是建立在随机基础上抽取出来的，所以每一次选样，都会选出不同的结果，所以它是变动的，不确定的。

7.1.3.2 总体指标和样本指标

（1）总体指标是指根据总体各单位的标志值或标志属性计算出来的，反映总体某种属性或者特性的综合指标，也称为全及指标或者总体参数。常用的总体指标有：总体平均数、总体标准差、总体方差和总体成数。

① 总体平均数，是全及总体各单位标准值的平均数，一般用 $\overline{X}$ 表示，其计算公式如下：

$$\overline{X}=\frac{\sum X}{N} \quad 或 \quad \overline{X}=\frac{\sum XF}{\sum F} \tag{7-1}$$

式中，X 表示总体各单位的标志值；F 表示总体各组出现的频数（次数）；N 表示总体单位数。

② 总体标准差，它是指全及总体中根据各单位标志值计算的标准差，记作 δ

$$\delta=\sqrt{\frac{\sum (X-\overline{X})^2}{N}} \quad 或 \quad \delta=\sqrt{\frac{\sum (X-\overline{X})^2 F}{\sum F}} \tag{7-2}$$

总体标准差的平方叫总体方差，记作 δ^2，

$$\delta^2=\frac{\sum (X-\overline{X})^2}{N} \text{ 或 } \delta^2=\frac{\sum (X-\overline{X})^2 F}{\sum F} \tag{7-3}$$

对于总体中的质量标志，常用的总体参数由总体成数和总体成数标准差（方差）来表示。

③ 总体成数，指某种性质的单位数（N_1）在总体全部单位数中所占的比重，一般用 P 表示，则总体中不具有某种性质的单位数（N_0）在总体中所占的比重为结构相对数，用 Q 表示。

$$P=\frac{N_1}{N},\ Q=\frac{N_0}{N} \tag{7-4}$$

其中，$N_0+N_1=N$，所以 $P+Q=1$。

成数的标准差的计算公式为：

$$\delta=\sqrt{P(1-P)} \tag{7-5}$$

（2）样本指标是指根据样本各单位标志值或标志属性计算出来的，也称样本统计量。

样本指标有：样本平均数 $\overline{X}$，样本标准差，样本成数 p，样本成数标准差。

样本指标是用来估计总体参数的，内容和计算方式是与总体参数一致的，但本质不同，总体指标是直接总体的实际数据是唯一的、确定的、固定的。而样本指标则是随着抽样的变化，样本的变化，其指标值也是处于不断变化之中的。

7.1.3.3 重复抽样与不重复抽样

（1）重复抽样也称有放回抽样，是从总体中抽取样本时，随机抽取一个样本单位，记录该单位有关标志表现以后，把它放回到总体中去，然后，再从总体中随机抽取第二个样本单位，记录它的有关标志表现以后，也把它放回总体中去参加下一次抽去，照此下去直到抽满 n 个样本单位为止。

从总体 N 个单位中，用重复抽样的方法，随机抽取 n 个单位构成一个样本，则共可抽取 N_n 种样本。

（2）不重复抽样也称不放回抽样，它是从总体中抽取第一个样本单位，记录该单位有关标志表现后，这个样本单位不再放回总体中参加下一次抽选，然后，再从总体 N-1 个单位中随机抽取第二个样本单位，记录了该单位有关标志表现后，该样本单位也不放回总体中去，再从总体 N-2 个单位中抽取第三个样本单位，照此下去直到抽选出第 n 个样本单位为止。或者是一次就从总体的 N 个单位中抽取 n 个单位组成样本。

从总体 N 个单位中，用不重复抽样的方法，抽取 n 个单位的样本，可能出现的样本种数为 C_N^n。

可见，在其他条件相同的情况下，重复抽样的样本种数总是大于不重复抽样的样本种数。

7.2 抽样误差

7.2.1 抽样误差的含义

7.2.1.1 抽样误差的概念

在抽样推断中，样本指标和总体指标间必然存在某种程度的离差，统计学上将这种离差定义为误差。抽样误差是指由于随机抽样的偶然因素使样本各单位的结构对总体各单位结构的代表性差别，而引起的抽样指标和全及指标之间的绝对离差。

7.2.1.2 抽样误差的类别

误差是不可避免的，根据其产生的原因可以归纳为登记性误差和代表性误差。

(1) 登记性误差，即在调查过程中，由于观察测量、登记、计算上的差错所引起的误差。这种误差是属于人为因素造成的。

(2) 代表性误差，是指由于样本单位的分布结构不足以代表总体的特征而产生的样本指标与总体指标之间的误差。它又可分为两种，即系统误差和随机误差。

系统误差是在抽样过程中，由于违反随机原则，有意地选择较好或较差单位进行调查，造成样本代表性不足所引起的误差。这种误差也是人为造成的，可以防止或者避免。

随机误差是指严格遵守随机原则的情况下，由于偶然因素的影响所产生的样本不足以代表总体的误差。这种误差非人为因素所致，在抽样推断中不可避免。

统计学中的抽样误差专指代表性误差中的随机误差。

影响抽样误差大小的因素主要有：

(1) 总体单位的标志值的差异程度。差异程度越大则抽样误差越大，反之则越小。

(2) 样本单位数的多少。在其他条件相同的情况下，样本单位数越多，则抽样误差越小。

(3) 抽样方法。抽样方法不同，抽样误差也不相同。一般说，重复抽样比不重复抽样，误差要大些。

(4) 抽样调查的组织形式。抽样调查的组织形式不同，其抽样误差也不相同，而且同一组织形式的合理程度也会影响抽样误差。

7.2.2 抽样平均误差

对于确定的总体来说，总体参数是确定的值。由于样本是按随机原则抽取的，从同一总体抽取样本容量相同的样本可以有多种不同的抽法。每个样本都有自己的样本统计量，而且大小不等，因而它们对于总体指标的离差就有大有小。抽样平均误差就是用来反映抽样误差的一般水平的指标。

为此，我们用所有可能样本的统计量与相应的总体参数的标准差来反映所有可能样本的统计量与总体参数的平均差距。

抽样平均误差通常用符号 δ 来表示。为便于区别起见，用 $\delta_{\bar{x}}$ 表示平均数的抽样平均误差；δ_p 表示成数的抽样平均误差。其计算公式为：

$$\delta_{\bar{x}} = \sqrt{\frac{\sum (\bar{x} - \overline{X})^2}{M}}$$

$$\delta_p = \sqrt{\frac{\sum (p - P)^2}{M}} \tag{7-6}$$

式中：M 表示可能出现的样本种数。

实际计算时是不可能直接采用这个公式的。首先，因为在实际工作中一般只抽取一个样本，不可能取出所有可能的样本，并计算它们的平均数；其次，在进行抽样调查的全过程中，总体平均数 $\overline{X}$ 是未知的，因而上述抽样平均误差的公式也无从算起。根据数理统计理论，可以推导出抽样平均误差的计算公式。

7.2.2.1 平均数的抽样平均误差

在重复抽样的情况下，抽样平均误差为：

$$\delta_{\overline{X}} = \sqrt{\frac{\sigma^2}{n}} = \frac{\sigma}{\sqrt{n}} \tag{7-7}$$

在不重复抽样条件下，抽样平均误差为：

$$\delta_{\overline{X}}=\sqrt{\frac{\sigma^2}{n}\left(\frac{N-n}{N-1}\right)} \tag{7-8}$$

当总体单位数 N 很大时，上式中的 N-1 可用 N 来代替。

因而实际工作中不重复抽样的抽样平均误差，可改为下式：

$$\delta_{\overline{X}}=\sqrt{\frac{\sigma^2}{n}\left(1-\frac{n}{N}\right)} \tag{7-9}$$

式中，n/N 称为抽样比。

显然，相同条件下，不重复抽样误差数值一定小于重复抽样的抽样误差。不过，实际工作中，在没有掌握总体单位数的情况下或者总体单位数 N 很大时，一般用重复抽样平均误差公式来计算不重复抽样平均误差。

【例 7.1】假设有 4 个工人，其每周工资分别为 70 元、90 元、130 元、150 元。现从总体中随机抽取 2 名工人作样本。计算这一总体的平均工资 $\overline{X}$ 和工资标准差 σ。

解：根据数据由公式可得：

$$\overline{X}=\frac{\sum X}{N}=\frac{70+80+130+150}{4}=110(\text{元})$$

$$\sigma=\sqrt{\frac{\sum (x-\overline{X})^2}{N}}$$

$$=\sqrt{\frac{(70-110)^2+(90-110)^2+(130-110)^2+(150-110)^2}{4}}$$

$$\approx 31.62(\text{元})$$

在重复抽样情况下，平均工资抽样平均误差为：

$$\delta_{\overline{x}}=\frac{\sigma}{\sqrt{n}}=\frac{31.62}{\sqrt{2}}\approx 22.36(\text{元})$$

在不重复抽样情况下，平均工资抽样平均误差为：

$$\delta_{\overline{X}}=\sqrt{\frac{\sigma^2}{n}\left(\frac{N-n}{N-1}\right)}=\sqrt{\frac{1000}{2}\left(\frac{4-2}{4-1}\right)}\approx 18.26(\text{元})$$

【例 7.2】对某市 1500 名市民进行理财支出调查，随机抽取其中 5% 的市民作为样本，调查所得资料如下：样本单位数为 75 人，平均每人理财支出为 4344 元，理财支出的标准差为 468 元，要求计算抽样平均数的平均误差。

解：已知 $n=75$，$\overline{x}=4344$ 元，$\sigma=468$ 元，则抽样平均数的平均误差计算如下：

重复抽样：$\delta_{\overline{X}}=\sqrt{\frac{\sigma^2}{n}}=\frac{\sigma}{\sqrt{n}}=\frac{468}{\sqrt{75}}=53.8(\text{元})$

不重复抽样：$\delta_{\overline{X}}=\sqrt{\frac{\sigma^2}{n}\left(\frac{N-n}{N-1}\right)}=\sqrt{\frac{468^2}{75}(1-5\%)}=52.7(\text{元})$

7.2.2.2 成数的抽样平均误差

成数的抽样平均误差表明各样本成数和总体成数绝对离差的一般水平。由于总体成数可以表现为总体是非标志的（0，1）分布的平均数，而且它的标准差也可以从总体成数推算出来，即：

$$\overline{x_P}=P \qquad \sigma_P=\sqrt{P(1-P)} \tag{7-10}$$

因此，容易从抽样平均数的抽样平均误差和总体标准差的关系推出抽样成数平均误差的计算公式。

在重复抽样的条件下，成数的抽样平均误差为：

$$\delta_P = \sqrt{\frac{P(1-P)}{n}} \tag{7-11}$$

式中，P 为总体成数，n 为样本单位数。

在不重复抽样的条件下，成数的抽样平均误差为：

$$\delta_P = \sqrt{\frac{P(1-P)}{n} \cdot \left(\frac{N-n}{N-1}\right)} \overset{\text{当}N\text{很大时}}{\approx} \sqrt{\frac{p(1-p)}{n}\left(1-\frac{n}{N}\right)} \tag{7-12}$$

在得不到总体成数 P 的资料时，也可以用实际样本的抽样成数 p 来代替。

【例 7.3】要估计某地区 10000 名适龄儿童的入学率，随机从这一地区抽取 400 名儿童，经调查，有 320 名儿童入学，求入学率的抽样平均误差。

解：根据已知条件：

$$p = \frac{320}{400} = 80\%$$

$$\sigma_p^2 = p(1-p) = 80\% \times 20\% = 16\%$$

在重复抽样的情况下，入学率的抽样平均误差为：

$$\delta_P = \sqrt{\frac{P(1-P)}{n}} = \sqrt{\frac{0.16}{400}} = 2\%$$

在不重复抽样的情况下，入学率的抽样平均误差为：

$$\delta_P = \sqrt{\frac{P(1-P)}{n}\left(1-\frac{n}{N}\right)} = \sqrt{\frac{0.16}{400}\left(1-\frac{400}{10000}\right)} \approx 1.96\%$$

扩展阅读

在抽样调查的实践中，总体的标准差 σ_x 和总体成数的标准差 $\sqrt{P(1-P)}$ 往往是未知的。因此，通常可以采用以下几种方法解决：

(1) 用估计的资料。例如在农产品抽样调查中，用农产品预计估产的资料计算出的总体方差。

(2) 用过去调查所得的资料。可以用全面调查的资料，也可以用抽样调查的资料。

(3) 用样本方差的资料代替总体方差。概率论的研究从理论上作了证明，样本方差可以相当接近于总体方差。这是实际工作中经常使用的一种方法，但它只能在调查之后才能计算。

(4) 小规模调查资料。如没有过去资料，又需要在调查前就估计出抽样误差，就可以在大规模调查之前，组织一次小规模的试验性调查。

(5) 总体成数方差还有一个特点，就是它的最大值是 0.5×0.5＝0.25，也就是说，当两类总体单位各占一半时，它的变异程度最大，方差为 25%，标准差则为 50%。因此，在总体成就方差值未知时，可以用其最大值来代替，这样会使计算出的误差偏大，但一般而言这对推断认识有益无害。

7.2.3 抽样极限误差

7.2.3.1 抽样极限误差概念

应当指出，抽样平均误差只是衡量统计量与总体参数之间可能发生的平均误差的一种尺度，并不是抽样指标与总体指标间的实际误差。由于未知的总体参数是一个确定的量，而统计量会随样本的不同而变动，它是围绕着总体参数上下随机出现的变量。这样，统计量与总体参数之间就有个误差范围问题。抽样误差范围就是变动的抽样指标与确定的总体参数之间的离差的可能范围。它是根据概率论，以一定的可靠程度保证抽样误差不超过某一给定的范围，统计上把这个给定的抽样误差范围叫做抽样极限误差，也称为抽样允许误差。

用 $\Delta_{\bar{x}}$ 、Δ_p 分别表示样本平均数与样本成数的抽样极限误差，则有：

$$\begin{aligned}\Delta_{\bar{x}} &= |\bar{x}-\bar{X}| \\ \Delta_p &= |p-P|\end{aligned} \tag{7-13}$$

将式（7-13）经过变换，可以得到下列不等式：

$$\begin{aligned}\bar{X}-\Delta_{\bar{x}} \leqslant \bar{x} \leqslant \bar{X}+\Delta_{\bar{x}} \\ P-\Delta_p \leqslant p \leqslant P+\Delta_p\end{aligned} \tag{7-14}$$

公式（7-14）表示，样本平均数 $\bar{x}$ 是以总体平均数 $\bar{X}$ 为中心，在 $\bar{X}-\Delta_{\bar{x}}$，$\bar{X}+\Delta_{\bar{x}}$ 之间变动；样本成数 p 是以总体成数 P 为中心，在 $(P-\Delta_p，P+\Delta_p)$ 范围内变动。

公式（7-14）也可以改写为：

$$\begin{aligned}\bar{x}-\Delta_{\bar{x}} \leqslant \bar{X} \leqslant \bar{x}+\Delta_{\bar{x}} \\ p-\Delta_p \leqslant P \leqslant p+\Delta_p\end{aligned} \tag{7-15}$$

公式（7-15）说明：由于总体参数是未知数，而统计量是可以测算的，因此，抽样误差范围的实际意义是被估计的总体指标 μ 或 P 所落在的由抽样指标所确定的范围，即落在 $(\bar{x}-\Delta_{\bar{x}}，\bar{x}+\Delta_{\bar{x}})$ 或 $(p-\Delta_p，p+\Delta_p)$ 范围内。

7.2.3.2 抽样误差范围估计的可靠程度

既然统计量是一个随机变量，总体参数落在某一个区间内自然不会是确定的事，它的可靠程度也不会完全相同，因此需要研究估计的可靠程度问题。

抽样误差范围 Δ 是用一定倍数的抽样平均误差来表示的，这个倍数一般用 t 表示，它是以抽样平均误差为尺度来衡量的相对误差范围，我们称之为概率度。用公式表示为：

$$\begin{aligned}\Delta_{\bar{x}} &= t\delta_{\bar{x}} \\ \Delta_p &= t\delta_p\end{aligned} \tag{7-16}$$

公式（7-16）表明，在抽样平均误差一定的条件下，概率度 t 越大，则抽样误差范围 Δ 越大，区间 $(\bar{x}-\Delta_{\bar{x}}，\bar{x}+\Delta_{\bar{x}})$ 或 $(p-\Delta_p，p+\Delta_p)$ 越宽，总体参数落在该区间内的概率（可能性）越大，抽样估计的可靠程度就越高，反之，t 越小，抽样误差范围 Δ 越小，估计区间越窄，总体参数落在区间 $(\bar{x}-\Delta_{\bar{x}}，\bar{x}+\Delta_{\bar{x}})$ 或 $(p-\Delta_p，p+\Delta_p)$ 内的概率（可能性）越低，抽样估计的可靠程度也就越低。因此，概率度 t 与置信概率成正比。两者具有如下的数量关系如图 7-1 和表 7-1 所示。

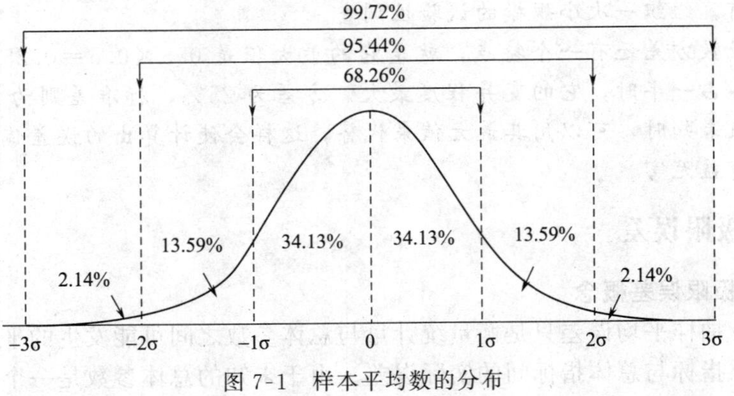

图 7-1 样本平均数的分布

表 7-1 常用概率度 t 与置信度

概率度 t	置信度
1	0.6827
1.64	0.8990
1.96	0.9500
2	0.9545
3	0.9973
5	0.9999

7.2.4 抽样估计

抽样估计是推断统计的重要内容之一，它是在抽样及抽样分布的基础上，根据样本统计量来推断总体特征的一种分析方法。由于总体指标是表明数量特征的参数，所以抽样估计也称为参数估计。抽样估计有点估计和区间估计两种方法。

7.2.4.1 点估计

点估计又称定值估计，直接用样本指标来估计总体指标的方法。用样本平均数 $\overline{x}$ 作为总体平均数 $\overline{X}$ 的估计值，用样本成数 p 作为总体成数 P 的估计值。

即：$\overline{x}=\overline{X} \quad p=P$ (7-17)

例如，抽取 5000 名大学生对其实施网购支出调查，结果表明，该 5000 名大学生的月平均网购支出为 239.6 元。就此推断，全体大学生月网购支出为 239.6 元。

点估计的优点是原理直观、计算简便，在实际工作中经常采用。不足之处是这种估计方法没有考虑到抽样估计误差，更没有指明误差在一定范围内的概率保证程度。因此，当抽样误差较小，或抽样误差即使较大也不妨碍对问题的认识和判断时，才可以采用这种方法。

7.2.4.2 区间估计

总体参数的区间估计，利用实际抽样资料，根据要求给出一个区间，用这个区间表明总体参数可能存在的范围，并同时指出这个估计的可靠程度，其中该区间称为总体参数的置信区间，可靠程度称为置信度用 $F(t)$ 表示。

总体平均数的置信区间：$\overline{x}-\Delta x \leqslant \overline{X} \leqslant \overline{x}+\Delta x$

总体成数的置信区间：$p-\Delta p \leqslant P \leqslant p+\Delta p$

总体参数的区间估计必须具备三个基本要素：

$$\begin{cases}\text{误差范围：}\Delta x,\ \Delta p\\ \text{估计值：}\overline{x},\ p\\ \text{概率保证程度：}F(t)\end{cases}$$

抽样极限误差决定估计的精确性，置信概率决定估计的可靠性。

区间估计的一般步骤：

① 给定估计的概率或概率密度；

② 计算样本指标 $\overline{x}$ 或 p；

③ 收集总体数量方差的经验数据或计算样本数量标志方差 δ^2；

④ 计算抽样平均误差 $\delta_{\overline{x}}$ 或 δ_p；

⑤ 计算抽样极限误差 $\Delta_{\overline{x}}$ 或 Δ_p；

⑥ 确定区间的上下限即置信区间，并说明所估计的概率。

如果已经给定了抽样极限误差，可以计算出概率度 t，从而可以估计在这个极限误差内概率的保证程度。

【例 7.4】某品牌手机生产厂家打算推出新型手机，为了预测销路，在网络上随机对

1000 名消费者进行调查，结果有 4000 人打算购买这款新型手机，要求以 95%的概率保证程度，估计消费者欲购买这款新型手机的比率。

解：由 95%的概率保证程度，查表可得 $t=1.96$

计算样本指标：

$$P=\frac{400}{1000}=40\%$$

$$\sqrt{p(1-p)}=\sqrt{0.4\times(1-0.4)}=49\%$$

$$\delta_p=\sqrt{\frac{p(1-p)}{n}}=\sqrt{\frac{0.4\times0.6}{1000}}=1.5\%$$

计算极限误差：

$$\Delta_p=t\delta_p=t\cdot\sqrt{\frac{p(1-p)}{n}}=1.96\times1.5\%=2.94\%$$

$$p-\Delta_p\leqslant P\leqslant p+\Delta_p$$

确定置信区间：

$$40\%-2.94\%\leqslant P\leqslant 40\%+2.94\%$$

$$37.06\%\leqslant P\leqslant 42.94\%$$

即在 95%的概率保证程度下，消费者欲购买这款新型手机的比率在 37.06%～42.94%之间。

7.3 抽样方法

7.3.1 简单随机抽样

简单随机抽样又称为纯随机抽样，是按随机原则直接从总体 N 个单位中抽取 n 个单位作为样本。简单随机抽样对总体不加任何限制，等概率地从总体中直接抽取样本，是最简单、最单纯的抽样技术，它具有计算简便的优点，是研究其他复杂抽样技术的基础，也是比较各种抽样技术之间估计效率的标准，同时，从理论上讲简单随机抽样在各种抽样技术中是贯彻随机原则最好的一种，并且数学性质很简单，是等概率抽样的特殊类型。

另一方面，因为是等概率抽取样本，所以要求总体在所研究的主要标志上同质性或齐整性（共性）较好，即总体要比较均匀。但是，在社会经济现象中，这种均匀总体是很少见的。因此，实际工作中很少单纯使用简单随机抽样方法。

再者，因为直接从总体中抽取样本，未能充分利用关于总体的各种其他已知信息，以有效地提高样本的代表性，并进而提高抽样的估计效率。

此外，简单随机抽样要求在抽样前编制出抽样框，并对每一个总体抽样单位进行编号，而且当总体抽样单位的分布比较分散时，样本也可能会比较分散，这些都会给简单随机抽样方法的运用造成许多的不便，甚至在某些情况下干脆无法使用。因此，在此基础上研究其他抽样技术显得更为必要。

简单随机抽样的具体实施方法主要有抽签法和随机数法。

(1) 抽签法。给总体各单位编码后，将数码写在结构无效的签上，将签混匀后即可抽取。这种方法简便易行，但对较大的总体而言，编码的工作量很大且混匀有困难，所以它具有一定的局限性。

（2）随机数字法。随机数字可以借助计算机获得，也可以应用随机数表，其中随机数表方法应用较为普遍。利用随机数表进行抽样时，首先为每个总体单位编码，根据编码的最大位数确定将要使用随机数表的列数；然后从表中任意一列、任意一行开始，由纵向或横向画线取数，遇到属于总体单位编码范围内的数组就确定为样本单位，接着继续往下找。如果要求不重复抽样时，遇到重复出现的数字（组）就弃之，直到取足要求的单位数为止。

7.3.2 分层抽样

分层抽样称类型抽样。它是实际工作中最常用的抽样技术之一。分层抽样是在抽样之前，先将总体 N 个抽样单位按某一标志划分为 k 层（类），然后在各层内分别独立地进行随机抽样。由此所抽得的样本称为分层样本。各层的抽样可以采取同一抽样方法，也可采取不同的抽样方法。

分层抽样的具体方法有很多，常见的有以下三种：

（1）等数分配分层抽样。它是在各类型组中分配同等的样本单位数的方法。这种方法只在各类型的总体单位数相等或差异不大时使用，它可使综合计算变得简单。

（2）等比例分层抽样。它是按照类型的大小以相等的比例分配样本的方法。通常是按各组单位数占全及总体单位数的一定比例来抽取样本，单位数较多的组应该多取样，单位数较少的组则少取样，保持各组样本单位数与样本容量之比等于各组总体单位数与全及总体单位数之比，即：

$$\frac{n_1}{N_1}=\frac{n_2}{N_2}=\cdots\cdots=\frac{n_k}{N_K}=\frac{n}{N}$$

所以，各组的样本单位为：

$$n_i=\frac{nN_i}{N}\quad (i=1,\ 2,\ \cdots,\ k) \tag{7-18}$$

采用等比例分层抽样是为了使用样本的结构接近总体的结构，避免样本平均数由于各组比重差异而引起的误差。由于其对样本单位的分配比较合理，在实际工作应用较多。

（3）不等比例分层抽样。它是在各类型组中按不同的比例分配样本单位数的方法，又称最优分配法。当各类型组的单位数相差悬殊或者标志变异程度相差较大时，采用等数或者等比例分配方法的抽样效果较差，这时可采用不等比例类型抽样法进行抽样。其中，标志变异程度较大或者单位较多的组其抽样比例可略高；标志变异程度较小或者单位较少的组其抽样比例可相对低一点。

同简单随机抽样相比，分层抽样具有以下特点：

① 分层抽样能够充分地利用总体的各种已知信息进行分层，因此抽样的效果一般比简单随机抽样要好。但当对总体缺乏较多的了解时，则无法分层或不能保证分层的效果。

② 在分层抽样中，总体的方差一般可以分解为层间方差和层内方差两部分。由于分层抽样的误差只与层内差异有关，而与层间差异无关，因此，分层抽样可以提高估计量的精度。

③ 由于分层抽样是在每层内独立地进行抽样，因此，使得分层样本能够比简单随机样本更加均匀地分布于总体之内，所以其代表性也更好些。

④ 分层抽样的随机性具体体现在层内各单位的抽取过程之中，即在各层内部的每一个单位都有相同的机会被抽中，而在层与层之间则是相互独立的。

⑤ 分层抽样适合于调查标志在各单位的数量分布差异较大的总体。因为对这样的总体进行合理的分层后可将其差异较多地转化为层间差异，从而使层内差异大大减弱。

⑥ 分层抽样中除了可以推断总体参数外，还可以推断各不同层的数量特征，并进一步

作对比分析，从而满足不同方面的需要，也能帮助人们对总体做更全面、更深入地了解。但对各层的估计缺乏精度保证。

⑦ 分层抽样中，由于各层的抽样相互独立，互不影响，且各层间可能有显著的不同，因此，对不同层可以按照具体情况和条件分别采用不同的抽样和估计方法进行处理，从而提高估计的精确度。

⑧ 分层抽样中在进行分层时，需收集可用于分层的必要的各种资料，因此可能会增加一定的额外费用。同时，分层抽样中，总体参数的估计以及各层间样本量的分配、总样本量的确定等都更为复杂化。

7.3.3 系统抽样

系统抽样也称等距抽样或机械抽样。它是将总体各抽样单元按一定的标志和顺序排列以后，每隔一定的距离（间隔）抽取一个单元组成样本进行调查。其具体方法如下：

设总体由 N 个单元组成，并按某种顺序编上 1 到 N 的号码，要在其中抽取容量为 n 的样本，先在前 K 个单元中随机抽选出一个单元，以后每隔 K 个单元抽取一个单元，由所有抽中的单元共同所组成的样本称为等距样本。可见，抽出了第一个单元就等于决定了整个样本。这种抽样方法就是等距抽样。这里 K 称为抽样间隔。

作为总体各单位顺序排列的标志，可以是无关标志也可以是有关标志。所谓无关标志是指与调查标志无关的或不起主要的影响作用的标志。例如工业产品质量抽查按时间顺序取样，农产量抽样调查按田间的地理顺序取样，居民家计调查按街道的门牌号码抽取调查户等。

在系统抽样中，最简单最基本的方法是随机起点等距抽样。但在实际实施系统抽样时，考虑到排序标志的不同，以及总体单元数是否能被某一数值整除等因素，具体的抽样实施方法又可以有一系列不同的变化。常见的系统抽样实施方法有：随机起点系统抽样、循环系统抽样、中点系统抽样、对称系统抽样法等。

7.3.4 整群抽样

整群抽样也称集团抽样。它是将总体各单位划分成许多群，然后从其中随机抽取部分群，对中选群的所有单位进行全面调查的抽样组织形式。确切地说，这种抽样组织形式应称为单级整群抽样。

如果总体中的单位可以分成多级，则可以对前几级单位采用多阶抽样，而在最后一阶中对该阶抽样单位所包含的全部个体（最基本单元）进行调查，这种抽样称作多级整群抽样。

在抽样调查中没有总体单位的原始记录可利用时，常常采用整群抽样。例如要调查某校学生的生活消费状况，可将全校学生按专业分群，每个专业作为一个群，然后随机抽取出若干个群，对其中的所有学生进行调查。

整群抽样因为是对选中群的全面调查，所以调查单位很集中，大大简便抽样工作，节省经费开支。

整群抽样是对选中群进行全面调查，所以只存在群间抽样误差，不存在群内抽样误差。这一点和类型抽样只存在组内抽样误差，不存在组间抽样误差恰好相反。因此，整群抽样和类型抽样虽然都要对总体各单位进行分组，但分组的原则却是完全不同的。类型抽样的分组要求尽量缩小组内的差异程度，扩大组间方差；而整群抽样的分组则要求扩大群内的差异程度，缩小群间方差。

以上四种抽样方法都有自己的特点和适用范围，但是也存在一定的联系，具体情况如表 7-2 所示。

表 7-2　四种抽样方法的比较

类　别	各自特点	相互联系	适用范围
简单随机抽样	从总体中逐个抽取		总体单位较少的均匀总体
分层抽样	将总体分成几层，分层进行抽取	各层抽样时采用简单随机抽样或者等距抽样	总体由差异明显的几部分组成
系统抽样	将总体均分成几个部分，按事先确定的规则在各部分抽取	在起始部分抽样时采用简单随机抽样	总体单位数较多
整群抽样	先将总体划分为若干群，再从中任意抽取几群	各群抽样时采用简单随机抽样或者等距抽样	存在自然群的场合

7.4　必要抽样容量的确定

7.4.1　必要抽样容量的概念

必要抽样容量是指能够保证抽样推断的把握程度和精确程度的尽量小的样本容量。在进行实际抽样调查之前，样本单位数是未知的。确定必要抽样单位数也是抽样设计中的一个重要问题。为了避免抽取单位数过大或过小，必须恰当地确定样本容量。为此需要首先分析影响必要抽样单位数的因素。

（1）用户对抽样推断可靠程度和精确度的要求。如果要求抽样的可靠程度和精确度较高，那么抽样单位数就要多些，反之则可少些。

（2）不同的抽样组织方式。一般来说，类型抽样和等距抽样比简单随机抽样需要的抽样单位数少，单个抽样比整群抽样需要的单位数少，不重复抽样比重复抽样需要的抽样单位数少。

（3）总体变量值的差异程度。总体变量值的差异程度越大，需要抽取的样本单位数就越多。

（4）按上述依据确定的抽样单位数，还要结合调查人力、物力和财务的许可情况加以适当调整，然后做出最后的决定。

上面影响抽样单位数的四个因素之间的联系，可以由抽样极限误差公式来反映。从抽样极限误差公式，可以推导出必要抽样单位数的计算公式。

7.4.2　必要抽样容量的计算

从抽样极限误差的计算公式 $\Delta_{\bar{x}}=t\delta_{\bar{x}}$，可以看出必要样本容量与概率度和置信度三者的关系，从而可以得出必要样本容量的计算方法。

7.4.2.1　简单随机抽样的抽样单位数

（1）重复抽样时：

$$\Delta_{\bar{x}}=t\delta_{\bar{x}}=t\sqrt{\frac{\sigma^2}{n}} \tag{7-19}$$

$$n=\frac{t^2\sigma^2}{\Delta_{\bar{x}}^2}\quad 或\quad n=\frac{t^2p(1-p)}{\Delta_p^2}$$

（2）不重复抽样时：

$$n=\frac{t^2\sigma^2 N}{N\Delta_{\bar{x}}^2+t^2\sigma^2} \quad 或 \quad n=\frac{t^2 p(1-p)N}{N\Delta_p^2+t^2 p(1-p)} \tag{7-20}$$

7.4.2.2 类型抽样的抽样单位数

(1) 重复抽样时：

$$n=\frac{t^2\overline{\sigma^2}}{\Delta_{\bar{x}}^2} \quad 或 \quad n=\frac{t^2\ \overline{p(1-p)}}{\Delta_p^2} \tag{7-21}$$

(2) 不重复抽样时：

$$n=\frac{t^2\overline{\sigma^2}N}{N\Delta_{\bar{x}}^2+t^2\overline{\sigma^2}} \quad 或 \quad n=\frac{t^2\ \overline{p(1-p)}N}{\Delta_p^2 N+t^2\ \overline{p(1-p)}} \tag{7-22}$$

式中，$\overline{\sigma}$ 和 $\overline{p(1-p)}$ 分别为各层方差和成数方差的平均数。

7.4.2.3 整群抽样的抽取群数

由于整群抽样是不重复抽样，则

$$n=\frac{t^2\sigma_x^2 R}{\Delta_{\bar{x}}^2 R+t^2\sigma_x^2} \quad 或 \quad n=\frac{t^2\delta_p^2 R}{\Delta_p^2 R+t^2\sigma_p^2} \tag{7-23}$$

式中，t 为概率度，R 为总体群数。

【例 7.5】某批产品的平均重量 $\bar{x}=70$ 千克，总体标准 $\sigma=5$ 千克，现准备对这批产品采用重复抽样方式进行简单随机抽样检验，要求可靠程度达到 95%，允许误差不超过 0.9 千克，试问需抽多少样本单位？

解：由题目条件知：

$\sigma=5$，$F(t)=95\%$，$t=1.96$，$\Delta_{\bar{x}}=0.9$

按重复抽样公式得：

$$n=\frac{t^2\sigma^2}{\Delta_{\bar{x}}^2}=\frac{1.96^2\times 5^2}{0.9^2}=118.6\approx 119\ (件)$$

所以应抽取样本单位数 119 件。

若上题中该产品的一等品率为 90%，要求误差范围不超过 5%，试问应抽多少样本单位？

按成数公式计算得：

$$n=\frac{t^2 p(1-p)}{\Delta_p^2}=\frac{1.96^2\times 0.9\times 0.1}{0.05^2}=138.3\approx 139(件)$$

所以，应抽取 139 件。

思考与练习

一、单项选择题

1. 典型调查与抽样调查的相同之处为（　　）。

A. 均遵守随机原则　　B. 以部分推断总体

C. 误差均可估计　　D. 误差均可控制

2. 抽样推断必须遵守的首要原则是（　　）。

A. 大量性原则　　B. 随机原则

C. 可比性原则　　D. 总体性原则

3. 既可进行点估计又可进行区间估计的是（　　）。

A. 重点调查　　B. 典型调查　　C. 普查　　D. 抽样调查

4. 误差可以计算并加以控制的是（　）。

A. 抽样调查　　B. 普查　　C. 典型调查　　D. 重点调查

5. 以下正确的是（　　）。

A. 总体指标与样本指标均为随机变量

B. 总体指标与样本指标均为常数

C. 总体指标是常数而样本指标是随机变量

D. 总体指标是随机变量而样本指标是常数

6. 样本指标的标准差就是（　　）。

A. 抽样极限误差　　B. 抽样平均误差

C. 最大误差　　D. 实际误差

7. 抽样平均误差（　　）。

A. 是对实际误差计算的平均数　　B. 可以用标准差的定义公式计算

C. 是最大误差　　D. 只能用推导出的公式进行计算

8. 重复抽样的抽样平均误差要（　　）不重复抽样的抽样平均误差。

A. 大于　　B. 小于　　C. 等于　　D. 前三项均正确

9. 与抽样极限误差无关的是（　　）。

A. 置信度（或概率度）　　B. 总体差异程度

C. 样本容量　　D. 总体指标

10. 为了在提高可靠性即置信度的情况下不使精确度下降，哇有（　　）。

A. 增加总体波动程度　　B. 减少总体差异程度

C. 减少样本容量　　D. 增加样本容量

二、判断题

1. 抽样推断必须遵守的首要原则是随机原则。（　　）

2. 典型调查既可进行点估计又可进行区间估计。（　　）

3. 抽样调查的误差可以估计但不可以控制。（　　）

4. 总体指标与样本指标均为随机变量。（　　）

5. 不重复抽样在各次试验中每个单位被抽中的机会是均等的。（　　）

6. 在相同的总体单位数和样本容量的情况下，不重复抽样的样本数目比重复抽样的样本数目要多。（　　）

7. 偏差是允许的，而随机误差是不允许的。（　　）

8. 偏差是指在遵守了随机原则的前提下，由于变量的随机波动而使样本结构异于总体结构而产生的估计误差。（　　）

9. 样本指标的标准差就是抽样极限误差。（　　）

10. 不重复抽样的抽样平均误差要小于重复抽样的抽样平均误差。（　　）

11. 抽样分布依赖于样本容量 n。（　　）

12. 当总体容量 N 很大时，重复抽样与不重复抽样基本相同。（　　）

13. 置信区间只与客观因素有关，而与主观因素无关。（　　）

14. 样本容量既与客观因素有关，也与主观因素有关。（　　）

15. 整群抽样应尽量缩小群内差异，而扩大群间差异。（　　）

三、思考题

1. 抽样推断的意义和作用是什么？

2. 抽样推断的特点是什么？

3. 为什么区间估计比点估计优越？

4. 抽样平均误差的定义是什么？它有什么重要意义？影响抽样平均误差的因素有哪些？

5. 置信区间、置信度、概率度之间的关系怎样？

6. 影响抽样极限误差的因素有哪些？

四、练习题

1. 已知某厂在一定时期内生产了 100000 个单位的纱，按简单抽样方式抽取了 2000 个单位来检查，合格率为 95%，试求抽样平均误差。

2. 某校有 1500 个学生，用简单随机重复抽样的方法抽出 50 个学生作为样本，调查其月消费水平，资料如表 7-3 所示。

表 7-3　学生月平均消费情况

月平均消费(元)	524	534	540	550	560	580	600	660
学生数(人)	4	6	9	10	8	6	4	3

要求：

(1) 计算样本平均数和抽样平均误差。

(2) 以 95.45% 的可靠性估计该校学生的月平均消费和消费总额的区间。

3. 对某型电子元件 10000 只进行耐用性能检查。根据以往抽样测定，求得耐用时数的标准差为 600 小时。试求在重复抽样条件下：(1) 概率保证程度为 68.27%，元件平均耐用时数的误差范围不超过 150 小时，要抽取多少元件作检查？(2) 根据以往抽样检验知道，元件合格率为 95%，合格率的标准差为 21.8%。要求在 99.73% 的概率保证下，允许误差不超过 4%。试确定重复抽样所需抽取的元件数是多少？如果其他条件不变，采用不重复抽样应抽取多少元件作检查？

4. 从某轴承厂生产的全部 800 件产品中随机不重复抽取 50 件进行检验，样本平均重量为 382 克，样本合格率为 97%，重量的样本标准差为 3 克。

要求：(1) 分别求样本平均重量和样本合格率的抽样平均误差。

(2) 分别以 95% 和 95.45% 的置信度求全部产品平均重量、全部产品合格率的置信区间。

5. 从某年级学生中按简单随机抽样方式抽取 100 名学生，对某公共课的考试成绩进行检查，及格的有 82 人，试以 95.45% 的概率保证程度推断全年级学生的及格率区间范围。如果其他条件不变，将允许误差缩小一半，应抽取多少名学生检查？

课内实训

[实训目的]

1. 培养综合运用统计知识解决问题的能力。

2. 培养学生的团队合作精神，提高归纳分析及与人沟通的能力。

[实训组织]

1. 本着自愿的原则，学生 5 人一组，每组产生一名组长，由组长负责分工及协调小组内成员的实训任务，并带领大家完成实训任务。

2. 实训以小组调查、讨论形式展开。

[实训项目]

以所在学校为调查统计的背景，分别运用分层抽样、系统抽样和整群抽样进行统计戴眼镜学生所占的比重。(试以95%的置信度估计该校学生中戴眼镜学生所占比重。)

[实训要求]

1. 小组成员合作制作统计表、得出统计数据。
2. 小组讨论过程中，记录每名成员的发言。

[实训考核]

1. 实训过程中职业素养是否得到体现。
2. 小组分工是否明确和均衡，小组成员的能力是否得到充分的发挥。
3. 讨论结果是否能体现运用抽样推断的方法进行分析问题的能力。

项目8 企业经营环境统计分析

名人小传

费希尔（Ronald Aylmer Fisher，1890～1962），英国统计学家和遗传学家。1890年2月17日生于伦敦，1962年7月29日卒于澳大利亚阿德莱德。1912年毕业于剑桥大学数学系，后随英国数理统计学家J. 琼斯进修了一年统计力学。他担任过中学数学教师，1918年任罗坦斯泰德农业试验站统计试验室主任。1933年，因为在生物统计和遗传学研究方面成绩卓著而被聘为伦敦大学优生学教授。1943年任剑桥大学遗传学教授。1957年退休。1959年去澳大利亚，在联邦科学和工业研究组织的数学统计部做研究工作。

费希尔

知识目标

1. 理解企业环境对企业经营活动的重要性。
2. 了解企业环境统计的职能、分类方法。
3. 掌握企业经营环境的统计内容和方法。

技能目标

1. 培养应用统计基本理论思想在实际工作中的能力。
2. 能够对企业的经营环境进行统计，并能够正确分析。

项目导入

《孙子·谋攻篇》中说："知己知彼，百战不殆；不知彼而知己，一胜一负；不知彼，不知己，每战必殆。"企业经营是在一个内外环境交织的大系统中进行的，企业经营的环境统计分析就是知己知彼的过程，那我们该从哪些方面进行了解呢，该采取什么样的方法进行呢？

8.1 企业经营环境统计概述

8.1.1 企业经营环境的含义

企业经营环境是指企业赖以生存又离异于企业之外的社会系统，是企业外部各种影响因素的总称，也称企业外部环境。该含义的理解应该从以下四个方面进行：

(1) 企业经营环境是企业经营活动的所有外部条件的有机结合；

(2) 企业经营环境是企业经营活动的客观约束条件；

(3) 企业经营环境是企业经营活动的外部联系；

(4) 企业经营环境是企业经营活动的输入源泉和输出对象。

企业经营环境的体系大体如图 8-1 所示。

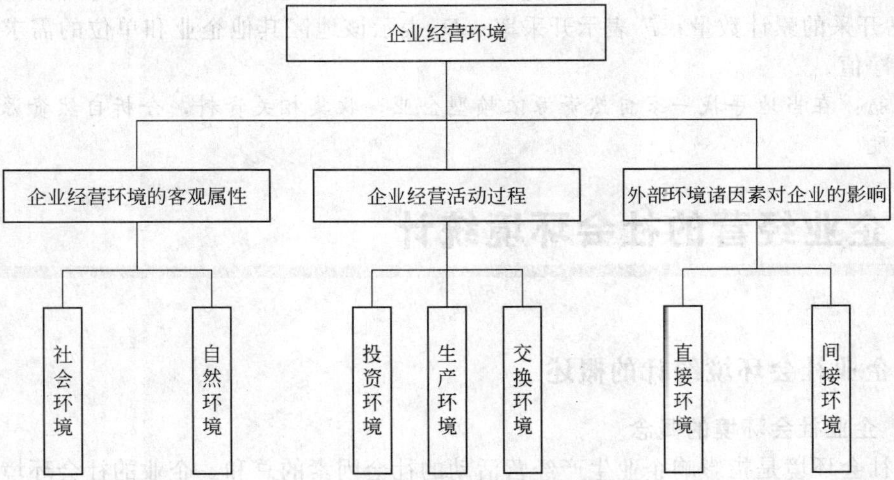

图 8-1　企业经营环境体系图

8.1.2 企业经营环境统计的特点

企业经营环境统计具有以下三个方面的特点：

(1) 企业经营环境统计与企业素质分析相结合，重点研究外部环境对企业的影响；

(2) 单项环境要素的分析与综合分析相结合；

(3) 定性分析与定量分析相结合。

8.2 企业经营的自然环境统计

8.2.1 企业自然环境统计的概述

8.2.1.1 企业自然环境的概念

企业自然环境是指影响企业生产经营活动的自然因素的总和。自然环境主要包括自然资源环境和地理环境。

8.2.1.2 企业自然环境统计的概念

企业经营的自然环境统计主要有自然资源环境统计、地理环境统计和企业环境保护状况统计。其中自然资源环境统计又有自然资源的数量规模统计、自然资源的质量水平统计和自然资源的利用状况统计。我们这里讲的自然环境统计主要是对自然资源进行统计。

8.2.2 企业自然资源的统计方法

8.2.2.1 自然资源的概念

自然资源一般指天然存在的自然物。如生态资源（河流、海洋、地下水）、生物资源（森林、野生动物、野生植物）及矿物资源（煤、原油、各种矿石）。

8.2.2.2 自然资源的统计方法

自然资源数量对企业的影响程度，可以通过公式（8-1）来计算。

$$H=\frac{D_n}{(D_1-D_2)\times F-D_3} \tag{8-1}$$

式中，D_n表示企业某种自然资源的储量；D_1表示某地区已探明的某种自然资源储量；D_2表示已开采的累计数量；F 表示开采率；D_3表示该地区其他企业和单位的需求量等和国家调拨量净值。

动脑筋：在当地寻找一家自然资源依赖型企业，收集相关资料，分析自然资源对该企业的影响程度。

8.3 企业经营的社会环境统计

8.3.1 企业社会环境统计的概述

8.3.1.1 企业社会环境的概念

企业社会环境是指影响企业生产经营活动的社会因素的总和。企业的社会环境是指来自人类社会并影响企业经营活动的外部条件，包括政治环境、经济环境、技术环境、人口环境、人文环境和法律环境等。

扩展阅读

白家商标被抢注

2007 年 1 月，四川白家食品有限公司品牌中心负责人吴远强正在筹备白家商标在德国注册，突然发现白家商标已于去年 10 月在欧盟商标局被德国一家公司注册了。这家德国公司除了拥有白家在欧盟的商标权以外，还攥着老干妈、洽洽等中国知名商标在欧盟的商标权。吴远强马上意识到，白家商标又被抢注了！

这是继 2006 年 6 月在澳大利亚遭遇抢注之后，白家商标又一次被抢注。

8.3.1.2 社会环境统计的含义

影响企业经营的社会环境因素统计主要包括四个方面：企业经营的政治环境的调查与评价，企业经营的经济环境统计，企业经营的技术环境统计，企业经营的人口和文化环境统计。

8.3.2 企业社会环境的统计方法

企业社会环境的统计可以通过指标分析法和经验判断法两个方法进行。

8.3.2.1 指标分析法

（1）价格偏离系数

$$价格偏离系数=\frac{本行业资金利税率}{社会平均利税率} \tag{8-2}$$

扩展阅读

资金利税率

资金利税率指在一定时期内已实现的利润、税金总额与同期的资产（固定资产净值和流动资产）平均总额之比。该项指标体现了企业的全面经济效益和对国家财政所做的贡献。该指标能达到15%以上就很好。

（2）企业负担系数

$$企业负担系数=\frac{企业支付的社会负担总额}{企业留利额} \tag{8-3}$$

该项指标说明企业承担社会责任的程度。

扩展阅读

企业留利

中国的企业留利概念有广义和狭义之分。广义是指企业实现的利润，依税法缴纳所得税等税收和扣除分配给企业所有者的利润或股息等以后的余额。这一概念适用于城乡集体所有制企业、各种合资合作和联营企业。狭义是就国有企业而言，其内容因利润分配体制不同而异：①在完全的统收统支财政体制下，没有企业留利；②在企业基金制下，指企业完成国家规定指标后，按职工工资一定比例从利润中提取的部分；③在利润留成、盈亏包干制度和承包经营责任制下，指企业完成上交承包或包干利润后的余额；④实行利改税以后，指企业利润缴纳所得税、调节税后的余额。对税利分流试点企业则是指企业实现的利润扣除向作为政权机关的国家缴纳所得税和向作为企业所有者的国家上缴利润或支付股息后的余额。

8.3.2.2 经验判断法

（1）专家会议法。专家会议法是指据规定的原则选定一定数量的专家，按照一定的方式组织专家会议，发挥专家集体的智能结构效应，对预测对象未来的发展趋势及状况，作出判断的方法。“头脑风暴法”就是专家会议预测法的具体运用。

运用专家会议法，必须确定专家会议的最佳人数和会议进行的时间。专家小组规模以10～15人为宜，会议时间一般以进行20～60分钟效果最佳。会议提出的设想由分析组进行系统化处理，以便在后继阶段对提出的所有设想进行评估。

专家会议有助于专家们交换意见，通过互相启发，可以弥补个人意见的不足；通过内外信息的交流与反馈，产生“思维共振”，进而将产生的创造性思维活动集中于预测对象，在较短时间内得到富有成效的创造性成果，为决策提供预测依据。但是，专家会议也有不足之处，如有时心理因素影响较大；易屈服于权威或大多数人意见；易受劝说性意见的影响；不愿意轻易改变自己已经发表过的意见等。

扩展阅读

在实施专家会议法的时候应该遵守的原则如下。

1. 挑选的专家应有一定的代表性、权威性。

2. 在进行预测之前，首先应取得参加者的支持，确保他们能认真地进行每一次预测，以提高预测的有效性。同时也要向组织高层说明预测的意义和作用，取得决策层和其他高级管理人员的支持。

3. 问题表设计应该措辞准确，不能引起歧义，征询的问题一次不宜太多，不要问那些与预测目的无关的问题，列入征询的问题不应相互包含；所提的问题应是所有专家都能答复的问题，而且应尽可能保证所有专家都能从同一角度去理解。

4. 进行统计分析时，应该区别对待不同的问题，对于不同专家的权威性应给予不同权数而不是一概而论。

5. 提供给专家的信息应该尽可能的充分，以便其作出判断。

6. 只要求专家作出粗略的数字估计，而不要求十分精确。

7. 问题要集中，要有针对性，不要过分分散，以便使各个事件构成一个有机整体，问题要按等级排队，先简单后复杂；先综合后局部。这样易引起专家回答问题的兴趣。

8. 调查单位或领导小组意见不应强加于调查意见之中，要防止出现诱导现象，避免专家意见向领导小组靠拢，以至得出专家迎合领导小组观点的预测结果。

9. 避免组合事件。如果一个事件包括专家同意的和专家不同意的两个方面，专家将难以做出回答。

(2) 德尔菲法。德尔菲法，是采用背对背的通信方式征询专家小组成员的预测意见，经过几轮征询，使专家小组的预测意见趋于集中，最后做出符合市场未来发展趋势的预测结论。德尔菲法又名专家意见法或专家函询调查法，是依据系统的程序，采用匿名发表意见的方式，即团队成员之间不得互相讨论，不发生横向联系，只能与调查人员发生关系，以反复的填写问卷，以集结问卷填写人的共识及搜集各方意见，可用来构造团队沟通流程，应对复杂任务难题的管理技术。德尔菲法，又称专家规定程序调查法。该方法主要是由调查者拟定调查表，按照既定程序，以函件的方式分别向专家组成员进行征询；而专家组成员又以匿名的方式（函件）提交意见。经过几次反复征询和反馈，专家组成员的意见逐步趋于集中，最后获得具有很高准确率的集体判断结果。

德尔菲法是一种利用函询形式进行的集体匿名思想交流过程。它有三个明显区别于其他专家预测方法的特点，即匿名性、反馈性、统计性。

第一，匿名性。因为采用这种方法时所有专家组成员不直接见面，只是通过函件交流，这样就可以消除权威的影响。这是该方法的主要特征。匿名是德尔菲法的极其重要的特点，从事预测的专家彼此互不知道其他有哪些人参加预测，他们是在完全匿名的情况下交流思想的。后来改进的德尔菲法允许专家开会进行专题讨论。

第二，反馈性。该方法需要经过3～4轮的信息反馈，在每次反馈中使调查组和专家组都可以进行深入研究，使得最终结果基本能够反映专家的基本想法和对信息的认识，所以结果较为客观、可信。小组成员的交流是通过回答组织者的问题来实现的，一般要经过若干轮反馈才能完成预测。

第三，统计性。最典型的小组预测结果是反映多数人的观点，少数派的观点至多概括地提及一下，但是这并没有表示出小组的不同意见的状况。而统计回答却不是这样，它报告1个中位数和2个四分点，其中一半落在2个四分点之内，一半落在2个四分点之外。这样，每种观点都包括在这样的统计中，避免了专家会议法只反映多数人观点的缺点。

扩展阅读

实施德尔菲法的时候应该注意以下问题。

一、专家意见独立性

由于专家组成成员之间存在身份和地位上的差别以及其他社会原因，有可能使其中一些人因不愿批评或否定其他人的观点而放弃自己的合理主张。要防止这类问题的出现，必须避免专家们面对面的集体讨论，而是由专家单独提出意见。

二、基于对企业了解

对专家的挑选应基于其对企业内外部情况的了解程度。专家可以是第一线的管理人员，也可以是企业高层管理人员和外请专家。例如，在估计未来企业对劳动力需求时，企业可以挑选人事、计划、市场、生产及销售部门的经理作为专家。

三、其他注意事项

1. 为专家提供充分的信息，使其有足够的根据做出判断。例如，为专家提供所收集的有关企业人员安排及经营趋势的历史资料和统计分析结果等。

2. 所提的问题应是专家能够回答的问题。

3. 允许专家粗略的估计数字，不要求精确。但可以要求专家说明预计数字的准确程度。

4. 尽可能将过程简化，不问与预测无关的问题。

5. 保证所有专家能够从同一角度去理解员工分类和其他有关定义。

6. 向专家讲明预测对企业和下属单位的意义，以争取他们对德尔菲法的支持。

8.4 市场环境统计

8.4.1 市场环境统计概述

8.4.1.1 市场环境的含义

市场环境是指与企业购销活动直接相关的影响因素，由企业的供应者、消费者、中间商和竞争者构成。

8.4.1.2 市场环境统计的含义

市场环境统计可以帮助企业及时发现市场营销机会或问题，找出问题产生的原因、评价市场营销计划的合理性和实施的有效性、了解竞争对手、制定正确的竞争策略、估计目前的市场及预测未来的市场等。

8.4.1.3 市场环境统计的方法

市场环境统计目前常用的方法主要有两种，即询问法和观察法。

(1) 询问法。询问法是将所要调查的事项以当面、书面或电话的方式，向被调查者提出询问，以获得所需要的资料，它是市场调查中最常见的一种方法。通常应该事先设计好询问程序及调查表或问卷，以便有步骤地提问。

询问法主要可以用下列几种方式进行：

① 面谈调查法。这种方法是将所拟调查事项，派出访问人员直接向被调查对象当面询问以获得所需资料的一种最常见的调查方式。这种方式具有回答率高、能深入了解情况、可以直接观察被调查者的反应等优点，集中起来就是较别的方法能得到更为真实、具体、深入的资料。但是这种方法也存在调查的成本高、资料受调查者的主观偏见的影响大等缺点。

② 邮寄调查法。这是调查者把事先设计好的调查问卷或表格，通过邮局寄给被调查者，要求被调查人自行填妥寄回，借以收集所需资料的方法。其好处有：调查范围大、成本低、被调查者有充分时间独立思考问题。同时存在所用时间长、受调查人文化程度限制、问卷回收率低等缺点，企业通常采用有奖、有酬的刺激方式加以弥补。

③ 电话调查法。通过电话和被调查者进行交谈以收集资料的方法。这种方法进行调查的主要优点是：收集资料快、成本低、电话簿有利于分类。其主要缺点是：只限于简单的问题，难以深入交谈；被调查人的年龄、收入、身份、家庭情况等不便询问；照片图像无法利用，这与访问法相比有隔靴搔痒之感；受电话装机的限制。

④ 混合调查法。三种询问调查方法混合起来加以综合使用。如派出专人访问，与收到邮寄调查表的人进行深入交谈，或在电话调查中发现线索再派专人出访。

动脑筋：每种方式适合什么样的情况，请举例说明。

(2) 观察法。观察法是人们为认识事物的本质和规律，通过感觉器官或借助一定的仪器，有目的、有计划地对自然条件下出现的现象进行考察的一种方法。

① 观察法的特点。观察法从观察准备到获得观察结果的全过程的实施，绝不是被动、消极的注视，而是一种积极的思维过程。通过这一思维过程，扩大人们的感性认识，启发人们的思考，导致新的发现，所以它是最基本、最常见的一种获取经验事实的方法。

② 观察法的作用。观察法在教学中有着重要的作用。

首先，科学的观察是获得并积累感性材料的重要渠道。信息化教学活动包含有师生相互作用、学生之间的协作活动、人机之间的相互作用等，既有师生交互发生作用的心智活动，又有通过教师和学生信息技术应用技能所显示出来的外在行为与表象。因此，这些复杂现象的变化过程，常常要通过观察来认识。观察所直接获得的第一手材料，是理性方法所赖以进行的基础与依据。

其次，观察是及时获取反馈信息、验证假说的必要手段。借助观察法能及时了解教与学双方的思想、行为变化情况，能及时地获得学生对教学情况的反馈，及时地了解教师如何调整教学策略，有效地验证假说。所以，善于运用观察法是保证教育高质量高水平所必不可少的。

扩展阅读

观察者的角色

在观察活动中，根据是否透露身份和参与程度，观察者扮演着四种不同的类型的角色，即完全参与者、观察的参与者、参与观察者和完全观察者。

1. 完全参与者

指观察者不向被观察者透露自己是研究者的身份，却积极参与观察对象活动并进行观察的观察者。例如进行某项教育实验中的教师或辅导员，但又没有有意识地公布实验计划。完全参与者完全融入观察对象的活动之中。由于被观察者不了解观察者的真实身份，观察者可能获得非常真实的第一手资料。

2. 参与观察者

指观察者向被观察者透露自己的身份，并与被观察者共同参与活动全过程，在互相交往活动中进行观察的观察者。例如收集材料的记者式的人物。由于被观察者了解观察者的身份和目的，这样会影响到被观察者使其在整个过程中可能掩藏起某些方面，而力图展现另一些方面。

3. 观察的参与者

指观察者向被观察者透露自己是研究者的身份，并通过参加活动过程进行观察的观察者。例如支持某项教育改革实验的专家。这时被观察者可能为了迎合研究者的需要，而把过程从原本的自然的状态转移到你所作的研究上去，结果观察到的事物就可能不够典型了。

4. 完全观察者

指观察者与被观察者无关，对被观察者的行为与事件的发展不施加任何影响，也不参与任何活动。例如外来的参观者或调查人员。

完全观察者对被观察者的行为与事件的发展不施加任何影响，因而也能获得非常真实的第一手资料。但是，由于完全观察者只进行观察而不参与，被观察者的行为或事件发展的相当一部分内容可能会处于观察者的视线之外。因此，完全观察者获得的资料常常可能是片断的资料，缺乏整体的感觉，尤其是较难观察到可能发生的异常行为。

上述完全参与者、参与观察者、观察的参与者这三种观察者都在不同的程度上参与到观察对象的群体和组织中，作为其中一员，共同生活并参与日常活动，他们成为参与观察的观察者，尤其是在进行质的研究中，作为实地研究的研究者，既能细致深入地了解情况，能够掌握第一手材料，也能对一些不甚了解的问题追根究源、察明原委和症结，特别是与观察对象建立感情之后，易于发现一些深藏于内心的秘密。但是由于观察的参与者和参与的观察者都要表明自己的身份、观察的目的，从而对观察者会有所影响，而产生某种有意隐瞒或有意夸张的情况，会使观察的客观性受到影响。

8.4.2　市场需求环境调查

在市场经济条件下，市场需求是指以货币为媒介，表现为有支付能力的需求，即通常所说的购买力，购买力是决定市场容量的主要因素，是市场需求调查的核心。

8.4.2.1　社会购买力总量及其影响因素调查

社会购买力是指在一定时间内，全社会在市场上用于购买产品和服务的货币支付能力，社会购买力包括两个部分，即居民购买力和社会集团购买力。

(1) 居民购买力。居民购买力尤其是居民消费品购买力是社会购买力最重要的内容。

① 居民购买力的含义。居民消费品购买力是居民在市场上用于购买生活消费品的货币支付能力。对其能力的调查主要是通过收集、整理和分析购买力的各种指标来实现的：本期形成的居民消费品购买力、居民结余购买力、本期已实现的居民消费品购买力和本期未实现的居民消费品的购买力等。

② 影响居民购买力的因素。影响居民购买力的因素主要体现在以下四个方面。

第一，居民的货币收入。居民的货币收入是通过国民收入分配、再分配活动所得的各种货币收入，不包括来自国外的收入及借贷形式得到的货币收入。

第二，居民非商品性支出。用于文化、娱乐、生活服务开支，以及缴纳税金、票证费、党团工会组织费等非购买商品的货币支出。

第三，结余购买力。所谓结余购买力是指城乡居民没有实现的货币支付能力，主要由居民以现金形式存入银行的储蓄额和手存现金两部分构成。

扩展阅读

当前，对于结余购买力和潜在购买力的关系，认识很不一致，归纳起来大体有三种观点。第一种观点认为，储蓄和手存现金属个人所有，支配权在占有者，结余购买力与潜在购买力等同，结余购买力就是潜在购买力。

第四，流动购买力。流动购买力又称流入流出购买力，是指在不同地区之间转移的社会购买力。

(2) 社会集团购买力。是指社会集团用公款购买公用的消费品和服务的货币支付能力，其大小主要受国家行政机关、部门、学校、团体与企事业单位对公用消费品需求大小，及国家对社会集团购买力控制强度、控制措施的贯彻执行情况等因素的影响。

8.4.2.2 购买力投向及其影响因素

(1) 购买力的投向。购买力投向是指在购买力总额既定的前提下，购买力的持有者将其购买力用于何处。

购买力投向调查主要是收集社会商品零售额资料并对其做结构分析，从卖方角度观察购买力投向的变动。

(2) 购买力投向的影响因素。影响购买力投向的因素主要有以下6个方面：

① 消费者购买力水平和增长速度的变化；

② 消费条件的变化；

③ 商品生产和供应情况；

④ 商品销售价格的变动；

⑤ 社会时尚及消费心理变化；

⑥ 社会集团购买力控制程度。

8.4.2.3 消费人口状况调查

某一个国家（或地区）购买力总量及人均购买力水平的高低决定了该国（或地区）市场需求的大小。

对人口情况进行调查，主要包括总人口、家庭及家庭平均人口、人口地理分布、年龄及性别构成、教育程度及民族传统习惯等。

动脑筋：收集相关资料，分析一下民族传统习惯怎么影响消费者的消费习惯？

8.4.2.4 消费者购买动机和行为调查

消费者购买行为是指消费者为满足其个人或家庭生活而发生的购买商品的决策过程。消费者购买行为是复杂的，其购买行为的产生是受到其内在因素和外在因素的相互促进交互影响的。企业营销通过对消费者购买的研究，来掌握其购买行为的规律，从而制定有效的市场营销策略，实现企业营销目标。

8.4.3 市场供给环境调查

8.4.3.1 商品供应来源

商品供应量的形成有不同的来源，可先对不同的来源进行调查，了解全部产品的供应量变化的特点和趋势。

8.4.3.2 产品的供应能力

产品的供应能力调查是针对企业的产品生产能力和产品流转能力进行的调查。

调查内容：现有产品生产、流通情况；现有的经营设施和设备情况；是否需要扩建或改建；资金状况、盈利状况；企业现有人力条件等方面。

8.4.3.3 产品供应范围

产品供应范围的变化会影响产品的销售量，范围扩大意味着可能购买本企业产品用户数量的增加，正常状况下会带来销售总量的增加，反之，销售总量可能减少。

调查内容：销售市场的区域有何变化？产品所占比例有何变化？

8.4.4 竞争对手调查和竞争能力分析

8.4.4.1 市场竞争对手情况调查

市场竞争对手情况调查是对本企业经营存在竞争关系的各类企业以及现有竞争程度、范围和方式等情况的掌握。

竞争对手调查可以通过二手资料的收集、利用制度化收集所形成的内部资料和委托专业市场调查公司或专业人士进行。

竞争对手调查的内容：

分析企业的竞争对手，一般应抓住五种最主要的竞争力量进行分析研究，可以通过波特的五力分析模型进行，即：现有竞争对手、潜在竞争对手、替代产品或服务竞争对手、购买者力量、供应商力量等。波特的五力分析模型如图 8-2 所示。

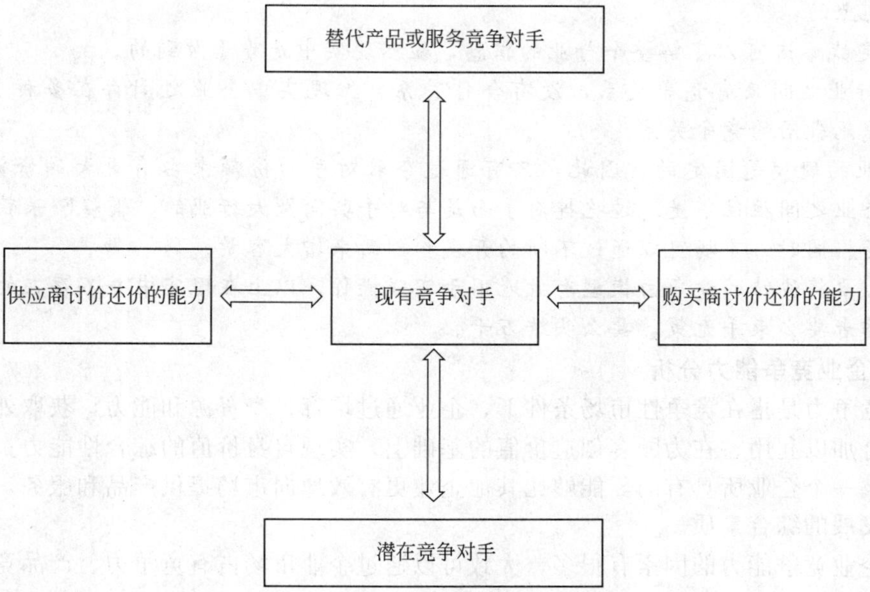

图 8-2　波特的五力分析模型图

（1）现有竞争对手分析。现有竞争对手分析主要从三个方面进行：竞争对手的长期目标和短期目标；判断竞争对手的战略重点及未来发展趋势；分析现有竞争对手内部的人、财、物、技术和管理水平的实力。

（2）潜在竞争对手分析。潜在竞争对手的加入，必然会加剧企业间的竞争，包括争夺市场和争夺原料。其威胁性的大小主要取决于以下几个方面：①产品差异化；②规模经济；③绝对成本优势；④分销渠道；⑤资本需求；⑥现有企业的反应。

（3）替代产品或服务竞争对手分析。替代产品或服务竞争对手是指产品或服务在功能上能够代替原有产品或服务的竞争对手。替代产品或服务的出现不仅会影响原有产品的价格和市场份额，甚至会大大缩短原有产品的寿命。

（4）购买者力量的分析。购买者往往通过压低价格，要求提高产品质量与服务水平，以及利用卖方之间的竞争来影响企业的盈利。故企业必须了解购买者的需求情况和竞争因素。包括企业产品消费群体分析、购买者动机分析、对价格的敏感性分析、购买者竞争因素分析、购买者消费承受能力等。

购买者力量强的条件：客户购买大批量的产品；客户具有自己生产所需产品的能力；客户可以向许多其他供应厂家购买该产品；客户改变供应厂家不会增加成本。

（5）供应商力量的分析。供应商力量的强弱主要取决于：供应商的数量和集中程度；替代产品的竞争程度；供应一体化的程度；企业购物数量的多少。

对于市场竞争对手情况的分析，如果一个行业中这五种力量都很强大，该行的平均利润率将会很低，如果较弱，该行业平均利润率很高，吸引力大。行业竞争的五种力量在行业发展的不同时期表现不同，掌握其变化规律有利于企业的战略决策。

扩展阅读

五力分析模型的缺陷

实际上，关于五力分析模型的实践运用一直存在许多争论。较为一致的看法是：该模型更多是一种理论思考工具，而非可以实际操作的战略工具。该模型的理论是建立在以下三个假定基础之上的：

1. 制定战略者可以了解整个行业的信息，显然现实中是难于做到的。

2. 同行业之间只有竞争关系，没有合作关系。但现实中企业之间存在多种合作关系，不一定是你死我活的竞争关系。

3. 行业的规模是固定的，因此，只有通过夺取对手的份额来占有更大的资源和市场。但现实中企业之间往往不是通过吃掉对手而是与对手共同做大行业的“蛋糕”来获取更大的资源和市场。同时，市场可以通过不断的开发和创新来增大容量。

因此，要将波特的竞争力模型有效地用于实践操作，以上在现实中并不存在的三项假设就会使操作者要么束手无策，要么头绪万千。

8.4.4.2 企业竞争能力分析

企业竞争力是指在竞争性市场条件下，企业通过培育自身资源和能力，获取外部可寻资源，并综合加以利用，在为顾客创造价值的基础上，实现自身价值的综合性能力；在竞争性的市场中，一个企业所具有的，能够比其他企业更有效地向市场提供产品和服务，并获得赢利和自身发展的综合素质。

影响企业竞争能力的因素有很多，大致可以通过企业市场占有竞争力、产品竞争力和企业信誉与服务竞争力等。

（1）市场占有竞争力分析

① 市场占有率。市场占有率是指一定时期、一定市场范围内，企业某种产品（或提供服务）的销售量（销售额）占市场上同类产品（或提供服务）的销售总量（销售总额）的比率。具体计算公式如下：

$$整体市场占有率=\frac{本企业产品销售量(销售额)}{市场上同类产品销售总量(销售总额)}\times 100\% \tag{8-4}$$

$$服务市场占有率=\frac{企业提供服务量}{市场提供的总的服务量}\times 100\% \tag{8-5}$$

影响市场占有率的因素很多，主要有市场需求、竞争对手的实力和本企业产品的竞争能力等因素影响。为更好地了解市场情况，企业最好将自己的市场占有率和占有市场份额最大的企业或竞争对手进行比较。具体计算公式如下：

$$对比市场占有率=\frac{该企业销售量(销售额)}{最大竞争对手销售量(销售额)}\times 100\% \tag{8-6}$$

② 市场覆盖率。市场覆盖率是本企业产品的行销地区数占该种产品行销地区总数的比率。其计算公式如下：

$$市场覆盖率=\frac{本企业某产品行销地区数}{该产品行销地区总数} \tag{8-7}$$

影响市场覆盖率的因素：地区间的需求结构、经济发展水平、民族风俗习惯等差异，以及竞争对手的情况、本企业产品的竞争能力和地区间的经济封锁等。

动脑筋：企业在经营过程中可能会出现以下四种情况：1. 企业产品市场占有率高，市场覆盖率也高；2. 产品市场占有率高，市场覆盖率较低；3. 市场占有率较低，市场覆盖率较高；4. 市场占有率和覆盖率均低。那么这四种情况分别反映了经营中出现了什么问题，管理者该怎么解决呢？

(2) 产品的成长性分析。一般是把企业最近三到五年的销售量或金额，按时间顺序画成逐年递推的折线图，以观察市场占有变动趋势。

① 销售增长率

销售增长率是评价企业成长状况和发展能力的重要指标。其计算公式如下：

$$销售增长率=\left[\frac{本年产品销售量(销售额)}{上年产品销售量(销售额)}-1\right]\times 100\% \tag{8-8}$$

特别值得注意的是，若用销售额计算销售增长率，一定要考虑两个时期产品销售价格是否相同。

另外，企业销售增长率受行业销售增长率的影响，那么销售增长率的计算公式就应该变成如下公式：

$$实质增长率=\left[\frac{本企业销售增长率+100\%}{同行业销售增长率+100\%}\right]-100\% \tag{8-9}$$

②市场扩大率

市场扩大率是本年度市场占有率与上年度市场占有率之比，用来分析企业市场地位的上升情况。其计算公式如下：

$$市场扩大率=\frac{本年度市场占有率}{上年度市场占有率}\times 100\% \tag{8-10}$$

市场扩大率与实质增长率计算公式虽不同，结果却是一样的，可以互相替代。

(3) 产品竞争能力

企业产品竞争能力是指企业的产品在质量、品种、价格、交货期和服务等方面满足市场需求的程度。

根据企业产品竞争能力的含义，反映产品竞争能力的指标：

① 产品质量的竞争力

产品质量可以通过一个或一系列技术经济参数来反映，分析时着重考察这些指标是否达到国家有关部门规定的质量标准和国际上通行的标准，以及客户的特殊需求等。产品质量的竞争力可以通过产品等级率来进行反映。其计算公式如下：

$$产品等级率=\frac{某种等级品产量}{合格品产量}\times 100\% \tag{8-11}$$

② 产品品种的竞争力

反映产品品种状况的指标主要有产品品种的市场占有率和产品品种占有扩大率。其计算公式如下：

$$产品品种的市场占有率=\frac{产品销售的规格、花色数}{市场销售的同种产品的规格、花色数}\times 100\% \tag{8-12}$$

$$产品品种占有扩大率=\frac{产品品种本期占有率}{产品品种上期占有率}\times 100\% \tag{8-13}$$

③ 产品价格的竞争力

价格是竞争能力的关键。确定产品价格时可以考虑价格弹性问题。

④ 产品交货期限的竞争能力

时间观念是竞争取胜的法宝。

(4) 企业信誉与服务的竞争力。研究企业销售服务状况主要以定性观测为主，包括调查消费者对服务的要求、研究本企业与竞争对手相比在服务方面的优劣，分析企业服务的质量，检查企业销售服务的技术力量满足需求的程度，观察消费者对本企业销售服务的满意程度等。

思考与练习

一、单项选择题

1. 德尔菲法相对于其他专家预测方法而言有自己的特点，以下哪项不是德尔菲法的特点（　　）。

A. 匿名性　　B. 反馈性　　C. 封闭性　　D. 统计性

2. 以下哪种方法是企业社会环境的统计经常用到的方法（　　）。

A. 指标分析法　　B. 经验判断法　　C. 实验法　　D. A 和 B 都是

3. 以下哪项是面谈调查法的缺点（　　）。

A. 调查的成本高　　B. 回答率高

C. 能深入了解情况　　D. 可以直接观察被调查者

4. 能够具有调查范围大、成本低、被调查者有充分时间独立思考问题等优点的调查方法是指（　　）。

A. 面谈调查法　　B. 邮寄调查法　　C. 电话调查法　　D. 综合调查法

5. 收集资料快、成本低的调查方式是（　　）。

A. 面谈调查法　　B. 邮寄调查法　　C. 电话调查法　　D. 综合调查法

二、多项选择题

1. 询问法经常用到的调查方式有（　　）。

A. 面谈调查法　　B. 邮寄调查法　　C. 电话调查法　　D. 综合调查法

2. 影响居民购买力的因素有（　　）。

A. 居民的货币收入　　B. 居民非商品性支出

C. 结余购买力　　D. 流动购买力

3. 潜在竞争对手威胁性的大小主要取决于（　　）。

A. 产品差异化　　B. 规模经济

C. 绝对成本优势　　D. 资本需求

4. 市场环境统计的主要方法有（　　）。

A. 询问法　　B. 德尔菲法　　C. 观察法　　D. 专家会议法

5. 影响购买力投向的因素主要有（　　）。

A. 消费者购买力水平和增长速度的变化　　B. 消费条件的变化

C. 商品生产和供应情况　　D. 商品销售价格的变动

三、思考题

1. 企业经营环境统计的特点有哪些？
2. 专家会议法在实际运用中表现出哪些优点和缺点？
3. 影响居民购买力的因素主要因素有哪些？
4. 影响购买力投向的因素主要有哪些？
5. 简述波特的五力分析模型。

课内实训

［实训目的］

1. 加深对企业经营环境统计分析的理解。

2. 训练企业经营环境统计操作的基本技能。

3. 培养学生的团队合作精神，提高归纳分析及与人沟通的能力。

［实训组织］

1. 本着自愿的原则，学生5人一组，每组产生一名组长，由组长负责分工及协调小组内成员的实训任务，并带领大家完成实训任务。

2. 实训以小组讨论形式展开。

［实训项目］

在当地寻找一家企业，对其经营环境进行统计分析。具体调查内容可以从以下几个方面进行：

（1）企业的自然环境调查。

（2）企业的社会环境调查。

（3）企业的市场需求环境调查。

（4）企业的市场供给环境调查。

（5）企业的市场竞争环境调查。

［实训要求］

1. 明确小组内成员之间的分工，尽可能调动所有成员参与的积极性，达到实训的效果。

2. 小组讨论过程中，记录每名成员的发言。

［实训考核］

1. 实训过程中职业素养是否得到体现。

2. 小组分工是否明确和均衡，小组成员的能力是否得到充分的发挥。

3. 统计指标选取是否得当，计算结果是否准确，分析的结论是否合理。

项目9 企业经营投入统计

名人小传

约翰·理查德·尼古拉斯·斯通

约翰·理查德·尼古拉斯·斯通（John Richard Nicolas Stone，1913～1991），著名经济学家，国民经济统计之父，在国民账户体系的发展中做出了奠基性贡献，极大地改进了经济实证分析的基础，是1984年的诺贝尔经济学奖获得者。

斯通著述很多，曾在各种著名刊物上发表论文数百篇。在专著方面，除了著名的《国民收入与支出》之外，其他重要著作还有：《计量方法在经济学中的应用》（1951年），《1920～1938年英国消费者的支出和行为的测算》（与艾·罗合著，第1卷，1954年出版，第2卷，1966年出版），《国民经济核算中的物量和价格指数》（1956年），《投入产出和国民经济核算》（1961年），《1960年社会统计矩阵》（1962年），《可测算的经济增长模型》（与阿·布朗合著，1964年），《数学在社会科学中的应用及其他论文》（1966年），《经济数学模型及其他问题》（1970年），《人口核算与模型的建立》（1971年），《经济中的财政相互依存，1957～1966年》（与艾·罗合著，1971年），《建立经济和社会模型的若干问题》（1980年），等等。

在学术团体方面，斯通是国际统计协会、会计审计学会、经济计量学会、英国皇家科学院的委员和会员。1955年被选为国际经济计量学会会长。此外，他还是美国经济学会和美国科学艺术研究院的荣誉会员。

知识目标

1. 了解经营要素统计内容。
2. 掌握劳动力统计指标及统计分析方法。
3. 掌握设备利用统计指标及统计分析方法。
4. 掌握原材料、能源统计指标及统计分析方法。
5. 理解技术投入效益统计指标及统计分析方法。
6. 理解财务统计指标及统计分析方法。

技能目标

1. 培养企业经营要素统计基本理论思想在实际工作中的能力。

2. 能够根据企业经营各要素收集的统计资料进行计算及分析。

3. 能够根据收集的统计资料应用企业经营要素统计分析方法，为企业管理决策提供统计信息能力。

项目导入

企业从事经营活动，必须投入生产要素，为经营活动提供各种条件。在市场经济条件下，企业都是自负盈亏、以赢利为目的的经济实体。企业必须通过对企业中的人力、物力、财力、供应、生产、销售等要素的有效经营管理，才能使企业在市场竞争中永远立于不败之地。而企业所需经营的这些要素就构成了企业经营要素、内容，而反映这些要素的数量、质量、构成及其利用效率也就构成了企业经营要素统计。

9.1 企业经营要素统计概述

9.1.1 企业经营要素统计的基本内容

企业经营要素包括劳动力、劳动资料、劳动对象及技术进步等内容。其中，劳动力指在企业中从事生产经营活动及管理活动的劳动者；劳动资料指企业进行生产经营活动必须具备的物质条件，包括厂房、建筑物、设备等；劳动对象是企业生产经营过程中的另一种物质条件，主要包括原材料、能源等被加工的对象。劳动力统计包括劳动力数量、素质、劳动时间、劳动效率及劳动报酬等方面内容。劳动资料统计包括固定资产数量统计、构成统计和利用统计及生产能力统计等内容。劳动对象统计包括原材料数量、消耗和利用及能源消费等方面的统计。

9.1.2 企业经营要素统计指标体系

企业经营要素统计指标体系主要由劳动力要素指标、劳动资料要素指标、劳动对象要素指标、技术投入指标体系和企业财务指标等五个部分构成。

劳动力要素指标包括劳动力数量、构成、素质指标、劳动力的时间利用指标、劳动生产率指标以及劳动报酬指标；劳动资料要素指标包括固定资产数量、构成、更新等指标，主要用企业设备及利用指标反映；劳动对象要素指标包括原材料、能源的收入、库存、消费以及利用指标；技术投入指标包括技术开发活动其他技术活动中人力、物力方面投入的指标；企业财务指标包括资金筹措指标、资金占用指标和成本费用指标等。

从本质上讲，企业生产经营活动投入要素可以用资金、成本和费用等价值量综合表示。

9.1.3 企业经营要素统计分析常用方法

企业经营要素统计分析常用方法主要有三类：结构分析法、动态分析法和因素分析法等。

结构分析法是研究部分与总体之间数量关系的一种分析方法。动态分析法是将不同时间的同类指标值进行对比，计算其增减变化的绝对量和相对量，以反映各要素发展变化的趋势和规律。因素分析法是利用指标之间的数量关系分析各构成要素对总变动影响和贡献程度的分析方法。

9.2 企业经营要素统计指标

9.2.1 劳动力统计指标及统计分析

9.2.1.1 劳动力统计指标

企业劳动力统计指标包括：劳动力数量指标、劳动力素质指标、劳动时间及利用指标、劳动生产率指标和劳动报酬指标等。

（1）劳动力数量指标。企业劳动力也称为企业劳动者，指在企业从事各种劳动和工作，并取得劳动报酬人员，包括：固定工、合同工、临时工和计划外用工。

根据不同的需要，企业劳动力可按两个口径进行统计：一是按实际参与企业各种生产经营活动的人员进行统计，目的是研究企业生产经营活动对劳动力的需求情况；二是按国家统计制度规定的“谁发工资，谁统计”的原则进行统计，目的是满足国家对企业劳动者管理的需求。

反映劳动力数量的有期末人数和平均人数两个指标。

期末人数指报告期最后一天企业的人数，如月末、季末人数。期末人数是企业编制和检查劳动力计划，研究劳动力配备的依据。

平均人数指一定时期内企业平均每天拥有的人数。该指标只是反映了企业占用劳动力的一般水平，也是计算其他经济指标的基础。

（2）劳动力素质指标。企业劳动力素质是指劳动者在敬业精神、文化、技术和身体各个方面满足生产经营活动需要的程度，一般由职工的政治素质、文化素质、技术素质和身体素质等构成。

（3）劳动力时间及利用指标。劳动时间是指企业劳动者从事生产经营活动持续的时间，一般以工日和工时为计量单位。工日指一个劳动者工作一个轮班的时间，工时指一个劳动者工作一小时的时间。按规定一个工日等于 8 工时。

（4）劳动生产率指标。劳动生产率反映劳动者在生产经营中的劳动效率，它是劳动者在一定时期内完成的生产经营成果数量与相应的劳动消耗量的比率。其中，经营成果可以用实物量表示，也可以用价值量表示，当用价值量表示时，既可以是劳动者人数，也可以是具体的劳动时间。劳动生产率有两种表现形式，一是用来表明与单位劳动消耗量完成的生产经营成果成正比的正指标，二是用来表明与单位生产经营成果所消耗的劳动量成反比的逆指标，其中正指标较为常用，逆指标主要用于劳动定额的制定和检查。

（5）劳动报酬指标。企业劳动报酬是指劳动者在企业内从事各种劳动而获得的收入。劳动报酬与工资总额密切相连，工资总额是企业支付给企业全部劳动者的劳动报酬，既包括长期职工也包括临时式和其他从业人员的劳动报酬，既包括以货币形式支付的也包括以实物形式支付的劳动报酬。

反映劳动报酬的统计指标有工资总额和平均工资两种。平均工资可以按企业全部职工计算，也可以按企业各类人员分别计算，以反映企业各类人员的收入水平状况，但计算时需注意工资与平均人数的计算口径要一致。

$$平均工资=\frac{工资总额}{平均人数} \tag{9-1}$$

企业劳动报酬统计分析的内容包括：企业工资总额变动分析、企业平均工资变动分析、实际工资变动分析和平均工资增长与劳动生产率增长关系的分析。上述四个方面的分析内容中，平均工资变动分析是基础，其他三方面的分析都与平均工资及其变动有关。

上述统计指标的含义、统计范围、口径等不再一一细述，下面结合例子说明有关劳动力统计指标。

9.2.1.2 劳动力统计指标分析应用

【例 9.1】某企业 2004 年 6 月份平均每日生产工人人数为 2000 人，该月份公休节假日为 8 天，每天制度工作日为 8 小时，该月缺勤工时数为 8000 工时，停工工时为 2000 工时，非生产工时数为 3000 小时。试计算有关劳动时间的利用指标。

解：

日历工时数＝工人人数×当月日历日数×制度工作工时

＝2000×30×8＝480000（工时）

制度工时数＝日历工时数－工人人数×公休节假日×制度工作工时

＝480000－2000×8×8＝352000（工时）

出勤工时数＝制度工时数－缺勤工时数

＝352000－8000＝344000（工时）

实际生产工时数＝出勤工时数－停工工时数－非生产工时数

＝344000－2000－3000＝339000（工时）

$$出勤率=\frac{出勤工日（工时）}{制度工作工日（工时）}\times 100\%$$

$$=\frac{344000}{352000}\times 100\%=97.73\%$$

$$出勤时间利用率=\frac{制度内实际工作工日（工时）}{出勤工日（工时）}\times 100\%=\frac{339000}{344000}\times 100\%=98.55\%$$

$$制度时间利用率=\frac{制度曲实际工作工日（工时）}{制度工作工日（工时）}=\frac{339000}{352000}\times 100\%=96.31\%$$

显而易见，出勤率、出勤时间利用率、制度时间利用率三个指标之间存在如下关系

制度时间利用率＝出勤率×出勤时间利用率

由此，可以用来对其中未知指标的推算，以及通过建立指数体系来对制度时间的利用情况进行因素分析。

【例 9.2】某企业基期生产甲产品 1000 辆，人均生产 5 辆。报告期生产甲产品 1500 辆，人均生产 6 辆。计算由于劳动生产率的提高而增加的劳动成果以及由于提高劳动生产率而节约的劳动力数量。

解：

（1）由于提高劳动生产率而增加的劳动成果：

（报告期劳动生产率－基期劳动生产率）×报告期劳动力平均人数＝（6－5）×250＝250（辆）

（2）由于提高劳动生产率而节约的劳动力数量：

$$\frac{报告期劳动成果}{基础劳动生产率}-\frac{报告期劳动成果}{报告期劳动生产率}=\frac{1500}{5}-\frac{1500}{6}=50（人）$$

【例 9.3】某公司根据有关资料计算的各指标如表 9-1 所示。

表 9-1 某公司根据有关资料

指 标	基 期	报告期	指数(%)
全员劳动生产率(万元/人)	2.00	2.28	114.00

续表

指　标	基　期	报告期	指数(%)
工人劳动生产率(万元/人)	2.50	2.60	104.00
工人占全部人员比重(%)	80.54	88.29	109.62

由表 9-1 计算结果可知，该公司全员劳动生产率报告期比基期提高了 14%，人均绝对增加了 0.28 万元。显然，全员劳动生产率的变动是工人劳动生产率变动和工人占全部职工比重变动两个因素共同影响的结果，但二者对全员劳动生产率的变动会产生什么样的影响呢？为此，须知以下基本关系式：

全员劳动生产率=工人劳动生产率×工人占全部职工的比重

由此可得相应的指数体系为：

全员劳动生产率指数=工人劳动生产率指数×工人占全部职工比重指数

(1) 由于工人劳动生产率的提高，使全员劳动生产率增加了：

(报告期工人劳动生产率－基期工人劳动生产率) ×报告期工人占全部人员比重

= (2.6－2.5) ×88.29%=0.09 (万元/人)

(2) 由于工人占全部职工的比重提高，使全员劳动生产率增加了：

(报告期工人占全部人员比重－基期工人占全部人员比重) ×基期工人劳动生产率

= (88.29%－80.54%) ×2.5=0.19 (万元/人)

(3) 全员劳动生产率、工人劳动生产率、工人占全员比重三者间的关系为：

114%=104%×109.62%

0.28=0.09+0.19 (万元/人)

上述分析的结论是：全员劳动生产率比上期提高了 14%，全员劳动生产率绝对增加了 0.28 (万元/人)。这是由于工人劳动生产率水平提高 4%使全员劳动生产率绝对增加 0.09 (万元/人)，以及由于工人占全员比重上升 9.62%使全员劳动生产率绝对增加 0.19 (万元/人) 两者共同作用的结果。或者说，全员劳动生产率的提高主要是工人所占比重的变化引起的。由此可见，该公司还要在提高工人劳动生产率方面下工夫。

【例 9.4】某企业职工工资和劳动生产率资料如表 9-2 所示。

表 9-2　某企业职工工资和劳动生产率

指　标	基　期	报告期	指数(%)
年平均工资(元)	1520	1672	110
年劳动生产率(元/人)	20160	24192	120
人均产值工资费用率(%)	7.54	6.91	—

试分析平均工资增长与劳动生产率增长的关系。

根据表 9-2 资料计算工资相对增长系数：

$$工资相对增长系数=\frac{平均工资指数}{劳动生产率指数}=\frac{110\%}{120\%}\times100\%=91.67\%$$

计算结果表明，人均产值工资费用率报告期比基期下降了 8.33% (91.67%－100%)。由于人均产值工资费用率的降低而相对节约的工资费用额为：

人均工资费用降低额=报告期平均工资－基期平均工资×劳动生产率指数

=1672－1520×120%=－152 (元)

显然，工资相对增长系数小于 1，这说明劳动生产率的增长大于工资的增长，企业在提高劳动生产率的同时，相对节约了工资成本，增加了利润。如果出现了相反的情况，即工资相对增长系数大于1，则说明工资的增长超过了劳动生产率的增长，企业劳动生产率虽有提高，但没有节约工资费用，增加了工资成本，减少了利润。

9.2.2 设备利用统计指标及统计分析

9.2.2.1 设备利用统计指标

企业生产设备利用统计主要包括设备数量利用统计、设备时间利用统计和设备能力利用统计以及产品生产能力统计等。

(1) 设备数量利用指标。企业在一定时期内所拥有的全部设备按其使用情况可分为实有设备、已安装设备、完好设备和实际使用设备。

① 实有设备是指企业实际拥有的可供企业调配的全部生产设备。它包括企业自有的、租入的和借入的、已安装及未安装的设备。不包括已批准报废的、订购未运到本企业的、借出及租出的设备和由基建投资但尚未转入生产部门的设备。

② 已安装设备是指已安装在生产作业地、经验收合格的生产设备。它包括正在开动使用的设备、备用设备、试用设备、已安装封存保管的设备、暂停设备、待修和正在修理设备、不需安装可移动使用的设备等。

③ 完好设备是指已安装设备中的技术性能完好，不需要修理而随时可以启动的设备。它包括正常开动的设备、备用设备和期内因故停开的设备。

④ 实际使用设备指报告期的生产中实际使用过的所有设备，不管使用时间长短都统计在内。

将以上4种按不同统计范围计算的设备数量进行对比，就可得到反映设备数量利用程度的各项指标。

$$实有设备安装率=\frac{已安装设备数}{实有设备数}\times100\%$$

$$已安装设备完好率=\frac{完好设备数}{已安装设备数}\times100\%$$

$$实有设备利用率=\frac{实际使用设备数}{实有设备数}\times100\%$$

$$完好设备利用率=\frac{实际使用设备数}{完好设备数}\times100\%$$

(2) 设备时间利用指标。生产设备时间利用率是把设备的数量与开动时间联系起来进行研究，为进一步挖掘生产潜力提供资料。其基本公式：

$$生产设备利用率=\frac{实际作业时间}{最大可能利用时间}\times100\%$$

(3) 设备能力利用指标。各类生产设备都具有一定的生产能力，其能力能否得到充分的发挥，直接影响到生产成果的大小。所以分析生产设备的利用情况，除了从设备数量利用、时间利用方面进行分析外，还要从设备能力利用上进行分析。

生产设备能力利用指标，是通过对比设备实际能力与设备的理论能力即设计能力得到的，一般计算公式为：

$$设备能力利用率=\frac{设备实际能力}{设备理论能力}\times100\%$$

(4) 产品生产能力指标。从事实物产品制造的企业进行产品的生产活动时，某种产品的生产往往要经过多道生产工序，使用多种生产设备共同完成。产品生产能力指标实际上是考察生产企业生产某种产品的全部设备的综合平衡能力的指标。

$$产品生产能力指标=设备实际能力\times\frac{设备实际作业时间}{设备可能利用时间}$$

$$=设备实际能力\times设备时间利用率$$

9.2.2.2 设备利用统计指标分析应用

下面结合举例说明有关主要统计指标的计算与分析。

【例9.5】某企业拥有甲、乙、丙三类设备，有关资料如表9-3所示。

表9-3 某企业相关设备使用情况

设备名称	制度台时	利用率(%)
甲	1248	—
乙	2500	75.00
丙	1200	80.00

在150台甲设备中，已安装设备120台，其中完好设备108台，正在使用的为100台。甲设备的有关利用程度指标计算如下：

$$实有设备安装率=\frac{已安装设备数}{实有设备数}\times100\%=\frac{120}{150}\times100\%=80\%$$

$$已安装设备完好率=\frac{完好设备数}{已安装设备数}\times100\%=\frac{108}{120}\times100\%=90\%$$

$$实有设备利用率=\frac{实际使用设备数}{实有设备数}\times100\%=\frac{100}{150}\times100\%=66.6\%$$

$$完好设备利用率=\frac{实际使用设备数}{完好设备数}\times100\%=\frac{120}{150}\times100\%=92.59\%$$

由上计算可知，甲设备的实有设备利用率较低，其主要原因是实有设备安装率较低。

该企业三种设备的综合利用率计算如下：

$$\frac{\sum 制度台时\times利用率}{\sum 制度台时}=\frac{1248\times66.6\%+2500\times75\%+1200\times80\%}{1248+2500+1200}\times100\%=74.1\%$$

容易看出，上述四个指标有如下关系：

实有设备利用率=实有设备安装率×已安装设备完好率×完好设备利用率

同样的，可以利用这个关系式推算未知指标值，并且由此建立指数体系进行相关的因素分析。

【例9.6】某饮料生产企业的一种罐装设备每月可能作业时间为248工时，实际作业时间208工时。该设备的设计能力为1200瓶/台/时，其实际能力为900瓶/台/时。试计算该设备的综合利用率和产品生产能力。

(1) 该设备的综合利用率为：

$$\frac{设备实际产量}{设备可能产量}=\frac{实际作业时间\times实际能力}{可能作业时间\times理论能力}$$

$$=\frac{实际作业时间}{可能作业时间}\times\frac{实际能力}{理论能力}\times100\%$$

$$=设备时间利用率\times设备能力利用率$$

$$=\frac{208}{248}\times\frac{900}{1200}=63\%$$

(2) 该设备的产品生产能力为：

$$产品生产能力指标=设备实际能力\times\frac{设备实际作业时间}{设备可能利用时间}$$

$$=设备实际能力\times设备时间利用率$$

$$=900\times83.87\%=755\ (瓶/台/时)$$

由计算可知，该设备的综合利用率还不高，因而影响了产品生产能力。所以，企业应当在不影响设备正常运行的情况下，想方设法提高该设备的综合利用率，以提高企业的产品生产能力。

9.2.3 原材料、能源统计指标及应用分析

9.2.3.1 原材料、能源统计指标

原材料统计指标主要有原材料收入量、原材料消费量、原材料拨出量与原材料库存量。上述四个指标存在如下平衡关系：

期初库存量＋本期收入量＝本期消费量＋本期拨出量±盘盈盘亏量＋期末库存量

利用这个关系式可以推出原材料的期末库存量。

在对原材料进行统计时，有两个概念需要区别开来，即原材料消费量与原材料消耗量。原材料消费量指企业在报告期内实际消费的原材料数量。它既包括直接用于产品生产的原材料的消耗，也包括与产品生产没有直接关系的原材料的消耗。该指标反映了企业原材料使用的数量和去向，统计时一般是按“谁消费谁统计”的原则进行。原材料消耗量指企业产品生产自投料开始到制成成品为止的整个生产过程中所实际消耗的某种原材料数量。它包括本企业生产的合格品、次品、废品的原材料消耗，委托外单位加工而拨出的原材料数量，生产过程中发生的原材料损失，产品返修、改制时发生的原材料消耗，以及由于管理不善或设备不良而损失浪费的原材料等。原材料消耗量是以产品为单位进行统计的，原材料消费量则是以企业为单位统计的。换句话说，原材料消费不一定都是因为产品生产而发生的。

进行原材料消耗统计时，除了原材料消耗量以外，最主要的就是单耗与原材料利用率两个原材料利用指标。

单耗，是指生产每单位产品平均实际消耗的原材料数量，它反映了某种原材料的实际消耗水平，其计算公式为：

$$单耗=\frac{生产某种产品的某种原材料总消耗量}{某种产品的合格品产量}$$

原材料利用率是指合格品中的原材料数量在原材料总消耗量中所占的比重，即已被利用的原材料与实际消耗的原材料之比，它反映了原材料被有效利用的程度。其计算公式如下：

$$原材料利用率=\frac{合格产品中包含的原材料数量}{生产该产品的原材料总消耗量}\times100\%$$

单耗与原材料利用率都是反映原材料利用情况的统计指标，但它们之间的区别也是明显的。首先，单耗是从消耗角度表明原材料的使用情况，而原材料利用率是从利用角度表明原材料的使用情况的；其次，单耗只能就每种产品分别计算，而原材料利用率可以就不同产品消耗同种原材料的总量来计算，以综合反映不同产品对某种原材料的总的利用程度。

原材料利用情况的统计分析方法有两种，一是将实际单耗与消耗定额进行对比，以检查定额的执行情况；二是将本期实际单耗与上期实际单耗进行对比，反映单耗的变动情况。原材料消耗定额是指在一定的生产技术条件下，生产单位产品或完成单位工作量所

必需消耗的原材料数量的标准。对原材料消耗定额执行情况进行检查，可以反映企业原材料的使用情况。

9.2.3.2 原材料、能源统计指标应用分析

【例 9.7】某企业生产三种产品的原材料消耗量资料如表 9-4 所示。

表 9-4 某企业生产三种产品的原材料消耗量

产品名称	实际产量(件) q_1	单位产品原材料消耗定额(千克) m_n	原材料实际消耗问题(千克) m_1q_1
甲	3000	2.0	5400
乙	5000	0.8	4220
丙	10000	0.4	4800

根据表 9-4 资料，可以分别分析各种产品原材料消耗定额的执行情况，还可以综合分析全部产品原材料消耗定额执行情况。

（1）由单耗计算公式可分别计算甲、乙、丙三种产品的实际单耗（m_1）为 1.8 千克/件、0.844 千克/件、0.48 千克/件，进一步地，按照公式：

$$原材料消耗定额完成程度=\frac{实际单耗\ (m_1)}{消耗定额\ (m_n)}\times 100\%$$

计算的三种产品原材料消耗定额的完成程度分别为 90%、105.5%、120%。计算结果表明，只有甲产品原材料消耗完成了定额任务，乙、丙产品都没有完成消耗定额任务，特别是丙产品的原材料消耗定额完成较差。是管理不善还是设备不良抑或消耗定额制订得不够科学合理？企业应当就此查明原因，以便对症下药。

（2）全部产品原材料消耗定额的执行情况分析

$$三种产品消耗某种原材料的定额完成程度=\frac{\sum m_1q_1}{\sum m_nq_1}\times 100\%$$

$$=\frac{14420}{14000}\times 100\%=103\%$$

原材料超支（+）数量$=\sum m_1q_1-\sum m_nq_1=14420-14000=420$（千克）

【例 9.8】某企业生产 A 产品消耗甲、乙两种材料，有关资料如表 9-5 所示。

表 9-5 某企业材料消耗情况表

材料名称	消耗定额(千克/件)	实际单耗(千克/件)	材料计划价格(元/千克)
甲	10	9	6
乙	15	12	10

利用表 9-5 计算的企业生产 A 产品原材料消耗定额完成程度为：

$$某种产品消耗多种原材料的定额完成程度=\frac{\sum m_1p_n}{\sum m_np_n}\times 100\%$$

$$=\frac{9\times 6+12\times 10}{10\times 6+15\times 10}=82.86\%$$

原材料节约（或超支）数量$=\sum m_1p_n-\sum m_np_n$

$=174-210=-36$（元/件）

计算结果表明，由于原材料消耗定额完成情况较好，使得 A 产品单位产品节约原材料 36 元。

9.2.3.3 能源消费统计指标分析

能源消费统计指标主要有能源消费量指标和能源消耗水平指标，其统计分析方法与原材料统计分析基本相同。

9.2.4 技术投入效益的统计分析

(1) 企业技术投入使劳动生产率提高的经济效益分析，其分析方法与劳动生产率变动效果分析方法相同。

(2) 技术投入使原材料节约产生的经济效益分析，具体的分析方法是：

$$技术投入节约的原材料数量=(m_1-m_n)\times q_1$$

式中，m_1 为采用新技术后的单耗；m_n 为采用新技术前的单耗；q_1 为采用新技术后的产量。

(3) 技术投入使产品质量提高产生的经济效益分析，具体分析方法如下：

因产品合格率的提高增加的产量=（采用新技术后的合格率－原合格率）×报告期产量

9.2.5 财务统计分析

企业财务统计分析主要是对企业的资产及生产成本的分析。资产统计分析的内容主要是对企业资产短期偿债能力分析、资产周转率分析和资产产出率分析；生产成本统计分析主要是对企业成本计划完成情况分析、企业成本变动分析。

企业财务统计指标主要包括资金筹集指标、自己占用指标、成本费用指标、资产产出率等。企业财务分析的内容很多，这里不再详细介绍。下面结合例子阐述企业生产成本计划完成情况的分析。

【例 9.9】 表 9-6 是某企业某年度甲、乙两种可比产品的有关成本资料，据此可分析企业可比产品成本降低任务的完成情况。

表 9-6 某企业可比产品成本情况表

可比产品	产量		单位成本		
	本年计划 Q_n	本年实际 Q_1	上年实际 Z_0	本年计划 Z_n	本年实际 Z
甲	1000	1600	10	9	8
乙	500	550	20	19	18

(1) 甲、乙产品成本计划降低率和计划降低额

甲产品：成本计划降低率$=\dfrac{Z_nQ_n}{Z_0Q_n}-100\%=\dfrac{9\times1000}{10\times1000}-100\%=-10\%$

成本计划降低额$=Z_nQ_n-Z_0Q_n=9000-10000=-1000$（元）

即甲产品的计划成本比上年降低了 10%，降低额为 1000 元。

同理可计算乙产品的成本计划降低率为－5%，成本计划降低额为－500 元，即：乙产品的成本比上年降低了 5%，成本计划降低额为 500 元。

(2) 甲、乙产品成本实际降低率和实际降低额

将上述公式中的 Q_n 换成 Q_1，Z_n 换成 Z_1，计算得到甲产品的实际成本比上年降低了 20%，降低额为 3200 元；乙产品的实际成本比上年降低了 10%，降低额为 1100 元。

(3) 可比产品成本实际降低与计划降低相比较，检查可比产品成本降低任务完成情况

甲产品成本实际比计划多（少）降低百分点

=实际降低率（%）－计划降低率（%）

=20%－10%=10%

甲产品成本实际比计划多（少）降低的降低额=实际降低额－计划降低额

$=3200-1000=2200$（元）

同理计算可得，乙产品成本实际比计划多降低了5%，多降低的降低额为600元。

上面（1）、（2）只是甲、乙产品分别计算的结果。如果将两种产品的成本综合起来考虑，就必须计算可比产品成本的计划降低率和计划降低额以及实际降低率和实际降低额。

可比产品成本计划降低率

$$=\frac{\sum Z_nQ_n}{\sum Z_0Q_n}-100\%=\frac{9\times1000+19\times500}{10\times1000+20\times500}-100\%$$

$$=\frac{18500}{20000}-100\%=-7.5\%$$

可比产品成本计划降低额$=\sum Z_nQ_n-\sum Z_0Q_n$

$$=18500-20000=-1500\text{（元）}$$

同理，将上述公式中的Q_n换成Q_n，Z_n换成Z_1，即可计算得到的可比产品成本实际降低率为−15.93%，实际降低额为−4300元。

综上可知，企业全部可比产品成本实际降低率经计划降低率多降低了8.43%（15.93%−7.5%）；全部可比产品成本实际降低额比计划降低额多降低了2800（4300−1500）元。

思考与练习

一、单项选择题

1. 为了反映企业劳动者对制度规定的劳动时间的利用程度，应计算（　　）。

A. 作业率　　B. 制度工时利用率

C. 制度工时数　　D. 工人出勤率

2. 以下选项中不是企业经常计算的平均人数指标的是（　　）

A. 日平均人数　　B. 月平均人数　　C. 季平均人数　　D. 年平均人数

3. 原材料统计指标不包括（　　）。

A. 原材料收入量　　B. 原材料消费量

C. 原材料消耗量　　D. 原材料库存量

4. 计算单位产品原材料消耗量时，分母中的“产品产量”是（　　）。

A. 检验合格入库的产品产量　　B. 实际完成的产品产量

C. 合格品与废、次品产量之和　　D. 合格品、次品产量之和

5. 反映企业原材料利用情况的统计指标有（　　）。

A. 原材料消耗量　　B. 原材料消费量

C. 原材料使用量　　D. 原材料单耗

二、多选题

1. 企业劳动力包括（　　）。

A. 合同工　　B. 固定工

C. 临时工和计划外用工　　D. 退休职工

2. 生产设备的数量利用指标有（　　）。

A. 实有设备利用率　　B. 完好设备的利用率

C. 实有设备安装率　　D. 已安装设备的完好率

3. 与指标都是反映原材料使用水平的指标。（　　）

A. 原材料利用率　　B. 原材料单耗

C. 原材料消费量　　　　　　　　　　　　D. 原材料消耗量

4. 企业财务统计指标主要包括：（　　）

A. 资金筹集指标　　　　　　　　　　　　B. 自己占用指标

C. 成本费用指标　　　　　　　　　　　　D. 资产产出率

5. 原材料利用情况的统计分析方法有（　　）

A. 将实际单耗与消耗定额进行对比

B. 将本期实际单耗与上期实际单耗进行对比

C. 将消耗定额与实际单耗进行对比

D. 将上期实际单耗与本期实际单耗进行对比

三、思考题

1. 什么是企业经营要素统计？

2. 企业经营要素统计有哪些统计指标及体系？

3. 企业经营要素统计有哪些方法？

4. 企业生产设备数量利用指标有哪些具体的指标？

四、计算题

1. 某工业部门两个年份的资料如表 9-7 所示。

表 9-7　某工业部门两个年份的资料

项目	年平均工资(元)	年人均产值(元)	平均工资在平均产值中所占的比重(%)
基期	642	11200	5.73
报告期	696	13615	5.11

要求：

(1) 计算工资相对增长系数人均工资费用降低额；

(2) 说明该工业部门工资增长与劳动生产率增长之间的适应程度。

2. 某企业生产三种产品的原材料消耗量资料如表 9-8 所示。

表 9-8　某企业生产三种产品的原材料消耗量

产品名称	实际产量(件)	单位产品原材料消耗定额(千克)	原材料实际消耗总量(千克)
甲	3000	2.0	5400
乙	5000	0.8	4220
丙	10000	0.4	4800

要求：

(1) 分别分析各种产品原材料消耗定额的执行情况；

(2) 分析全部产品原材料消耗定额的执行情况（提示：检查各种产品原材料消耗定额的执行情况，需要计算出原材料消耗问题再进行对比）。

课内实训

[实训目的]

1. 加深对企业经营要素统计指标概念和计算方法的理解。

2. 训练计算企业经营要素统计指标的基本技能，并能够正确分析统计数据。

3. 培养学生的团队合作精神，提高归纳分析及与人沟通的能力。

［实训组织］

1. 本着自愿的原则，学生 5 人一组，每组产生一名组长，由组长负责分工及协调小组内成员的实训任务，并带领大家完成实训任务。

2. 实训以小组讨论形式展开。

［实训项目］

选取一家当地的生产制造企业，该企业应该具备多台同样型号执行同样生产任务的设备或者具有多条同型号执行同样生产任务的生产线，以企业的生产活动为研究对象，收集相关数据，对企业生产情况进行如下分析：

（1）统计一下该企业某一月份劳动力统计指标；

（2）选取一个班组，统计该班组设备的利用率，并计算某一设备的综合利用率和产品生产能力；

（3）统计一下该企业产品的原材料消耗量；

（4）对该企业可比产品进行统计，计算产品成本计划降低率和计划降低额。

［实训要求］

1. 明确小组内成员之间的分工，尽可能调动所有成员参与的积极性，达到实训的效果；

2. 小组讨论过程中，记录每名成员的发言。

［实训考核］

1. 实训过程中职业素养是否得到体现。

2. 小组分工是否明确和均衡，小组成员的能力是否得到充分的发挥。

3. 统计数据收集是否正确，采取的计算方法是否合适，计算结果是否正确。

项目 10 企业经营成果统计

名人小传

克莱夫·格兰杰

克莱夫·格兰杰（Clive W. J. Granger）1934 年 9 月出生于英国威尔士的斯旺西，经济时间序列分析大师，被认为是世界上最伟大的计量经济学家之一，2003 年诺贝尔经济学奖获奖者，来自美国加州大学圣迭戈分校。2009 年 5 月 27 日，伟大的计量经济学大师克莱夫·格兰杰在美国因病逝世，享年 75 岁。

格兰杰教授被认为是世界上最伟大的计量经济学家之一，瑞典皇家科学院曾说，“他不仅是研究员们学习的光辉典范，而且也是金融分析家的楷模。”无数经济学专业的学生奋斗一生，也只是为了能远远看到他的背影。他在利用数学模型分析时间序列数据方面的实证研究，给全世界打开了一扇窥探经济运行规律，特别是金融市场运行规律的大门。正因如此，我们可以对股市和汇市浩如烟海的数据进行分析整理，并预测今后的走势。

知识目标

1. 了解企业经营成果的含义。
2. 理解企业经营成果统计的意义。
3. 理解和掌握企业经营成果的实物量统计指标。
4. 理解和掌握企业经营成果价值量统计指标。

技能目标

1. 培养应用统计基本理论思想在实际工作中的能力。
2. 能够对企业经营成果进行实物量指标的统计和分析。
3. 能够对企业经营成果进行价值量指标的统计和分析。

项目导入

企业在经营一段时间后，企业管理者需要对企业过去经营的情况进行回顾和总结，在总结的时候，管理者经常会说：我们这段时间生产了多少产品、我们销售了多少产品、我们的产值达到了多少……管理者为什么会选取这些数据来总结过去呢？这些数据都代表什么含义？它们是怎么得来的呢？

10.1 企业经营成果统计的概述

10.1.1 企业经营成果概述

企业经营成果是指一定时期内企业生产经营活动所创造的有效劳动成果的总和。企业统计一般从实物量和价值量两个方面反映企业经营成果。

企业经营成果在确定的时候，需要注意三个事项：

一是，企业经营成果是本企业生产经营活动的劳动成果。只有企业花费人、财、物组织生产的产品统计到企业经营成果中，那些为企业职工加工而获得的外赠原材料或者机器设备不能够统计到企业经营成果中。

动脑筋：企业投入人、财、物按计划有组织生产过程中的三废（即废气、废料和废渣）是否该统计到企业经营成果中？

二是，企业经营成果是本企业生产的有效成果。所谓有效成果是指满足企业对于产品质量要求的产品。

三是，企业经营成果是本企业生产的直接成果。所谓直接成果是指企业按照某项生产任务组织生产，预定要生产的产品，它是全社会产品生产的一个组成部分。

（1）企业经营成果的实物量。企业经营的实物量可以归纳为实物产品和服务产品的数量、品种和质量三个方面。社会对企业、对产品使用的基本要求，是企业生产的产品数量多、品种全、质量好。这三者是辩证统一的，不可偏颇。

（2）企业经营成果的价值量。企业经营成果的价值量一般从生产经营的总产出、净产出、纯收益三个层次加以说明。指标包括总产值、增加值、销售产值、销售收入、营业收入、利润和税金等。

① 总产值是指在一定时期内生产的以货币表现的全部产品和劳务的总量。它包含反映物质产品生产总量的总价值和反映劳务总量的劳务总值。

② 增加值是以货币表现的一定时期内社会最终产品和劳务的价值。

③ 销售产值是以货币表现的企业在一定时期销售的本企业生产的产品和劳务的总量。

④ 销售收入是指企业在一定时期内出售的产品和劳务的销售收入。

⑤ 利润是企业的销售收入和扣除销售成本、销售税金后的余额。

⑥ 税金是国家用法律形式规定，按照一定的税率向企业征收的一种纯收入。

扩展阅读

企业经营成果的会计要素

企业经营成果反映企业经营成果的会计要素包括收入、费用和利润。它们直接关系到企业经营成果的计量。

1. 收入

1）收入的概念

收入是指企业在销售商品、提供劳务及让渡资产使用权等日常活动中所形成的经济利益的总流入。收入不包括为第三方或客户代收的款项。

2）收入的主要特征

✧ 收入是从企业的日常活动中产生的；

✧ 收入可能表现为企业资产的增加，或负债的减少，或二者兼而有之；

✧ 收入能引起企业所有者权益的增加；

✧ 收入只包括本企业经济利益的流入，不包括为第三方或客户代收的款项。

2. 费用

1）费用的概念

费用是指企业为销售商品、提供劳务等日常活动所发生的经济利益的流出。

2）费用的主要特征

✧ 费用是企业在日常活动中发生的经济利益流出；

✧ 费用可能表现为企业资产的减少，或负债的增加，或二者兼而有之；

✧ 费用会导致企业所有者权益的减少。

3. 利润

利润是指企业在一定会计期间的经营成果，包括营业利润、利润总额和净利润。

4. 收入、费用、利润三者之间的关系

收入减去费用，并经过调整后，等于利润。在不考虑调整因素（比如营业外收入、营业外支出、补贴收入、投资收益等）的情况下，收入减去费用等于利润，即，收入－费用＝利润。它是编制利润表的基础。

10.1.2 企业经营成果统计的意义

企业经营成果统计是企业经营管理中一项重要工作，企业经营成果统计工作的主要意义体现在以下三个方面：

（1）企业经营成果统计可以向企业内部管理者提供企业生产经营活动各种产出的总体信息。

（2）企业经营成果统计可以展示各种经济资源的利用情况，挖掘增加产量、提高经济效益的潜力。

（3）企业经营成果统计可以反映企业产品的销售情况和经营成果的综合信息。

10.2 企业经营成果统计指标

10.2.1 企业经营成果的实物量统计指标

10.2.1.1 企业产品实物量统计的意义

企业产品实物量又称企业产品使用价值量，是由企业在一定时期内生产的用实物单位表示的产品数量。

实物量统计具有以下重要的经济意义：

① 是反映企业经营规模和经济实力的重要资料。

② 是检验各部门供需平衡的重要依据。

③ 是计算其他指标的基础。

10.2.1.2 企业产品实物量统计的原则

在计算企业产品产量指标时，为确保计算的准确性，必须遵循一定的计算原则。以工业企业为例，其计算原则有：

(1) 质量原则。实物量统计的产品必须符合规定的质量标准。

(2) 入库原则。实物量统计的产品必须是办理完入库手续。

(3) 时限原则。实物量统计的产品必须是本期生产的产品。

(4) 目录原则。实物量统计的产品必须严格按照产品目录的规定填报。

10.2.1.3 企业产品实物量产量指标

企业产品产量有两种表示方法，即：混合实物量和折合（标准）实物量。

(1) 混合实物量。混合实物量是指把各种产品名称相同，用途相同，但规格、含量不同的产品数量直接加总而得到的产量，是按其实物单位直接相加而得的。

(2) 折合实物量。折合实物量也称为标准实物量，是指把各种经济用途相同（或相近）、而品种、规格、含量等不同的产品，按一定的折合系数折合为某一标准规格、标准含量的产品的数量。

计算折合（标准）实物量时，主要采取如下的步骤及计算公式：

① 确定标准产品。

② 确定各个不同规格、含量的产品与标准产品的折合系数。具体计算公式如下：

$$折合系数=产品的实际规格或含量/标准产品的规格或含量 \tag{10-1}$$

③ 把各种不同产品的产量乘以相应的折合系数。

④ 进行加总，得到该类产品的标准实物量。计算公式如下：

$$标准实物量=\sum(实物产量\times 折合系数) \tag{10-2}$$

动脑筋：某化工企业 2014 年 12 月份生产尿素 3900 吨，国家标准规定尿素的有效成分含量（含氮量）为 46%，那么该企业 12 月份产量的折合标准量是多少？

混合实物量的计算比较简单，但不确切；标准实物量的计算是对混合实物量计算的补充，能较合理地反映生产工作量及成果。但实际工作中，两者不能相互取代，只能相互补充，要根据经济管理的不同目的与要求加以选取应用。

扩展阅读

社会产品实物量指标在实际中的局限性表现在：(1) 实物量指标只适用于对有形社会产品的计量，而不能计算无形社会产品的总量，因此不能综合反映社会产品生产的总规模和水平。(2) 对有形的社会产品，也只能用于同类产品的产量加总，不同类的社会产品，因为它们的使用价值不同，通常计量单位也不同，故不能加总。实物量指标也不能综合反映物质产品生产的总规模。(3) 实物量指标不能解决对企业的产品和某些半成品（除了可以作为成品出售的半成品外）统计的问题。

10.2.1.4 企业产品实物量品种指标

企业产品有“种类、品种、规格、型号”等的划分。

品种划分的标志是产品使用价值差异程度。差别较大时，就是不同的品种；差别较小时，就形成了不同的规格、型号、花色。

在实际统计工作中，企业产品实物量品种指标主要有企业产品品种数和品种数计划完成指标。

(1) 企业产品品种数。该指标主要统计在报告期内企业实际投产的品种数量，不包括企业试制的品种。

(2) 品种数计划完成指标。该指标主要反映企业产品品种计划完成情况，实际工作中可以使用品种数计划完成率和品种计划完成程度来进行统计。

① 品种数计划完成率。品种数计划完成率是指报告期内完成计划产量的品种数与计划品种数的比率。其具体计算公式如下（按品种数计算）：

$$品种计划完成率=\frac{报告期完成计划产量的产品品种数}{报告期计划规定应生产的产品品种数}\times 100\% \tag{10-3}$$

在品种数计划完成率指标计算中，只统计那些完成计划产量的品种数，对于那些没有完成计划产量的品种数都不统计，即便是有些品种已经完成99%的产量。所以，需要引入品种计划完成程度指标。

② 品种计划完成程度。品种计划完成程度是指计划内品种实际产量（产值）之和与计划内品种计划品种产量（产值）之和的比率。按产值计算品和计划完成程度的计算公式如下：

$$品种计划完成程度=\frac{计划内品种实际产量(扣除超计划部分)\times 产品单价}{计划内品种计划产量\times 产品单位} \tag{10-4}$$

值得注意的是，在公式中分子部分采取“不抵补原则”加总，即超额完成计划的，超计划部分不计入，不能以超补亏，最多按100%计算。

【例 10-1】某企业共生产四种产品，2014 年 12 月的相关生产资料如表 10-1 所示，试计算该企业 2014 年 12 月企业生产的品种计划完成程度。

表 10-1 某企业 2014 年 12 月生产情况资料

产品名称	单位产品价格(元)	产量(件)	
		计划	实际
甲	60	1000	1200
乙	90	1100	1000
丙	100	900	900
丁	120	—	100

解：根据公式（10-4）可得：

品种计划完成率

$$=\frac{1000\times 60+1000\times 90+900\times 100}{1000\times 60+1100\times 90+900\times 100}\times 100\%$$

$$=\frac{240000}{249000}\times 100\%$$

$$=96.39\%$$

10.2.1.5 企业产品质量统计指标

企业产品质量是指产品具有的适应社会生产和生活消费需要的特性。产品质量主要包括内在质量和外在质量两个方面。内在质量主要指性能、寿命、安全性等，外在质量主要指光洁度、色泽、造型等。

质量统计指标包括两个方面的内容，其一是产品质量统计指标，其二是工作或经营经营质量统计指标。

产品质量统计指标具有多种表现形式，常用的有平均技术性能指标、质量分指标和产品等级指标等。

经营质量指标包括有产品合格率、一次检验合格率、废品率、返修率等。

10.2.2　企业经营成果价值量统计指标

企业经营成果价值量也称企业产出价值量，是指以货币表现的企业在一定时期内市场经营成果的数量。企业经营成果价值量主要用总产出、增加值和利润等指标表示。

10.2.2.1　企业经营成果价值量统计的作用

企业经营成果价值量统计是企业经济统计最基本的内容，对于开展企业经济的综合统计分析和加强企业的经营管理都具有重要作用。主要体现在以下五个方面：

(1) 企业经营成果价值量统计是企业经济统计的最基本内容；

(2) 企业经营成果价值量统计是企业一定时期经济活动的有效成果的综合反映；

(3) 企业经营成果价值量统计企业考核经济效益，各种统计分析的基本依据；

(4) 企业经营成果价值量统计编制检查计划的依据；

(5) 企业经营成果价值量统计计算本部门和全社会有关产值指标的基础。

10.2.2.2　企业经营成果的核算价格

核算企业的经营成果价值量一般采用两种价格形势，即现行价格和可比价格。

(1) 现行价格。现行价格是指当前实际执行的价格，又称报告期价格或当年价格（如果报告期为年）。

指计算工业总产值时，采用的报告期内的产品实际销售价格。报告期的产品销售价格前后有变动，或同一种产品在同一时期有几种销售价格的，应分别按不同价格计算总产值，如生产完成时还不能确定按哪一种价格销售，可按报告期实际平均销售价格计算。实际销售价格是指产品销售时的实际出厂价格。工业总产值中有些项目，如自制设备、提供本企业基本建设和生产福利部门的产品和工业性作业等，没有出厂价格，可以它们的实际成本作为现行价格。

国际上计算现行价格的总量价值指标通常有两种计算口径：①对未销售产品按实际交易价格计算，即产品的价值包含了未实现的部分增加值要素，如利润、税金等；②对未销售产品按成本价格计算，即产品的价值为构成该产品的实际成本价值。中国在实际统计核算中使用前一种口径。

(2) 可比价格。可比价格（又称可比价值）指计算各种总量指标所采用的扣除了价格变动因素的价格。可进行不同时期总量指标的对比。是为了计算不同时期的价值指标而采用的某一固定时间的价格。又称“固定价格”或“不变价格”。这种不变价格计算的总产值指标，可以消除价格变动因素的影响，便于对不同时期进行历史对比，以观察国民经济的发展情况。

按可比价格计算总量指标有两种方法：一种是直接用产品产量乘某一年的不变价格计算；另一种是用价格指数进行缩减。

扩展阅读

世界各国很早就开始了关于不变价格的研究和实践。作为国民经济核算问题，联合国统计委员会第十九次年会第一次正式提出编制价格和物量统计方法论手册，并于1979年正式出版《不变价格国民核算手册》，使不变价格问题得到进一步完善，根据实际需要和核算特点，不变价格的确定有两种方式：①直接规定不变价格，即在基年中确定某一时点（如某一天）的一揽子商品（即指具有代表性的一批商品）的价格为该基期的不变价格；②基期的现行价格，即以基期商品的现行价格作为该基期的不变价格。中国第一个五年计划时期（1953～1957）采用1952年的价格为不变价格；1958～1970年采用1957年的价格为不变价格；1971～1980年采用1970年的价格为不变价格；1981～1990年采用1980年的价格为不变价格；自20世纪90年代起，采用直接规定不变价格的方式确定农业和工业部门中的不变价格。随着知识结构的更新和高技术产业的发展，加速了产品更新换代，需要变更新的基期年份以保持不同年份之间具有较好的可比性，因而需要形成新的不变价格。

10.2.2.3　企业产出产值指标

（1）企业产值指标的统计原则

① 计算内容上的平衡原则。计算内容上的平衡原则在于：生产范围划在哪里，产值指标就计算到哪里，中间消耗和最终使用也计算到哪里，初次分配和再分配、原始收入和派生收入在哪里分界。

② 核算方法上的主体原则，又称对象原则。

第一，产值指标如以生产对象为主体进行计算，称为产品法。

第二，产值指标如以经营单位为主体进行计算，称为企业法（又称工厂法）。

③ 计算时空范围上的统一原则。企业计算产值指标时，必须在起讫时间上，遵守规定的时间标准；在空间范围上，遵守规定的空间标准。

（2）企业工业总产值。《国民经济行业分类》（GB/T4754—2002）中划分，工业包括采矿业、制造业以及电力、燃气及水的生产和供应业。

扩展阅读

一、二、三次产业划分范围

第一产业是指农、林、牧、渔业。

第二产业是指采矿业，制造业，电力、燃气及水的生产和供应业，建筑业。

第三产业是指除第一、二产业以外的其他行业。第三产业包括：交通运输、仓储和邮政业，信息传输、计算机服务和软件业，批发和零售业，住宿和餐饮业，金融业，房地产业，租赁和商务服务业，科学研究、技术服务和地质勘查业，水利、环境和公共设施管理业，居民服务和其他服务业，教育，卫生、社会保障和社会福利业，文化、体育和娱乐业，公共管理和社会组织，国际组织。

企业工业总产值是指以货币表现的，企业在一定时期内生产的工业最终有效产品或提供工业性劳务活动的总价值量。它是反映企业总规模和总水平的重要指标。

企业工业总产值是按“工厂法”计算的，即以整个企业为单位，把企业本期工业生产的最终有效成果乘以相应的产品价格（按不含税额的价格），再加总计算。

① 企业工业总产值的计算原则。计算企业工业总产值应遵循以下三条基本原则：

其一，工业生产的原则

工业总产值是工业企业生产的全部工业产品和工业性劳务的总价值量，是将成千上万种具有不同使用价值的工业产品和工业性劳务进行同度量的尺度。因此，凡是企业在报告期生产的经检验合格的工业产品，不管是否在报告期销售，以及进行的工业性劳务，均应包括在内。反之，凡不是本企业生产的产品，均不能计入本企业的工业总产值中。

其二，最终产品的原则

工业总产值是企业生产的工业最终产品或工业性劳务的总价值量。因此，凡是计入工业总产值的产品，必须是本企业生产的经检验合格，不需再进行任何加工的最终产品。如果企业中间产品（半成品）对外销售，那么对外销售的中间产品也应视为企业的最终产品，而计入工业总产值中。

其三，工厂法原则

工业总产值的计算是以工业企业作为基本计算（核算）单位，允许同一产品价值在企业与企业之间的重复计算；不允许同一产品价值在企业内部之间的重复计算，即不能将企业中各个生产环节、各个车间生产的产品价值简单相加，而是以企业的最终产品计算产值。

② 企业工业总产值的计算内容

其一，生产成品价值

成品价值是指本企业在报告期内，已经完成全部生产过程，经检验合格并已包装入库，或者虽未入库，但已办理入库手续的产品价值。成品价值在实际统计工作中可以表现为以下四种形式：产成品价值、自制产品和自制设备的价值、副产品及其他产品价值和企业发外加工产品价值。

产成品价值是指企业在报告期内生产的、在本企业不再继续加工、经检验合格并已包装入库，或者虽未入库但已办理完入库手续的、已经销售或准备销售的全部产成品和半成品的价值。它们都按全价计入总产值。

自制产品和自制设备的价值是指本期本企业工业部门生产的、供本企业基建部门、其他非工业生产部门和生活福利部门等单位使用的企业自制产品价值，以及构成固定资产并转入财务账目的企业自制设备价值。

副产品及其他产品价值是企业利用废水、废气、废料生产的，已经销售或准备销售的各种副产品价值，以及由本企业在报告期生产的包装器材的价值。

企业发外加工产品价值，本企业已完成主要工序加工，外企业只作次要工序或简单加工的产品，按产品全价计入企业总产值；本企业只完成次要工序加工，外企业作主要工序加工，企业按工业性作业处理，计算加工价值。

其二，本期对外加工费收入

对外加工费收入是指企业报告期内完成的对外承做的工业品加工（包括用订货者来料加工产品）的加工费收入和对外工业品修理作业所收取的加工费收入。在统计该项内容的时候需要注意以下三点：

第一，企业报告期内已完成的工业性作业的价值，均按加工价值计入总产值。不包括加工件本身价值。它包括以下内容：对外承做的各种机器设备、交通运输工具和其他金属制品的修理作业价值。

第二，订货者来料加工价值，由于订货者来料加工的产品，加工企业不能取得来料的真实价值资料，故统一按加工费计算总产值。

第三，对本企业专项工程、生活福利部门等提供加工修理、设备安装等的价值。

其三，自制半成品、在制品期末期初结存差额价值

企业自制半成品、在制品期末期初结存差额价值是指企业报告期已经经过一定生产过程，但尚未完成生产仍需继续加工的中间产品的价值。即报告期在制品、半成品期末余额减去期初余额后的差额价值。差额价值的核算以会计核算为标准。

③ 企业工业总产值指标特点

企业工业总产值指标在实际应用中表现出以下三个方面的特点：

第一，企业工业总产值受物质消耗转移价值的影响；

第二，企业工业总产值受企业组织结构变动的影响；

第三，企业工业总产值不受企业生产起点变化的影响。

【例 10.2】某车床厂 2014 年生产情况相关资料统计如下：

(1) 用自备原材料生产普通车床 85 台，经验收合格入库 80 台，每台价格 3 万元；

(2) 已销售和准备销售半成品——车身 20 台，每台价格 0.8 万元；

(3) 订货者来料生产卡盘车床 4 台，每台价格 4.5 万元，其中来料 12 万元；

(4) 自制设备立式钻床 6 台，单位成本 2.2 万元，设备已投入生产并转财务账；

（5）对外修理车床修理费收入4万元；

（6）出售废料收入1.4万元；

（7）自制半成品、在产品期初价值50万元，期末价值67万元（财务上核算这部分价值）。

根据以上资料，计算该年工业总产值。

解：该年不变价格工业总产值＝80×3＋20×0.8＋（4×4.5－12）＋6×2.2＋4＋（67－50）＝296.2（万元）

扩展阅读

工业企业总产值指标在实际工作中存在的问题

1. 用产品销售收入、生产成本等财务指标代替工业总产值。出现这种现象的主要原因是统计人员对工业总产值的概念不清。工业总产值是针对企业当期生产的产品和对外加工费收入的价值进行统计，体现的是报告期的生产总量；而产品销售收入是企业销售产品和对外提供劳务等主要经营业务取得的收入总量。两者有着本质的区别，总产值是以报告期生产量作为计算依据，而产品销售收入是以当期取得的对外销售的产品作为基础。前者强调的必须是报告期生产的产品，后者在时间上既包括报告期内的，也包括报告期外的。只要统计人员了解了总产值的概念，就可以避免此类问题的出现。

2. 将不是本企业生产的产品价值计入总产值。此类问题多发生于规模较小的企业。出现这种现象的主要原因是，基层统计人员在计算工业总产值时，没能遵循工业生产的原则，特别是从事计算机软硬件制造的企业，更容易出现将本企业外购未经加工的产品按全价计入本企业的工业总产值。

3. 对全价或加工费计算工业总产值不加以区分。一般此类问题的发生，是因为有些统计人员不能正确区分在什么情况下按加工费计算，什么情况下按全价计算。区分的标准是看企业进行生产所用的原材料是企业自备的，还是由订货者提供的。在按加工费计算总产值时也分订货者来料加工和工业性作业两种情况。用订货者来料加工、生产出具有新的实物形态的产品，该产品具有新的使用价值；而工业性作业是在报告期内以生产性劳务形式表现的产品价值，它只是恢复或增加原来产品的使用价值。两种情况下所取得的加工收入，都应包括在总产值内，且按加工费计算，不能按全价统计。

4. 自制半成品及在制品期末期初差额漏统。企业自制半成品及在制品期末期初差额漏统情况，主要发生在对半成品及在制品进行核算的企业，特别是容易在生产周期较长或报告期内半成品数额较大的企业发生。在这里需要明确指出的是，凡会计上对半成品及在制品进行核算的企业，在计算工业总产值时就应包括这部分的价值，否则，就不包括。

5. 工业总产值出现负数。造成工业总产值填报中出现负数的原因，一般是当企业发生退货时，企业的统计人员往往习惯按会计上的处理方法，在总产值中扣除退货产品的价值，当退货数额较大时，出现了负数。这种做法是错误的，违背了生产的原则。当企业发生退货时，只要不是因产品本身出现质量问题而发生的退货，就不允许在已上报过的总产值中冲减。企业内发生退货有两种情况，一种是当企业由于产品质量问题发生退货时，由于有质量问题的产品属于不合格产品，发生退货的数额不得计人工业总产值；另一种是因非质量问题而发生的退货，退货数额只允许在生产期内进行冲减，但不得在退货发生时冲减报告期间的当月工业总产值。

（3）企业工业增加值

① 企业工业增加值的概念及构成。企业工业增加值是指企业在报告期内以货币形式表

现的工业生产活动的最终成果，是企业全部工业生产活动的总成果扣除了在生产过程中消耗或转移的物质产品和劳务价值后的余额，是企业生产过程中新增加的价值。

② 企业工业增加值的计算方法。企业工业增加值的计算方法可分别采用生产法或收入法。

方法一：计算工业增加值的生产法

生产法计算工业增加值，即工业总产值减去工业中间投入后的余额。其计算公式如下：

企业工业增加值＝企业工业总产出－企业中间投入＋应交增值税　　(10-5)

公式中总产出直接用总产值代替。

“工业中间投入”是指企业在报告期内用于工业生产经营活动而一次性消耗的外购原材料、燃料、动力及其他实物产品和对外支付的服务费用。具体包括：外购原材料、外购燃料、外购动力及办公费、水电费、劳保用品等其他物质消耗和外部修理费、运输费、差旅费、保险费、广告费和利息支出等服务性费用。

应当注意的是计入中间投入必须具备两个条件：一是与总产出的计算范围保持一致；二是本期一次性所消耗的。

方法二：计算工业增加值的收入法（或分配法）

收入法即从收入的角度出发，根据生产要素在生产过程中应得到的收入份额计算。收入法的构成要素有：固定资产折旧、劳动者报酬、生产税净额、营业盈余。其计算公式如下：

企业工业增加值＝固定资产折旧＋劳动者报酬＋生产税净额＋营业盈余　(10-6)

③ 企业工业增加值指标的作用

企业工业增加值指标在实际的统计工作中的作用主要表现在以下三个方面：

第一，企业工业增加值指标是国内生产总值统计的基础；

第二，企业工业增加值指标有助于反映本企业为社会生产作贡献的份额；

第三，企业工业增加值指标满足统计资料国际对比的需要。

(4) 企业工业生产净值

① 企业工业生产净值概念。企业工业生产净值是SNA口径的指标，是企业报告期工业生产活动新创造的价值。其核算内容，包括劳务价值在内，即包括劳务在内的净产值指标。

② 企业工业生产净值的计算

方法一：计算工业生产净值的生产法

用生产法计算时，是从生产法计算的工业增加值中直接扣除固定资产折旧从而得到企业工业生产净值。

方法二：计算工业生产净值的收入法（或分配法）

将构成生产净值的各要素直接相加计算生产净值，这种方法为收入法（或分配法）。收入法的构成要素有：劳动者报酬、生产税净额、营业盈余。各项构成要素内容与计算工业增加值构成要素内容相同。

扩展阅读

用“生产法”和“收入法”计算工业企业生产净值的差异

二者计算的结果本应一致，但由于推算方法不同，资料来源和计算口径有出入，实际计算时，二者数值常存在一定差异。

(5) 工业商品产值与销售产值

工业商品产值是指本期生产的可供销售并能取得经济收入的产品价值总和，是工业总产值中的可供销售的部分。

工业销售产值是以货币表现的工业企业在一定时期内销售的本企业生产的工业产品总值。

动脑筋：工业总产值和工业商品产值之间有什么区别和联系？

10.2.2.4 企业利润指标

利润是企业在一定时期内生产经营活动的最终成果。企业利润指标主要有主营业务利润、其他业务利润、营业利润和利润总额。

(1) 主营业务利润。主营业务利润，是指企业经营活动中主营业务所产生的利润。企业的主营业务收入净额减去主营业务成本和主营业务税金及附加后的余额，通常称为毛利。

(2) 其他业务利润。其他业务利润，指企业经营主营业务以外的其他业务活动所产生的利润。企业的其他业务收入减去其他业务支出后的差额，即为其他业务利润。其他业务支出包括其他业务所发生的成本以及应由其他业务负担的流转税。

其他业务收入，指除主营业务收入以外的其他销售或其他业务的收入，如材料销售、代购代销、包装物出租等收入。

其他业务收入的实现原则，与主营业务收入实现原则相同。

其他业务支出，指除主营业务成本以外的其他销售或其他业务所发生的支出，包括销售材料、提供劳务等而发生的相关成本、费用，以及相关税金及附加等。

(3) 营业利润。营业利润是企业利润的主要来源，其计算公式为：

$$营业利润 = 主营业务利润 + 其他业务利润 - 期间费用 \tag{10-7}$$

(4) 利润总额。利润总额是在营业利润的基础上，加减投资收益、补贴收入、营业外收支净额后得出的又一个利润指标。

① 投资收益。投资收益，指企业对外投资所取得的收入或发生的损失。包括企业持有的短期股票和债券带来的收益，以及长期股权投资及长期债权投资带来的收益。企业持有的短期股票和债券，一般在出售或到期收回时，按实际收到的金额与实际成本的差额确认为投资收益。

企业长期股权投资持有期间投资收益的确认因核算方法而异。若采用成本法核算，在被投资单位宣告发放现金股利或分派利润时，按应收股利额确认投资收益；若采用权益法核算，应按企业分享的被投资单位当年实现的净利润确认为投资收益。出售或收回股权投资时，按实际收到的金额或确定的资产价值与股权投资账面价值的差额，确认投资收益。

企业长期债权投资在债权持有期间，应于每期结账时，将应计利息额加上折价摊销额或减去溢价摊销额，确认为投资收益。具体的计算方法超出本书讨论的范围，这里不再详述。

企业若计提短期投资跌价准备及长期投资减值准备，在市价低于成本或账面价值时，冲减投资收益。在出售或到期收回短期投资时，没有冲减完的投资减值准备要加入到投资收益中计算最终投资收益。

② 补贴收入。补贴收入，是指国家对企业的政策性亏损补贴款和其他补贴。

③ 营业外收支。营业外收支，是指与企业的生产经营活动无直接关系的各项收支。营业外收支虽然与企业生产经营活动没有多大的关系，但从企业主体来考虑，同样带来收入或形成企业的支出，也是增加或减少利润的因素，对企业的利润总额及净利润产生较大的影响。

思考与练习

一、单项选择题

1. 以下（　　）不是企业产品实物量统计的原则。

   A. 销售原则　　B. 质量原则　　C. 时限原则　　D. 入库原则

2. 标准实物量（　　）。

   A. 与实物量成正比　　B. 与实物量成反比

   C. 一定大于实物量　　D. 一定小于实物量

3. 下列指标中，用于反映企业生产工作质量的指标是（　　）。

   A. 等级品率　　B. 合格率　　C. 优等品率　　D. 产品质量分

4. 核算企业的经营成果价值量一般采用两种价格形势，即现行价格和（　　）。

   A. 市场价格　　B. 折扣价格　　C. 可比价格　　D. 平均价格

5. 企业产值指标的统计原则不包括（　　）。

   A. 计算内容上的平衡原则　　B. 价值原则

   C. 对象原则　　D. 计算时空范围上的统一原则

6. 企业工业增加值的计算方法可分别采用生产法或（　　）。

   A. 销售法　　B. 分摊法　　C. 折算法　　D. 收入法

二、多项选择题

1. 实物量统计具有以下重要的经济意义（　　）。

   A. 是反映企业经营规模和经济实力的重要资料

   B. 是检验各部门供需平衡的重要依据

   C. 是计算其他指标的基础

   D. 反映企业的盈利情况

2. 企业产品有（　　）等的划分。

   A. 种类　　B. 品种　　C. 规格　　D. 型号

3. 经营质量指标包括有（　　）等。

   A. 产品合格率　　B. 一次检验合格率

   C. 废品率　　D. 返修率

4. 计算企业工业总产值应遵循以下原则（　　）。

   A. 工业生产的原则　　B. 最终产品的原则

   C. 工厂法原则　　D. 销售原则

5. 企业工业总产值的计算内容有（　　）。

   A. 生产成品价值

   B. 补贴

   C. 自制半成品、在制品期末期初结存差额价值

   D. 本期对外加工费收入

6. 企业工业增加值指标的作用有（　　）。

   A. 企业工业增加值指标是国内生产总值统计的基础

   B. 企业工业增加值指标有助于反映本企业为社会生产作贡献的份额

   C. 企业工业增加值指标有利于促进企业销售

   D. 企业工业增加值指标满足统计资料国际对比的需要

7. 企业利润指标主要有（　　）。

A. 主营业务利润　　B. 其他业务利润

C. 营业利润　　D. 利润总额

三、思考题

1. 企业经营成果在确定的时候，需要注意哪些事项?
2. 企业经营成果统计工作的主要意义体现在哪些方面?
3. 企业产品实物量统计的原则有哪些?
4. 企业经营成果价值量统计的作用有哪些?
5. 简述企业产值指标的统计原则。
6. 简述计算企业工业总产值应遵循的基本原则。
7. 简述企业工业总产值指标的特点。
8. 简述企业工业增加值指标的作用。

课内实训

[实训目的]

1. 加深对企业经营成果统计的理解。
2. 训练企业经营成果统计操作的基本技能。
3. 培养学生的团队合作精神，提高归纳分析及与人沟通的能力。

[实训组织]

1. 本着自愿的原则，学生 5 人一组，每组产生一名组长，由组长负责分工及协调八组内成员的实训任务，并带领大家完成实训任务。
2. 实训以小组讨论形式展开。

[实训项目]

在当地寻找一家企业，对其经营成果进行统计分析。

统计项目包括：

(1) 对该企业的产品产量进行统计分析；
(2) 对该企业的产品质量进行统计分析；
(3) 统计分析该企业某一月份的计划完成情况；
(4) 分析一下该企业的利润情况。

[实训要求]

1. 明确小组内成员之间的分工，尽可能调动所有成员参与的积极性，达到实训的效昊。
2. 小组讨论过程中，记录每名成员的发言。

[实训考核]

1. 实训过程中职业素养是否得到体现。
2. 小组分工是否明确和均衡，小组成员的能力是否得到充分的发挥。
3. 统计指标选取是否得当，计算结果是否准确，分析的结论是否合理。

项目11 企业经营综合统计评价

名人小传

托马斯·贝叶斯

托马斯·贝叶斯（Thomas Bayes，1702～1763），18世纪概率论理论创始人，贝叶斯统计的创立者，“归纳地”运用数学概率，即“从特殊推论一般、从样本推论全体”的第一人。

贝叶斯在数学方面主要研究概率论。他首先将归纳推理法用于概率论基础理论，并创立了贝叶斯统计理论，对于统计决策函数、统计推断、统计的估算等做出了贡献。1763年发表了这方面的论著，对于现代概率论和数理统计都有很重要的作用。贝叶斯的另一著作《机会的学说概论》发表于1758年。贝叶斯所采用的许多术语被沿用至今。

他对统计推理的主要贡献是使用了“逆概率”这个概念，并把它作为一种普遍的推理方法提出来。贝叶斯定理原本是概率论中的一个定理，这一定理可用一个数学公式来表达，这个公式就是著名的贝叶斯公式。

知识目标

1. 了解企业经营综合统计分析的含义。
2. 掌握企业经营综合统计分析的步骤。
3. 掌握企业经营综合统计分析的指标体系。

技能目标

1. 培养统计基本理论思想在实际工作中的应用能力。
2. 能够灵活运用企业经营综合统计分析对企业的经营情况进行综合分析。
3. 能够具备计算企业经营综合统计分析指标的能力。

项目导入

统计工作不是把数字随便填到几个格子里去，而是应当用数字来说明所研究的现象在实际生活中已经充分呈现出来或正在呈现出来的各种社会类型。列宁：《莫斯科省的工作日和工作年》(1912 年 8 月 12 日)《列宁全集》第一版，第 18 卷第 254 页。

11.1 企业经营综合统计评价概述

评价是最初步、最基本的统计分析。所谓统计评价，是指从数量上展示和说明研究对象的规模大小、水平高低、速度快慢，以及各种关系是否协调的分析方法和过程。

可见，从统计分析意义上讲，评价是指从总体上展示分析对象的规模大小、水平高低、速度快慢，各种关系是否协调合理等的分析研究方法及其结果。它是从“度”上来反映研究对象所处的状态。但对任何事物进行评价都不能孤立地进行，都必须要与其他有联系的现象进行对比来实现，并且还应当在质的分析研究的基础上给予一定的量的标准，来作为判断的依据。我们说某个国家是发达国家或发展中国家，是与其他国家在一定的时间条件下相比较而言的，说某个企业经济效益好，或者经济效益差，也是用一定的标准来衡量才能做出判断。统计评价虽然进行的是数量比较，但也包含同样的道理。

扩展阅读

数量比较法

数量比较是一种传统的统计评价方法。古典统计学的创始人之一威廉·配第（William Petty［英］）在《政治算术》中，对英国法国、荷兰的国情国力进行分析时，就采用了这样的方法。由于这种方法适应范围广，约束条件少，并且可以简明地对研究对象进行评价，因此，在今天的统计分析活动中，仍然是一种被统计工作者广泛采用的了解情况、发现问题、提示矛盾的基本方法。

在统计评价中，选择合适的评价标准是一个十分关键的步骤。评价标准选择的合适 进行比较后，才能客观地做出评价，选择的不合适，不仅不能正确反映研究对象的真实性和客观性，反而还有可能得出错误的结论。在实际的统计评价分析中，评价标准主要有以下几种选择。

(1) 时间评价标准。即选择不同时间的指标数值作为评价标准。通常应用的是与前一时期进行比较，如：2001 年与 1999 年进行比较；今年下半年与今年上半年进行比较；今年第四季度与今年第三季度进行比较；本月与上月的比较；本年的某季度、月份与去年或者以前的某年同期进行比较；与历史上达到的最好水平的年份或者时期进行比较；与历史上的一些关键年份、代表年份的比较分析，等等，都可以进行。

(2) 空间评价标准。即选择不同空间的指标数值进行比较，归纳起来主要有：

① 与相似的空间比较，如与本地区或单位在空间条件上有相似的国家、地区、省、市、县、单位等进行比较。其“相似”既可能是土地面积、人口规模、地理条件、资源条件等的相似，也可能是生产规模、市场化条件、产品种类、技术水平等方面的相似，还可以是社会经济发展水平、文化、习惯等方面的相似，这需要根据我们具体的研究目的的不同来进行具

体的选择。

② 与先进（或最优）空间的比较，如西部地区某省（市、地区、县）与沿海经济发达的省（市、地区、县）进行比较分析；中国某省（市、区）与中国最好的省（市、区）进行的比较分析；我国与世界上经济最发达的国家进行的比较分析，等等。

③ 与扩大的空间标准进行比较，如某省（市、区、县）的水平与全国或者全世界的平均水平、最好水平进行的比较，我国与全世界的平均水平、最好水平进行比较，等等。

(3) 经验或理论标准。经验标准是指通过对大量历史资料的归纳总结而得出的标准。如：衡量生活质量的恩格尔系数，企业技术开发经费与产品销售收入的比例的经验系数，不同经济发展阶段的 R&D 经费占 GDP 的比重，不同经济发展阶段三次产业的结构，等等。理论标准是指通过已知的理论知识经过推理分析得到的依据。如：财政收入的增长不能低于国民经济的增长水平，工资水平的增长不能低于劳动生产率的增长水平，等等。在对社会经济现象进行分析研究时，可作为评价标准的经验标准和作为评价标准的理论标准是各种各样的。他确定于人们的理论水平和实际经验的丰富程度。实际应用中，应当将这两种标准结合起来应用。

(4) 计划或目标标准。计划标准是指计划制定部门和业务主管部门提出的标准。如：计划数、达标数、定额数，等等。他是计划制定部门或业务主管部门指导或控制执行单位或部门的数量标准。对于引导部门或行业的发展方向和发展步骤具有重要作用。计划标准在计划经济体制条件下，是统计分析中最为广泛的标准，不管在宏观或者微观都有重要意义。在市场经济体制条件下，宏观经济中的计划成分极少，因此，在宏观经济分析中，计划评价标准及其评价相对来说要少一些。而对于微观经济分析来说，仍然具有重要意义和广泛的应用。

传统的评价分析仅表现为简单的数量比较。虽然这种方法的优点明显的表现为：灵活、简单、约束条件少、适用范围广；但也存在着较大的局限性。因为对研究对象进行评价分析、可以采取各种各样的方法，而传统的评价方法是对总体某一方面特征的单个指标、在不同时间、不同空间上进行对比。即通过相对指标来说明分析对象在一定时间、地点、条件下的状况，这种传统评价方法存在着如下的局限性。

(1) 在进行评价时，各个指标的变动方向和变动程度是不同的，经常会出现不同指标所说明的状态相互发生矛盾的情况，如在两地区的经济效益的比较分析时，从劳动生产率上看甲地区比乙地区好，而增加值率乙地区比甲地区好，在这种情况下就很难评价出两地区之间的优劣。

(2) 传统评价只限于两个或三个单位且较少的指标的评价分析，在进行多指标、多单位的相互评价时，将会出现较大的难度，且几乎不可能。往往会出现判断不清到底哪个单位好，哪个单位差的极其混乱的情况。

近年来随着统计分析活动的开展，评价对象范围不断扩大，评价内容越来越复杂。人们在实践中总结出一套比较系统的、规范的对于多个指标、多个单位同时进行评价的方法，即多变量综合评价方法，简称综合评价。

综合评价方法有如下特点：

① 评价过程不是一个指标接一个指标顺次完成，而是通过一些特殊的方法将多个指标的评价同时完成。

② 在综合评价过程中，要根据指标的重要性进行加权处理，使评价结果更具有科学性。

③ 评价的结果为根据综合分值的单位的排序，并据此得到结论。由以上特点可见，综合评价可以避免一般评价方法局限性，使得运用多个指标对多个单位进行的评价成为可能。这种方法从计算及其需要考虑的问题上看都比较复杂，但由于其显著的特点——综合性和系统性，使得综合评价方法得到人们的认可，并在实践中广泛应用，如工业经济效益综合评

价、小康生活水平综合评价、科技进步的综合评价、国家（地区）的综合实力评价等。

11.1.1 企业经营综合统计评价的概念和意义

11.1.1.1 企业经营综合统计评价的概念

企业综合统计评价又称为企业生产经营多指标综合统计评价，是指根据评价的目的，采用适当的统计方法，把反映企业生产经营活动各环节诸方面的指标综合起来，从总体上对企业生产经营状况进行的全面统计评价。

11.1.1.2 企业经营综合统计评价的作用

企业经营综合统计评价在实际企业经营过程中可以表现出以下两个方面的作用：

(1) 企业综合统计评价有利于系统、深刻地认识企业经营活动的状态，获取全面的统计信息。

企业经营活动是一个复杂的体系。企业经营的统计描述只能从经营过程的某一方面获取信息，职能是有限的，有时甚至会出现认识上的片面性，犯以偏概全的错误。综合统计评价解决了不同性质的指标没有统一的同度量因素、难以对多个变量综合比较和排序的问题，可以对企业经营系统及子系统做出整体评判，有助于全面认识事物。

(2) 企业综合统计评价有利于在对客观现象取得全面认识的基础上，对企业的经营实行整体优化。

被评价的指标值之间存在着既矛盾又相互依存的现象，如果不存在这种矛盾我们就没有必要进行多指标综合评价。企业经营综合统计分析正是对这种现象的认识、合成和抽象，它能综合反映企业经营总的状况和实力。在市场经济中，企业不可能始终处于绝对优势。通过综合评价，可以获得对企业经营状况的全貌认识，明确好与差、优与劣，这样企业在实际经营中可以扬长避短，实行整体优化，促进企业的快速发展。

11.1.2 企业经营综合统计评价的步骤

11.1.2.1 明确评价对象系统和评价目的

要进行综合评价，首先必须明确评价谁，即明确综合评价的对象系统。它可以是自然界的对象系统，也可以是技术对象系统、人工制造的对象系统或社会经济的对象系统等等，如对某一区域的国民经济发展的评价。其次，对于评价的对象系统在开始具体评价之前，还必须确定评价的目的，即评价的结果是干什么用的。不同的综合评价目的，所选用的指标体系也就有所不同，只有目标明确，才有针对性。这是一项基础性的工作。

11.1.2.2 选择若干个指标,建立综合指标体系

(1) 建立指标体系的原则。建立综合统计评价指标体系，是综合统计评价的基础和依据，其科学性是关系综合统计评价结论正确与否的关键。建立综合统计评价指标体系是一项十分复杂的工作，应遵循以下原则：

① 目的性原则。评价指标体系的设计要切题，所选择的评价指标应与研究目的相吻合。

② 客观性原则。评价指标体系能正确地把握所要研究问题的本质和内涵，能够客观地反映事物的主要特征。

③ 全面性原则。评价指标体系中的各个评价指标应能从不同的角度综合反映评价对象系统的全貌。

④ 敏感性原则。所选择的评价指标应能比较敏感地反映评价对象系统的变化。

⑤ 相互独立性原则。尽可能选择相关程度低的指标，各个评价指标之间的关系应该是互斥与互补的有机统一。

⑥ 可比性原则。评价指标含义明确，计算口径一致，达到动态可比、横向可比。

⑦ 可操作性原则。评价指标体系要考虑资料收集的可能性，尽可能地利用现有的统计资料。

(2) 筛选指标的方法。为使建立的综合统计评价指标体系满足以上原则，就必须在反映总体数量特征的众多指标中进行认真筛选。筛选的主要方法有：

① 定性方法。常用的定性方法有：综合法和分析法。

第一种方法：综合法

综合法一般是指通过研讨会或征询专家意见的方式，集中专家们的意见，以确定评价指标。这种方法是借助专家的智力优势和经验以选择评价指标的。根据专家意见的集中和分散情况，可以采取一次或多次的形式选择确定。当选择指标的意见分散时，还要进行客观分析，在准确分析问题的基础上，改进征询意见的组织方式，以获得理想的指标选择效果。

动脑筋：综合法成功的关键因素是什么？

第二种方法：分析法

分析法是将评价的对象划分为若干各组成部分或不同的侧面，明确各个部分或侧面所要评价问题的内涵和外延，在此基础上，对每一侧面分别选用一个或若干个指标以反映评价对象的特征。如何把握各个部分或各个侧面的重点指标是运用分析法的关键。这种方法的运用与人们的工作经验和求真务实的科学态度密切相关。

② 数学分析法。常用的定量方法有：试算法、聚类分析法和主成分分析法等几种。

第一种方法：试算法

试算法是通过历史资料的试算来判断指标的有效性。例如，要评价全国各地区 2015 年可持续发展战略的实施绩效，可以 2013 年和 2014 年的数据进行试算，通过试算结果判断所选指标的合适性，然后对相关指标进行科学比较，把那些代表性强的指标纳入指标体系的构建之中，然后反复修正指标体系直至满意为止。

第二种方法：聚类分析法

聚类分析在选择指标方面的基本思路是：如果有若干个指标，首先将每一个指标看成一类，然后根据指标间的相似程度，通过比较类间距离进行并类。每次将距离最近的两类加以合并，余下 N-1 类，再选择这 N-1 类中距离最近的两类加以合并，余下 N-2 类。依此类推。

这样，每合并一次，就减少一类，继续这一过程，直至将所有指标合并成为一类为止，形成由小到大的分类系统，即谱系。最后整个分类结果画在一张图上，称为聚类图或谱系图，以此直观地反映各指标间的亲疏关系。聚类分析法的具体实施步骤：

① 选择度量指标间相似程度的方法。常用的方法是相关系数法。各指标两两之间都可以计算相关系数，从而形成一个相关系数矩阵。

② 选择度量指标类间距离的方法。常用的方法有最长距离法、最短距离法、重心法、类平均法、离差平方和法。由于一般利用相关系数表示指标（类）间的相似程度，所以多采用相关系数量大法进行聚类。

③ 根据聚类结果绘制聚类图。根据聚类结果确定指标体系，必须以相关程度作为划分标准。至于分类时用的阈值为多少，要视对指标的简约性要求不同而定。若对指标体系的简约性要求不高，可选择较高的相关系数作为阈值，反之亦然。

④ 根据最后划分的类别确定指标体系。由于同一类中指标的相似程度相高，即信息重复较多，可以选择其中之一作为代表，从而达到简化指标的目的。

第三种方法：主成分分析法

主成分分析也称主分量分析，旨在利用降维的思想，把多指标转化为少数几个综合指标。在实际问题研究中，为了全面、系统地分析问题，我们必须考虑众多影响因素。这些涉及的因素一般称为指标，在多元统计分析中也称为变量。因为每个变量都在不同程度上反映了所研究问题的某些信息，并且指标之间彼此有一定的相关性，因而所得的统计数据反映的信息在一定程度上有重叠。在用统计方法研究多变量问题时，变量太多会增加计算量和增加分析问题的复杂性，人们希望在进行定量分析的过程中，涉及的变量较少，得到的信息量较多。

11.1.2.3　对不同计量单位的指标数值进行同度量处理

有些指标由于度量单位不同不能直接相加，必须进行同度量处理。同度量处理在实际工作中经常用到三种方法，即相对化处理方法、功效系数法和标准化处理方法。

(1) 相对化处理方法。进行相对化处理，必须先对每个评价指标确定一个标准值，而后计算实际值与标准值之比。

这里需要注意一点，指标有“正”、“逆”之分，对于正指标，以实际值对比标准值；对于逆指标，以标准值对比实际值。

对于标准值的选择，可用参考评价单位某一时期的平均值或最优值作为标准值，也可以选择国际先进水平、历史最高水平或计划规定水平等作为标准值。

(2) 功效系数法。功效系数法又叫功效函数法，它是根据多目标规划原理，对每一项评价指标确定一个满意值和不允许值，以满意值为上限，以不允许值为下限，计算各指标实现满意值的程度，并以此确定各指标的分数，再经过加权平均进行综合，从而评价被研究对象的综合状况。运用功效系数法进行业绩评价，企业中不同的业绩因素得以综合，包括财务的和非财务的、定向的和非定量的。

功效系数法的优点是可比性强，适用面较广。可用于企业之间和地区之间的对比。另外，功效系数得分的计算中满意值和不允许值可以根据不同需要加以确定，能够反映综合经济效益的实际水平、动态水平和计划完成水平，从而满足各方面的需要。

(3) 标准化处理方法。基本前提：进行标准化处理的变量必须服从正态分布。

标准化处理：将变量值转化为数学期望为0，方差为1的标准化数值。

经标准化处理后的数值围绕着0上下波动，数值大于0的说明高于平均水平，数值小于0的说明低于平均水平。

11.1.2.4　确定指标体系中各指标的权数

(1) 统计平均法。统计平均法是根据专家们对各评价指标所赋予的相对重要性系数分别求其算术平均数，所得的平均数作为各指标的权重。

(2) 最大组中值法。评价指标体系U中含有u_1，u_2，…，u_n个指标，请有关专家（$m \geqslant 30$人组成）根据权数分配表，对U中的各项指标，提出自己认为最合适的权数。再根据专家估测的资料，进行单因素的权数统计。

(3) AHP (Analytic Hierarchy Process) 构权法。该方法是将复杂的评价对象表示为一个有序的递阶层次结构的整体，通过人们在各个评价项目间进行两两的比较、判断，进而计算各个评价项目的相对重要性系数，即权数。AHP构权法分为单准则构权法和多准则构权法。这里我们只介绍用单准则AHP构权法确定权数。用单准则AHP构权法确定权数的具体步骤：

① 确定指标的量化标准。AHP构权法的关键是建立一个构造合理且一致的判断矩阵，判断矩阵的合理性受到标度的合理性的影响。

② 初始权数的形成。具体操作的步骤如下：

第一步，将统计分析目的、已建立的指标体系和第一步确定的指标重要性量化标准分发给各个专家，让专家们根据上述的比例标度值体系所提供的等级重要性系数，请他们独立地给出各指标重要性权数（权重）。

第二步，根据专家们所给出的各个指标的权数，分别计算各指标权重的均值和标准差。

第三步，将所得的均值和标准差的资料反馈给专家，要求专家再次提出修改意见或更改指标的建议，并在这基础上重新确定权数。

第四步，重复以上1～3的步骤，直至获得较为满意的结果（或各专家对各个评价项目所确定的权数趋于一致）为止，便得到初始权数。

③ 对初始权数进行处理。

④ 对判断矩阵的一致性进行检验。

判断矩阵的一致性检验是指当需要赋权的指标较多时，矩阵内的初始权数可能出现相互矛盾的现象，对于阶数较高的判断矩阵，难以直观地对其一致性进行判断，这就必须进行一致性检验。

（4）变异系数法。基本思想：在评价指标体系中，指标取值差异越大的也就是越难实现的指标。差异越大的指标越重要，因为它更能反映出参加评价的各单位的差距。

评价指标体系中各指标的量纲不同，不宜直接比较其差异程度。为了消除各指标量纲不同的影响，用各指标的变异系数来衡量各项指标取值的差异程度。

11.1.2.5 计算评价值，进行评价、对比、排序和分析

在该步骤中可以通过总分评定法和最优值距离法进行。

（1）总分评定法。总分评定法是通过将变量值转化为分值，而后将各个评价对象的分值加总的方法。对于以定距尺度或定比尺度计量的评价指标，其记分方式可根据各评价指标的优劣排次，名次在前计高分，名次后计低分。例如，采用的指标是动态对比指标，以报告期值对比基期值，采用三档记分：报告期对比基期增加者，记满分；报告期与基期持平者，减半记分；报告期比基期下降者计零分。对于以定序尺度计量的评价项目，一般把该项目划分为若干个评分等级，并对不同等级赋予适当的分值，然后请足够多的评判者按预定的评分等级对该项目评分。最后综合评判结果，即把各指标（或各项目）得分加总，得到该评价对象的总分。

（2）最优值距离法。最优值距离法是以各项评价指标的实际值与最优值（或标准值）之间距离的大小来衡量评价对象效益的高低。对评价指标体系中的各评价指标进行相对化处理后，运用距离法进行综合，其综合值反映了各评价指标与相应的最优值（或标准值之间的距离）。

11.2 企业综合统计评价的指标体系

11.2.1 企业经济效益综合评价指标体系

11.2.1.1 企业经济效益的概念

企业经济效益是指企业在一定时期内经营活动中投入与产出的比率。企业经济效益一般计算公式有两种：

（1）企业经济效益正指标。企业经济效益正指标反映的是企业生产经营活动产出量与企业生产经营活动相应投入量的比值。其计算公式如下：

$$\text{企业经济效益}=\frac{\text{企业经营活动产出量}}{\text{企业生产经营活动相应投入量}} \tag{11-1}$$

（2）企业经济效益逆指标。企业经济效益逆指标反映的是企业生产经营活动投入量与企业生产经营活动相应产出量的比值。其计算公式如下：

$$企业经济效益=\frac{企业生产经营活动投入量}{企业生产经营活动相应产出量} \quad (11\text{-}2)$$

11.2.1.2 企业经济效益综合统计评价指标体系

（1）总资产贡献率。总资产贡献率反映企业全部资产的获利能力，是企业经营业绩和管理水平的集中体现，是评价和考核企业盈利能力的核心指标。具体计算公式如下：

$$总资产贡献率=\frac{利润总额+税金总额+利息支出}{平均总资产}\times 100\% \quad (11\text{-}3)$$

其中：税金总额为产品销售税金及附加与应交增值税之和；平均资产总额为期初期末资产总计的算术平均值。

（2）资产保值增值率。资产保值增值率，是使用年末所有者权益、年初所有者权益表示的企业运营参数，分析参数分析包括资本积累率、净资产收益率、总资产报酬率和不良资产比率，反映了企业资本的运营效益与安全状况。具体计算公式如下：

$$资本保值增值率=\frac{年末所有者权益}{年初所有者权益}\times 100\% \quad (11\text{-}4)$$

资本保值增值结果的分析指标为资本积累率、净资产收益率、总资产报酬率和不良资产比率。分析指标主要对企业资本运营水平和质量，以及资本保值增值实际完成情况进行分析和验证。其中：

$$资本积累率=\frac{本年所有者权益增长额}{年初所有者权益}\times 100\% \quad (11\text{-}5)$$

$$净资产收益率=\frac{净利润}{平均净资产}\times 100\% \quad (11\text{-}6)$$

$$总资产报酬率=\frac{利润总额+利息支出}{平均资产总额}\times 100\% \quad (11\text{-}7)$$

$$不良资产比率=\frac{年末不良资产总额}{年末资产总额}\times 100\% \quad (11\text{-}8)$$

（3）资产负债率。资产负债率是期末负债总额除以资产总额的百分比，也就是负债总额与资产总额的比例关系。资产负债率反映在总资产中有多大比例是通过借债来筹资的，也可以衡量企业在清算时保护债权人利益的程度。资产负债率这个指标反映债权人所提供的资本占全部资本的比例，也被称为举债经营比率。具体计算公式如下：

$$资产负债率=\frac{总负债}{总资产}\times 100\% \quad (11\text{-}9)$$

（4）流动资金周转率。企业的流动资金在再生产过程中，经常循环不断地运动着。它从货币资金形态开始，经过储备资金形态（购入原材料等）、生产资金形态（原材料等投入生产）、成品资金形态（加工生产完毕成为产品），最后，又回到货币资金形态（产品销售变成货币）。这种周而复始的循环运动，叫做流动资金周转。流动资金周转的快慢，就是流动资金周转速度。流动资金周转率的表现方式为周转次数和周转天数。具体计算公式如下：

$$周转次数=\frac{周转额}{流动资金平均占用额} \quad (11\text{-}10)$$

$$周转天数=\frac{计划期日数}{周转次数}=\frac{流动资金平均占用额\times 计划期日数}{周转额} \quad (11\text{-}11)$$

（5）成本费用利润率。成本费用利润率是企业一定期间的利润总额与成本、费用总额的比率。具体计算公式如下：

$$成本费用利润率=\frac{利润总额}{成本费用总额}\times 100\% \quad (11\text{-}12)$$

(6) 全员劳动生产率。全员劳动生产率指根据产品的价值量指标计算的平均每一个从业人员在单位时间内的产品生产量。具体计算公式如下：

$$全员劳动生产率=\frac{工业增加值}{全部从业人员平均人数}\times 100\% \tag{11-13}$$

(7) 产品销售率。产品销售率指报告期工业销售产值与同期全部工业总产值之比，是反映工业产品已实现销售的程度，分析工业产销衔接情况，研究工业产品满足社会需求程度的指标。具体计算公式如下：

$$产品销售率=\frac{工业销售产值}{工业总产值(现价)}\times 100\% \tag{11-14}$$

11.2.2 企业市场竞争力综合统计评价指标体系

11.2.2.1 企业市场竞争力的概念及其内容

市场竞争能力简称为企业竞争力，是一个由多因素所决定的综合概念。企业市场竞争能力是指企业的产品在质量、品种、价格、交货期和服务等方面满足市场需求的程度。

把竞争力分解成生存能力和发展能力两部分。其中，生存能力包括：产品销售状况；活力能力（资产贡献率—效益评价）。发展能力主要指的企业科技开发能力（资产保值增值率—效益评价）。而企业竞争力的影响因素可以简单概括为：品种、质量、价格、销售手段、服务、科技。

11.2.2.2 竞争力评价指标体系

可以从产品竞争力、产品寿命周期、市场规模和市场占有率、产品获利能力和企业市场竞争意识与投入强度五个方面反映市场竞争能力并建立指标体系。

(1) 产品竞争能力强弱指标

① 价格方面的指标。价格方面的指标可以使用价格比率指数来反映，即本企业该产品平均价格与本行业同一产品平均价格的比值。其计算公式如下：

$$价格比率指数=\frac{本企业该产品平均价格}{本行业同一产品平均价格} \tag{11-15}$$

② 成本方面的指标。成本方面的指标可以使用成本比率指数来反映，即本企业该产品平均成本与本行业同一产品平均成本的比值。其计算公式如下：

$$成本比率指数=\frac{本企业该产品平均成本}{本行业同一产品平均成本} \tag{11-16}$$

③ 质量方面的指标。产品质量等级品率是指企业按照不同层次标准组织生产与经营活动时，根据标准水平划分的加权产品产值（现行价，下同）之和与同期工业总产值（现行价，下同）的比率，用“G”表示。

产品质量等级品率是全国工业产品质量指标体系中的一个主导指标，能够反映出企业工业产品的质量水平及变化情况，在行业、地区和企业之间具有横向和纵向的可比性，有利于促进企业技术进步，采用国际先进标准，有利于国家宏观调控、综合治理和对资源的优化配置。

$$G=\frac{P_1\times\alpha_1+P_2\times\alpha_2+P_3\times\alpha_3}{P}\times 100\% \tag{11-17}$$

式中，α_1、α_2、α_3 分别为优等品、一等品和合格品的加权系数，为了鼓励我国各类企业优先采用国际标准和国外先进标准组织生产与经营活动，在现行工业产品质量指标体系中统一规定 $\alpha_1=1.0$、$\alpha_2=0.8$、$\alpha_3=0.6$；P_1、P_2、P_3 分别为企业报告期的优等品、一等品和合格品的产值；P 为企业报告期的工业总产值；$P=P_1+P_2+P_3$。

(2) 反映产品的经济寿命周期的指标。产品寿命周期评价法是运用产品市场寿命周期的理论，根据销售增长率指标，确定产品所处的市场寿命阶段，并据此作出开发、生产和销售的有关对策。销售增长率的计算公式如下：

$$销售增长率=\frac{本年度销售量-上年销售量}{上年销售量}\times 100\% \tag{11-18}$$

扩展阅读

产品市场寿命周期阶段的划分是根据销售增长率，目前还未有统一的数据。据一些企业的经验数据，投入期销售增长率不稳定，小于10%，成长期在10%以上，成熟期比较稳定，在0.1%～10%之间，衰退期为负数。

(3) 市场规模和市场占有率指标。企业市场规模竞争力多用市场占有份额来体现，其计算公式如下：

$$某产品市场占有率=\frac{本企业某产品销售量}{全国该产品销售量}\times 100\% \tag{11-19}$$

(4) 产品获利能力指标。产品获利能力指标可以用某产品获利能力评价指数来反映。某产品获利能力评价指数是某产品单位产品销售利润与全国同产品销售利润的比率。其计算公式如下：

$$某产品获利能力评价指数=\frac{某产品单位产品销售利润}{全国同产品销售利润}\times 100\% \tag{11-20}$$

(5) 企业竞争投入强度指标

① 固定资产更新系数。固定资产更新系数是指报告期新增长固定资产与报告期末固定资产原值的比率。计算公式如下：

$$固定资产更新系数=\frac{报告期新增长固定资产}{报告期末固定资产原值}\times 100\% \tag{11-21}$$

② 产品更新系数。产品更新系数反映企业产品升级换代投入水平和速度，计算公式如下：

$$产品更新系数=\frac{报告期新产品销售收入}{报告期全部产品销售收入}\times 100\% \tag{11-22}$$

③ 技术开发投入强度。技术开发投入强度是指报告期企业技术开发经费总额与报告期企业产品销售收入的比率。其计算公式如下：

$$技术开发投入强度=\frac{报告期企业技术开发经费总额}{报告期企业产品销售收入}\times 100\% \tag{11-23}$$

④ 市场拓展能力和投入强度。市场拓展能力和投入强度是指报告期广告宣传费用（产品销售费用）与报告期企业产品销售收入的比率。其计算公式如下：

$$市场拓展能力和投入强度=\frac{报告期广告宣传费用(产品销售费用)}{报告期企业产品销售收入}\times 100\% \tag{11-24}$$

思考与练习

一、单项选择题

1. 筛选指标时常用的定性方法有：综合法和（　　）。

A. 分析法　　　　B. 总结法

C. 调查法　　　　D. 追踪法

2. （　　）是通过历史资料的试算来判断指标的有效性。

A. 分析法　　B. 试算法

C. 聚类分析法　　D. 主成分分析法

3. （　　）也称主分量分析，旨在利用降维的思想，把多指标转化为少数几个综合指标。

A. 分析法　　B. 试算法

C. 聚类分析法　　D. 主成分分析法

4. 如果有若干个指标，首先将每一个指标看成一类，然后根据指标间的相似程度，通过比较类间距离进行并类。

A. 分析法　　B. 试算法

C. 聚类分析法　　D. 主成分分析法

5. 确定指标体系中各指标的权数时，（　　）是根据专家们对各评价指标所赋予的相对重要性系数分别求其算术平均数，所得的平均数作为各指标的权重。

A. 综合法　　B. 统计平均法

C. 分析法　　D. 试算法

二、多项选择题

1. 在统计评价中常用的标准有（　　）。

A. 时间评价标准　　B. 空间评价标准

C. 经验或理论标准　　D. 计划或目标标准

2. 筛选指标时常用的定量方法有（　　）等几种。

A. 分析法　　B. 试算法

C. 聚类分析法　　D. 主成分分析法

3. 度量处理在实际工作中经常用到三种方法，即（　　）。

A. 相对化处理方法　　B. 功效系数法

C. 聚类分析法　　D. 标准化处理方法

4. 确定指标体系中各指标的权数常用的方法有（　　）。

A. 统计平均法　　B. AHP（Analytic Hierarchy Process）构权法

C. 最大组中值法　　D. 变异系数法

5. 企业经济效益综合统计评价指标体系包括（　　）。

A. 总资产贡献率　　B. 资产保值增值率

C. 产品成本比率指数　　D. 资产负债率

三、思考题

1. 综合评价的特点有哪些？
2. 简述企业综合统计评价的作用。
3. 企业经营综合统计评价的步骤是什么？
4. 建立指标体系的原则是什么？
5. 简述企业经济效益综合统计指标体系的构成。

课内实训

[实训目的]

1. 加深对企业经营综合统计分析方法的理解。

2. 训练综合统计指标体系选择的能力和计算的能力。

3. 培养学生的团队合作精神，提高归纳分析及与人沟通的能力。

[实训组织]

1. 本着自愿的原则，学生5人一组，每组产生一名组长，由组长负责分工及协调小组内成员的实训任务，并带领大家完成实训任务。

2. 实训以小组讨论形式展开。

[实训项目]

选取一家当地的企业，以半年为研究周期，收集相关数据，对企业经营情况进行综合分析，分析项目应该包括下列内容：

(1) 企业经济效益综合统计评价指标，包括总资产贡献率、资产增值保值率、资产负债率、流动资金周转率、成本费用利润率、全员劳动生产率和产品销售率等；

(2) 企业市场竞争力综合统计评价指标，包括价格比率指数、成本比率指数和产品质量等级品率等；

(3) 市场规模和市场占有率指标；

(4) 产品获利能力指标；

(5) 企业竞争投入强度指标，包括固定资产更新系数、产品更新系数、技术开发投入强度和市场拓展能力和投入强度等。

[实训要求]

1. 明确小组内成员之间的分工，尽可能调动所有成员参与的积极性，达到实训的效果。

2. 小组讨论过程中，记录每名成员的发言。

[实训考核]

1. 实训过程中职业素养是否得到体现。

2. 小组分工是否明确和均衡，小组成员的能力是否得到充分的发挥。

3. 统计数据收集是否正确，采取的计算方法是否合适，计算结果是否正确。

参考文献

[1] 陈时艳．统计学原理［M］．厦门：厦门大学出版社，2011.
[2] 孙炎．统计基础与实务［M］．北京：中国水利水电出版社，2011.
[3] 姚增明，高安吉，师亚红．统计学［M］．北京：北京交通大学出版社，2011.
[4] 杨桂玲，万佳丽．统计理论与实务［M］．北京：人民邮电出版社，2013.
[5] 李宝瑜．企业经营统计学［M］．北京：科学出版社，2006.
[6] 冯虹，王静．现代企业统计分析［M］．北京：经济管理出版社，2006.
[7] 彭莉莎．企业经营管理统计［M］．北京：中国统计出版社，2009.
[8] 黄国安．新编企业经济统计学［M］．北京：立信会计出版社，2006.
[9] 邵建利．企业管理与经济统计学［M］．上海：上海格致出版社，2009.
[10] 程燕．统计学基础与实训［M］．北京：机械工业出版社，2014.
[11] 王海文，刘阳威．新编统计学［M］．北京：电子工业出版社，2014.
[12] 李卫东．应用统计学［M］．北京：清华大学出版社，2014.
[13] 钟新联．统计学概论［M］．北京：北京师范大学出版社，2012.
[14] 郑振华．统计学基础与应用［M］．北京：清华大学出版社，2011.
[15] 谢家发．统计学原理［M］．郑州：郑州大学出版社，2013.